Designing the invisible

© Bloomsbury Publishing Plc, 2018

This is translation of An Introduction to Service Design is published by Liaoning Science and Technology Publishing House Ltd. by arrangement with Bloomsbury Publishing Plc.

©2025 辽宁科学技术出版社。
著作权合同登记号：第 06-2019-19 号。

图书在版编目（CIP）数据

服务设计方法论 / (英) 劳拉·培宁著 ; 郭明阳，唐会玲译 . —沈阳 : 辽宁科学技术出版社 , 2025.5
ISBN 978-7-5591-2394-7

Ⅰ . ①服… Ⅱ . ①劳… ②郭… ③唐… Ⅲ . ①商业服务 Ⅳ . ① F719

中国国家版本馆 CIP 数据核字 (2022) 第 008472 号

出版发行：辽宁科学技术出版社
　　　　　（地址：沈阳市和平区十一纬路 25 号　邮编：110003）
印 刷 者：辽宁新华印务有限公司
经 销 者：各地新华书店
幅面尺寸：170mm×240mm
印　　张：21.25
字　　数：400 千字
出版时间：2025 年 5 月第 1 版
印刷时间：2025 年 5 月第 1 次印刷
责任编辑：殷　倩
封面设计：何　萍
版式设计：路金英
责任校对：韩欣桐

书　　号：ISBN 978-7-5591-2394 -7
定　　价：188.00 元

联系电话：024-23280272

An Introduction to
Service Design

服务

—

设计

—

方法论

Designing the Invisible

［英］劳拉·培宁——著　　郭明阳 唐会玲——译

北方联合出版传媒（集团）股份有限公司
辽宁科学技术出版社

第一部分
理解服务

专家谈服务设计的主要概念、
关键领域和影响

01
认识服务

02
服务经济

第二部分
服务设计过程

通过优秀项目案例讲解服务设计的过程、方法和工具，
并由这些项目的幕后设计师进行评述

致谢

8

我要感谢很多在本书出版过程中为我提供帮助的人。

首先，我要感谢那些慷慨分享他们的项目资料、想法和观点的受访者，他们是真正的服务设计全明星冠军团队。他们是比尔吉特·梅格、埃兹欧·曼兹尼、乔迪·佛利兹、爱德华多·斯塔索夫斯基、卡梅隆·唐金威兹、丹妮拉·桑乔基、亚力桑德罗·孔弗洛涅尼、萨拉·舒尔曼，还有侬索·吉迪欧弗、潘西亚·李、亚当·塔尔斯玛组成的Reboot团队，以及约哈·孔克韦斯特、亚历克斯·尼斯贝特和露西·金贝尔。

感谢那些分享了项目和组织相关材料的热心人士和机构，他们是马克·斯蒂德恩、瑞秋·利赫、切尔西·莫尔丁、阿尔多·西比克、苏珊·斯普拉根、妙佑医疗创新中心、大肚子设计公司、爱迪欧（IDEO）创新设计公司、Thick工作室、Designit国际策略设计公司、Jam柏林服务设计公司、服务设计网络、英国设计委员会、头脑实验室、第27区设计公司、PAN工作室、波士顿市政府、智慧公民设计公司、花旗银行社区发展部、纽约财政拨款授权办公室、纽约市消费者事务办公室、帕森斯社会创新和可持续发展设计实验室、交叉融设计公司、哈罗恩公司、InWithForward公司、Reboot公司和谋略者公司。

感谢所有为本书提供资料的人。感谢艾米·芬迪斯创作的充满奇思妙想的插图，感谢爱德华多·福瑞斯蒂设计的英文版图书封面和精妙的版式。感谢克里斯蒂安·斯米诺、马绍尔·汗和卡梅隆·汉森创作的图片。感谢吉西·贝蒂斯·桑斯德伽德和唐金·申分享他们的论文材料。感谢克里夫·迪尔诺特和我一起讨论隐形设计问题，并给我很多启发。特别感谢毛里西奥·曼黑斯对本书稿毫无保留地提出修改意见，帮助我弥补了很多方面的不足，其中就包括引导我对服务主导逻辑进行了更加深入的了解。非常感谢布鲁姆斯伯里（Bloomsbury）出版社的编辑李·里普利，还有利菲·康明斯和米里亚姆·戴维，在本书出版过程中以极大的耐心引导我完善书稿内容。

在本书写作的不同阶段，我如此有幸能与这么多出色的研究助理一起工作；按照时间顺序一并致谢，他们是楼晨宇、莉莲·石童、克里斯托弗·泰勒·爱德华兹、莫莉·怀斯特、凯蒂·埃德蒙兹、阿利克斯·格柏、克里斯蒂安·斯米诺和斯科特·布朗。

我更要感谢这么多年来和我紧密合作的从事服务设计的教育者们。他们是比阿特丽斯·维拉里、斯特凡诺·马菲、卡洛·维佐利、安娜·美罗尼、卡特里娜·怀特 - 爱德曼、斯蒂芬·霍姆利德、大卫·杨、莎娜·艾继德、齐洛、水谷由美子、爱德华多·斯塔索夫斯基、卡拉·齐泊拉、埃兹欧·曼兹尼、卡梅隆·唐金威兹、弗朗索瓦·杰古、比尔吉特·梅格、本·文特尔、艾略特·蒙哥马利、帕蒂·贝尔尼、克里夫·迪尔诺特、泰瑞·埃尔文和劳拉·福兰诺。特别感谢在纽约一直从事服务设计动画制作的马歇尔·西腾。感谢纽约服务设计界充满活力的各位同人们，尤其要感谢塔里亚·拉迪威尔、杰米·尼克尔森、杰克·库克西和戴夫·塞利戈尔。

感谢花旗银行社区发展部对纽约服务设计业的大力支持。感谢服务设计网络、社会创新和可持续性设计网络以及温特豪斯学院的同人们。感谢我所在的新学院大学，特别感谢设计策略学院在其课程设计和学院精神塑造中一直秉承的服务设计理念。感谢帕森斯社会创新和可持续发展设计实验室的同人们。感谢帕森斯设计学院的学生和同人们，尤其感谢参与跨学科设计项目和集成设计项目的学生们，他们所做的很多项目有助于诠释本书。

感谢我的丈夫爱德华多·斯塔索夫斯基，他是我在研究和教学方面的忠实伴侣，是这本书坚定的支持者。感谢我的父母索尼娅和西尔维里奥·培宁。

序言
克里夫·迪尔诺特

有形与无形，可见与不可见的艺术，一直都是设计中不可或缺的要素。毕竟，这是设计存在的理由。之所以要聘请设计师，是因为他们对简单事物实质上的改进，能提升事物的体验感，也就是事物的可取之处。产生于情感和智慧的生活体验是由事物的物质品质推动形成的，也许有形"催生"了无形的说法会更恰当一些。

从某种意义上来说，服务设计恰好也是如此，但两者的关系正好相反。通常来说，在进行服务设计时，设计目标包罗万象，但都是无形的，即人们要从服务设计提供的体验中感受到品质。然而，其中的矛盾之处在于这些看不到的体验却是由物质方式传导而来的（即便这里的物质可能指的是一些行为、接触，抑或是源自他人）。它一向如此。想想宗教仪式吧。礼拜仪式根据其定义就是一种服务（service）。整个仪式的编排就如同建筑物的构造一样精细。其实在这个例子中，宗教建筑也是为宗教仪式服务的。所以仪式和人造物一样都是存在的。其区别在于，人造物是由地点、事件、交流、戏剧般的遭遇等各种要素精心编排而成的——一言以蔽之，就是人、物的聚合，是为传播信仰而服务的。这些有主题的宗教仪式总是有一整套的宗教体验，因为仪式（服务）总是随着时间的推移而展开。但是这些仪式都离不开设计。即便是那些强调用最少的仪式来与上帝交流、建立联系的宗教，也会重视宗教聚会场所的品质。想想贵格会会堂里耀眼的射灯，或者震颤教教友会的教堂，还有圣彼得大教堂巴洛克风格的室内设计，你会发现这些都是很重要的经过精心设计的人造物。暂且不论建筑师有时喜欢伪装出来的建筑的情感，建筑不止是切实存在的物。仪式（服务）发生的现场一直是真实的情境。情境指的是人的接触或是一段背景，而一段背景往往包含其他人，在人类物质需求中具备一定的准则。情境从某种意义上来说是最根本的，比人造物（宗教物品）更重要。尽管如此，早在1968年，大多数设计理论家（赫伯特·西蒙）就有理有据地提出了广为流传的观点，他认为设计就是"对人类行为进行复杂精细的策划创造，使现有的情境变得更令人喜欢"。人类之间有多少互动和相互影响，就需要有多少个情境。如果今天情境因为设计而在某些时刻激增——既因为技术让我们有了更多（伪）邂逅接触（虚拟社交），又因为当代经济经常无所不用其极地要求人类之间的关系能转换成货币，其核心仍是人类接触的情境。正是因为如此才使情境（服务设计同样）有了行为准则和道德规范。这是哲学家阿兰·巴迪欧在自己那本名为《伦理学》的书中提到的，他认为："不需要伦理道德，只需要对情境有清晰的愿景……忠实于情境意味着：依据最大可能性的准则对待、处理情境；将情境处理得恰好达到它可能达到的极限。或者，如果你愿意的话，可以在最大限度上从情境中汲取其中包含的积极的人性。"

强调情境设计的行为准则非常重要，服务设计的行为准则因此要恰好符合情境的设计规范，因为无论在私营机构还是公共部门，都有相同的赚钱冲动，这使捕捉人类轻松友好的瞬间成为当下经济得以维系的一部分，由此也控制和影响了服务设计。当前的服务设计在经济宣称的那些言过其实又粗野的术语下被操作实施，忽略了真正利益攸关的东西，即人的体验。它太容易被商品化，巴迪欧的双准则也会轻易被遗忘，而当利润成为问题时，这些都会被轻易舍弃。

然而，越出利益驱动的局限，任何扛起服务设计大旗的人其实一定是为了在具体的人类情境下显示出巴迪欧的行为准则和道德规范。这种情况下的服务设计就是合规的行为。这样做，实际上就是利用设计的力量建立物和人之间的共鸣，以达到人类自身的目的。技术统治论和经济计量公式倾向于掩盖这个更为根本的真相。其实，品牌和营销几乎与服务设计没有关系，反而在如今的经济环境中，常常事与愿违地降低了体验的价值。真正的服务设计有其精神特质，是在最受约束、最苦难时如何摆脱困境，例如，在传递癌症治疗的条件和特征等信息时，我们可以通过设计，即便是以微不足道的方式营造出舒缓的氛围，缓解人们的紧张感。这里讲的通过设计来实现，指的是设计将人类对某个现状或者际遇的认知感觉解读、转变成某个人工制品，能够实现非凡的行为活动，能产生缓解或提升的作用。这就是服务设计必须要符合伦理标准的原因，它讨论的是国民如何才能在这个世界中行动。

目前我所说的这些看起来与一本学习和实践服务设计的手册该有的基本内容相去甚远。但其实并不是，因为这些是构成服务设计的基础（人类）。这些会在第 12 章服务设计核心能力中着重说明。五个人类关键才能或者作者列出的各种能力包括：提供便利和管理，展望和视觉化呈现，原型设计和测试，如何为产生组织变革发挥积极作用，以及不止在本书作者能力清单中真正处在首要位置的"积极主动且富有同理心地倾听"，或如作者所描述的"理解人类的复杂性，能够从'他人'视角看待世界"的能力（第 312 页）。在这个有关接触和情境的领域，设计的"读写能力"必须发挥作用。专业才能的开发是为了将认知观念解读成形式、体验、整体和筹划安排，而在解读的过程中设计能力和能力的构成会变得更多样，不会变少。这些能力是从理解任务的要求中产生的，而这也是无形设计发挥作用的地方。正如书名，这本书言简意赅但全面彻底地说出了服务设计的来龙去脉和使命。它能让读者不再疑虑服务设计的需求和任务是什么，也能为任何想要从事服务设计的人提供至关重要的线索，无论为了其职业生涯在设计、创造或者组织方面的需要，还是为了其自身的事业发展需要。

前言

当我十多年前开始服务设计教学时，服务设计文献来源主要包括学术论文、一些博士论文、一些谈论服务营销和交互设计的出版物，以及作为先行者的服务设计咨询公司的网站。我在那段时间里会为读者和编辑做一些准备工作，撰写入门级的介绍文章，甚至为我的学生汇总了所有可用资源的网站并列出清单。但从那以后事情发生了很大变化。很快，服务设计从业人员和研究人员开始分享个人心得，这使获取服务设计的知识变得更加容易了。无论从哪方面来说，这些少数先行者的书（这个书单上的名字在不断增加）仍然是服务设计者必备书中的核心构成部分，然而，我们仍然需要一本专门用于服务设计的教学用书。

编写本书的目的是为学生和从事服务设计教育工作的人提供一个新的教学资源，以便为服务设计提供新的专业化服务，无论他们是服务设计专业本科生还是研究生，还是来自其他设计或非设计学科的学习者、教育者或实践者，只要他们期望掌握从事服务设计的基本技能，那么本书都可以提供相应的内容。这本书也适用于那些需要方便查询到相关教学资源的从事服务设计教学的教育工作者们。

服务设计的学习和教学都可能遇到各种挑战，因为它大多是对无形内容进行设计的。服务的核心是随着时间的推移而产生的社会互动活动，因此服务设计意味着为人们的互动、体验、流程和系统设计物质和非物质条件。但最重要的是，我们正在设计出更有利的条件来帮助人们解决问题和改善他们的生活体验。虽然说服务设计与传统设计领域相关联，例如，在可视化通信和营造环境方面，但它与组织策略、行为规范、业务模型、脚本和编排同样相关。因为不断聚合不同的实践和思维方式，服务设计进入了更多新领域，并产生更多的可能性，这可能有助于对设计进行彻底的重新定义，并重塑我们对设计真正在做什么和它所产生的功能的理解。本书充分论证了将服务设计作为一个原创和合规的案例来对自身进行设计实践。本书介绍的项目进行了跨学科设计实践，以便能够占据创造可持续社会和环境未来愿景的战略空间，并期望在机构和政治实践谈判中实现这些愿景。因此，服务设计从业者们面临着与企业、政府和整个公民社团打交道的挑战，因为我们的努力可能会影响到劳动关系、经济表现和公共政策。本书中展示的项目体现了负责任和明智的服务设计方法。这些项目的成果通过营造社区和组织内的服务关系来改善人们的生活并创造社会价值。

我们从哪里开始呢？从本书的基本原理来看，学习服务设计是一段旅程。而且，这段旅程需要从某个地方开始，但从来没有真正结束过。本书希望为服务设计的终身学习之旅提供一个起点。

这本书分为两部分：

第一部分 试图全面介绍服务跨学科性质的主要指导方面，因为服务与世界及其人造基础设施的许多关键方面相互关联。第 1 章至第 6 章唤起我们对于经济学、政治学、劳动力、技术、社会问题、行为、文化和情绪等方面的服务设计思考。该领域的专家讨论了所有这些因素是如何影响和定义服务设计实践活动的。

第二部分 将话题带入动手的思维模式，通过杰出的项目深入了解服务设计的过程、方法和工具。第 7 章至第 11 章通过对示范项目的案例研究和对背后设计师的访谈，以及通过对方法和工具的解释与说明，将服务设计过程分解为可操作的工具包。第 12 章对服务设计的核心能力进行了最后的反思。

每章以"学习重点"结尾，其中包含术语表、关键点，并回顾问题，提出关于活动练习的建议。

以下是每章的概述。

01　认识服务 介绍了理解服务所需的基本概念和理论，并为帮助我们思考服务场景提供了基础，例如，交互活动和各种关系是如何依赖人们积极参与并联合创造而来的。本章阐述了服务主导逻辑，这个关键概念帮助我们将服务视为经济以及帮助我们打破货物和服务之间障碍的产品服务系统（PSS）概念的真正根基。本章最后对服务设计网络联合创始人比尔吉特·梅格进行了采访，她认为服务设计既是一个领域，也是一个行业。

02　服务经济 定位于经济活动方面的服务，介绍了主要的服务行业和基于紧急服务的经济模式，如共享经济，细分的、高度服务型社会经济。本章还讨论了当前的服务设计市场，重点介绍了医疗保健和金融部门。在采访中，社会创新和可持续性设计（DESIS）网络的创始人埃兹欧·曼兹尼谈到了不同经济体正在出现的生态系统以及设计团体在新兴经济模式中可以把握的机会。

03　数字服务 描绘了数字服务，平台和生态的格局，包括物联网（IoT）及其主要的应用领域。这一章还讨论了与技术相关的服务设计的影响作用，以及服务设计与技术相关的可能出现的新角色。例如，服务设计有助于人性化技术开发的可能性。本章最后对卡内基梅隆大学人机交互研究所副教授乔迪·佛利兹进行了采访，他谈论了技术的新兴趋势以及服务设计与其他设计专业和实践（如交互设计或体验设计）的重叠。

04　为公共利益服务 介绍了为公共利益服

务而进行的设计所涉及的各种主要资源。首先对公共部门的服务创新进行了仔细研究，包括在政府内部设立创新实验室并推广普及。本章还展示出了各种社会创新的现象，服务方面的创新活力和创新源泉直接来自积极主动的公民们。本章最后是对帕森斯社会创新和可持续发展设计实验室主任爱德华·斯塔索夫斯基的采访记录。他详细列出了当今服务设计的现状及其发展史，其中包括在服务创新、公共利益设计和社会创新设计等方面相关的各项关系，并探索了设计师感兴趣的公共和协作服务领域未来的发展机遇。

05　服务设计的政治学　介绍了劳动关系、环境等服务领域内关键的与政治有关的问题。值得一提的是，本章通过嵌入其中的政治和伦理方面的研究来调查前台工作人员所表现出的情感力的概念。本章还研究了环境问题以及气候变化与服务之间的联系。本章最后对澳大利亚新南威尔士艺术与设计大学设计系教授卡梅隆·唐金威兹进行了采访，他对服务设计在设计未来工作、各项服务之间的关系以及可持续性问题方面的作用提出了批判性观点，并分享了其他方面的见解。

06　为服务而设计　将服务设计定位在设计领域，将其确定为合规的设计实践，并介绍了设计的原则，分析了服务设计实践，绘制出了社区服务设计的路线图。在将服务设计作为一种全新设计实践的案例中，本章回顾了服务设计的核心

原则，对服务设计研究员和作家丹尼拉·桑乔基的采访引发了关于服务设计核心原则的思考，提出了服务设计演变等方面的重要见解。

07　开启服务的设计进程　描述了服务设计项目的典型性建构，并简要阐述了创建项目的具体细节。本章的案例研究展示了位于意大利曼图亚的巴士公司的革新服务设计，并对交叉融设计公司的总监亚力桑德罗·孔弗洛涅尼进行了专访。孔弗洛涅尼先生引导我们与客户机构确定设计摘要的转化过程，并对项目做出进一步的分析，剖析了项目中设计师采用的主要设计流程和方法。"服务设计的方法和工具"部分扩展并详述了服务设计项目中使用的典型方法和工具，以及如何制定服务设计摘要。

08　研究和分析　提出了如何在服务设计过程中取得新发现的研究方法，并展示了进行综合推理和深入分析的各种工具。本章展示了一个关注加拿大多伦多心理健康护理服务的案例研究项目，并采访了 InWithForward 公司的领导萨拉·舒尔曼。舒尔曼解释了其团队的研究过程，主要集中探讨了如何围绕沉浸式人种志方法进行设计和深入分析的过程。在"案例研究分析"部分进行了更加深入的分析，主要剖析了 InWithForward 团队在项目中采用的主要设计流程和方法。在"服务设计的方法和工具"部分，概述了在研究和分析阶段所使用的典型方法和工具。

09 产生服务设计理念 集中探讨了服务设计的诞生过程，例如，以开发新服务想法为目标的创意工作坊。本章的案例研究是一个关注尼日利亚边远地区医疗保健管理的项目，这是由 Reboot 公司主导的服务设计项目。在采访中，潘西亚·李和来自 Reboot 公司的研究人员和设计师一起提供了他们的创意过程，项目开展受到的各项约束，以及团队所做的选择等各种细节，从而引导了创新概念的发展。该项目在"案例研究分析"部分进行了分析，突出展示了在项目实施过程中团队成员采用的主要构思创意中最精彩的部分。在"服务设计的方法和工具"部分，详细介绍了典型的构思方法和技巧，如共同设计研讨会、头脑风暴会议和讲好故事的设计方法。

10 原型、测试、迭代 探讨了如何通过物质渠道和数字渠道为服务概念建立原型。案例研究描述了芬兰海伦公司的获奖项目，即这家公司在芬兰各地实施的新药房服务模式。在采访中，海伦公司的首席服务设计师约哈·孔克韦斯特解释了这家公司在药房项目中所采用的独特原型设计技术，在"案例研究分析"部分进行了深入的讨论。本章的"服务设计的方法和工具"部分延伸讨论了其他原型技术，包括物质和数字技术以及混合原型方法。

11 项目实施和评估 介绍了与项目实施、商业模式、影响评估和用户反馈有关的方法。本章的案例研究是 2012 年伦敦奥运会，其后是对本届奥运会服务设计团队的领导人亚历克斯·尼斯贝特进行了有关生活和工作方面的采访。尼斯贝特先生解释了团队围绕观众体验进行的独一无二的设计方法。在"案例研究分析"部分，分析了伦敦奥运会设计项目中使用的评估和反馈方法。本章的"服务设计的方法和工具"部分除了对评估和反馈方法展开讨论外，还对业务方面和服务实施的其他重要考虑因素进行了论述。

12 服务设计核心能力 从整体上对服务设计实践进行了思考，考虑其独特的挑战和机遇，构建其核心服务设计能力。本章对伦敦艺术大学创新洞察中心主任露西·金贝尔进行了采访，探讨了获得服务设计实践和服务设计核心能力的学习方法，并对服务设计职业生涯的前景发表了批判性观点。

第一部分
理解服务

专家谈服务设计的主要概念、关键领域和影响

01

认识服务

1.1
导言

本章介绍了理解服务前必须要了解的基本概念，对那些能够帮助我们思考服务情境的主要理论进行了说明。

"服务需要用户积极参与到服务提供者的生产中"，以下内容将有助于我们理解这一观点：将服务视为黏结我们生活结构的胶水；交互是服务的核心，也是社会实体的核心；服务中共同创造的信念帮助我们认识到服务需要用户的积极参与。

接下来，本章介绍服务主导逻辑这一突破性设计理念，它会帮助我们将服务视为真正的经济基础，其中商品和服务不是两种不同的东西，而是相同的集成体，揭示出商品和服务不可分割的关系。本章还介绍产品服务系统的环境动机概念，其中有形的商品和服务被纳入综合利益考量范畴。

本章还介绍服务产品，解释了服务设计的策略和物化的产出物。

本章的最后一个亮点是对服务设计网络的创始人比尔吉特·梅格进行的采访，该网站为全球服务设计从业者提供了基础性实体资源。

什么是服务？初步认识

从经济角度而言，当社会不同组成部分之间进行价值交换时，服务就产生了。一方面，服务提供者开展某种活动，结果产生了某种好处，包含具体的产物或者涉及某些体验。另一方面，服务使用者（用户）看到了服务输出中的价值、体验，或者两者的结合体，并愿意为此付钱，或者用其他具有同等价值的东西进行交换。如果扩展到生活的其他方面，服务的概念可能与照顾他人的想法产生重叠，例如，健康保健、个人护理、消防员对人们的保护、宗教服务、对国家的军事防护、社区服务和公共服务、对公民的关心等。各方（服务提供者和用户）在很多情况下彼此之间是无须支付费用的，对服务提供者的补偿是通过间接方式发生的，例如公共服务。还有一些情况中没有进行任何货币交换，例如以自愿为基础的服务。

1.2
服务是社会的软性基础设施

服务通常是以无形的方式渗透到我们繁忙的日常行程中：我们乘坐公共汽车，上学，使用信用卡，通过电话交谈或发送消息，使用社交媒体，去餐馆，去看牙医或看报纸。我们生活中的事务是通过无数不同的服务相互关联起来的。通过这些服务，我们可以完成日常任务并与不同的人员和组织机构进行互动活动。服务无处不在，它是我们人生必不可少的脚手架，也是我们生活的软性基础设施。

不同组织机构的服务可以分为不同的类别，彼此之间的差异性可能很大。典型的服务类别包括交通（地铁、公共汽车和出租车）、餐饮、银行、电话和互联网服务、娱乐（如电影、戏剧、音乐会和现场体育赛事）、美甲、理发、洗衣以及各种医疗保健和教育系统等（图1.1～图1.12）。其中一些服务是至关重要的公用事业服务，例如供水和管道服务、天然气和电力服务等。数字媒体服务也是日常生活中的关键性服务项目，例如脸书（Facebook）和推特（Twitter）等社交媒体平台，Skype 网络电话和Google Drive 等通信和数据共享平台，又如易趣网（eBay）或爱彼迎（Airbnb）房屋租赁网等促进信息交流的服务交流平台。所有这些服务都在不断地发展并塑造着我们的生活方式。

随着科技和当今世界提供的服务日益专业化，我们日常生活中各种服务的存在呈现指数级增长趋势，或者说至少我们对服务意识的感知变得更加敏锐。

如今我们已在网络化社会的道路上走了很远，其结果是我们的生活已经严重依赖于电信和互联网等各种服务供给。很难想象若是没有了我们现在日益依赖的所有通信和信息服务，我们的生活将会变成什么样。

图 1.1 ~ 图 1.12 日常生活中典型的服务场景：
交通、城市清洁、咖啡馆、社交媒体、学校、餐
馆和酒吧、医疗保健、娱乐、个人护理、对他人
的照顾、汽车服务。

01 认识服务

1.3
交互是服务的核心

作为设计师，我们主要将服务视为人们的各种经历和体验，但不一定是经济活动。一些社会科学学者认为，服务并不总是货币化的，也并不总是涉及公司或组织机构。相反，从更深层面上来说，服务是人类目前生活状况的基础。

各类服务从根本上来说都是实际存在的关系型和社交型的事物，这些事物都是以人为中心的。它们的存在也是暂时性的，因为这些关系是随着时间产生或消失的。由于人的行为和关系是服务的基础，所以我们必须承认服务具有不确定性和不可预测性。因此可以说，服务中的交互作用是不可预测的：我们不能保证事情一定会以某种方式发生。

有关服务管理的文献确认了在服务价值产生时，交互作用是服务的关键时刻。当个人（用户）通过接触点与某个服务相互影响时，就会发生服务接触。接触点是服务物质化的外貌，包含了支持服务交互作用的组件。它们不仅在物质层面上支持这些互动活动，而且还是使它们变得更好、更高效、更有意义且更令人满意的关键。因此可以说服务也具有物质性，原因在于它们依靠某种人造物保持稳定或维系下去。

真实时刻发生的交互作用对于判定提供给人们的服务的价值来说是至关重要的，因为人们（用户）可以根据服务提供商的成本和努力程度来对结果进行评估。

除了接触点在对服务质量的感知中所扮演的角色之外，服务必然会涉及其他许多因素，这些因素很多都超出了服务设计师或者服务提供机构本身的控制范围，而且它们还会随着时间改变而不断改变。原因在于服务可以通过自动化的数字界面，通过多种不同的渠道或渠道的组合进行独特的面对面交互传递（图 1.13）。每个渠道以及每个渠道背后的流程均是在组织、引导服务时要详细考虑的内容。对各类服务机构来说，能始终如一地传递积极的关键时刻一直都是他们面临的严峻挑战。

对于设计师来说，秉持交互设计的想法会遇到一个重要的问题：人们之间的相互影响究竟能不能被设计出来？这个问题揭示了设计的局限性。有些创始者解决了这个难题。他们中的一些人认为，尽管既无依据又不可预测，无论发生在人与物、服务或系统之间的互动活动都与日常生活的细节和特点有关。其他人则指出，服务交互在很大程度上是不可设计的。在谈论这个话题时，与其说是设计服务，还不如说是为服务而进行的设计。我们可以设计出服务交互作用发生的各种条件，但从来不会设计交互作用本身。

一方面，有些设计师在设计有形的事物方面得心应手，进入具有不可预测性的服务和交互设计领域时，也许会觉得情况变得非常复杂，而且会感到非常痛苦，或者至少是要面临挑战的。产品设计师知道他们将设计一个三维物体，平面设计师知道他们将设计一个二维视觉作品，建筑师知道他们将设计一个实体空间。服务设计人员在进入深入设计研究阶段之前可能不知道他们将会进行什么样的设计。另一方面，为交互作用而进行的设计为设计师们打开了一个全新的充满各种可能性的世界，促使他们超越形式和功能，将设计变成更智能、更具战略性的实践活动，进而产生更深远的社会影响力。

我们一起就几个关键维度进行讨论，帮助设计师们在交互领域中思考、探索。

社会交互影响是心照不宣的行为，而我们要谈的第一个维度就与社会交互影响的性质有关。心照不宣的行为意味着与有条理或者有法可依的行为相反。社会交互影响是在人群、个体或团体之间发生的动态互动，与社会规范相连，与不断变化的社会背景、文化、情感和美学捆绑在一起，并在各类社会中不断地进化。因此，了解这些心照不宣的行为对设计来说是至关重要的。这也正是服务设计必须要以用户为中心的原因：它依赖于直接观察和记录人们在自己所处环境中的情况，并主张在服务的整个发展过程中通过参与式的方法和协同设计过程，向用户反复咨询。这使设计师的工作变得更加棘手、非线性，充满了矛盾性，但却令人兴奋。

第二个维度与交互作用发生的媒介有关，具体指的是当交互作用通过基于技术的设备和接口进行连接时，我们在这些交互活动中不仅受设备的硬件设计的影响，也会被基于方案和编码编写的软件影响。接口和交互系统的设计依赖于确定预定的方案（编程），这样可以引导用户选择某条路径，达成某种结果。哲学的研究领域为指导交互性设计提供了有用的准则。其中一个准则就

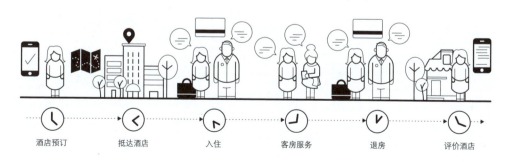

| 酒店预订 | 抵达酒店 | 入住 | 客房服务 | 退房 | 评价酒店 |

图 1.13 随着时间的推移，通过多个渠道进行的服务交互活动：一些交互活动是面对面进行的，而另一些是通过技术来实现的。

是，作为人类，我们的认知不是天生的，也不是天生具有反思性思维的个体，我们其实是生活在这个世界上依赖于直觉行为的个体。换句话来说，我们不会先考虑后行动，事实恰恰相反。从这个意义上说，人们对设计方案的反应永远是不可预测的。交互设计者不仅需要花费大量的时间来预测人们对于自动化方案的反应，而且也是最重要的一点：设计者在整个开发过程中需要找出交互设计想法，并与用户一起在情境中测试这些想法。

我们要考虑的第三个维度是交互作用的多元性。服务通常以随时间推移产生的交互作用为基础，或多或少会遵循预定的频率。我们每天都会与某些服务互动，而每周、每月、每年，或许只是偶尔会与其他服务互动，还有的服务，我们一生中只会体验一次。即使我们使用的是自动化的服务方案，服务也可能永远不会以完全相同的方式重复。通过不断跨越时空的互动交涉，我们对服务价值的看法就形成了：良好的服务是始终如一的；糟糕的服务反复无常，自相矛盾。当我们通过不同的媒介和渠道与服务互动时，保持服务的一致性会更具挑战性。

如前所述，时间是服务设计中要考虑的第四个维度。服务体验随时间改变，跨越不同审美和功能渠道——人与人、人机／电脑传递，要平衡人们对这些体验的感知需要一些特定的工具。设计人员开发、使用的以时间为基础的主要工具以时间为基础展开叙事，特别是服务行动方案和用户历程，其中的活动和交互行为被描述为一系列帧或时间线。角色扮演，无论是现场进行还是通过视频获取，都是一种常用的有助于服务设计故事预想的工具。它能帮助服务设计师创造叙事方式和故事内容，有助于记录服务如何逐渐展开，如何以不同的观点进行观察。

1.4
服务是合作产生的

用户在某个服务过程中积极参与到服务的生产制造过程，这是因为从用户角度看服务的产品要依赖不同层级的力量。试着想一想：我们需要亲自去电影院，找个座位然后看电影。我们需要上网，点击按钮，然后通过使用网上银行服务转账服务的方式来支付账单。接受服务的用户通过将自己的知识带入服务场景中积极地参与生成服务价值：他们的行为，他们与服务提供者的相互作用影响了最终的结果。

通过用户与服务提供者之间的互动可能产生的实际作用会对服务的结果产生怎样的影响？首先，服务设计从业者一定要承认他们所设计的服务受社会规范、社会环境和价值体系的影响。其次，从业者需要考虑所有流动部分的复杂性，同时能够驾驭许多未知因素带来的不确定性。设计者很容易会觉得某个项目是一个更大的场景画面中的一个片段，与包括客户在内的项目利益相关者就不确定性进行谈判很难。

服务必然是合作产生的，因此，从设计的角度来看，结果并不总是在设计师的控制之下。正如我们将在第4章中看到的那样，合作生产正在获得越来越多的认可，特别是在公共服务领域。让公民行动起来参与到公共服务的提供过程中已成了提高公共服务效率的有效策略（图1.14）。植根于服务发挥作用的社区，其中的居民对服务设计的认知度和熟悉度更高，能成为这些公共服务中不可或缺的发挥积极作用的人。用户参与、协作和协同设计是进行共生性服务设计的关键方面。

Original picture credit: Christian Smirnow

图 1.14 这是公共服务领域一个合作设计范例：绿拇指是纽约市公园和休闲娱乐部门的一个项目，通过向市民提供照看花园所需要的材料和资源来支持市民对社区花园进行管理和维护。

1.5
服务主导逻辑

很多从事服务研究的著名学者认为，人类交换的基本单位是服务，而不是商品。人们在需要完成某些事情时会向其他人寻求自己不具备的知识、智慧或身体技能。反过来，请求别人为自己提供服务的人，也可以根据自己的知识、智慧或身体技能以及其他人可能需要和想要的东西，向他人提供服务。换句话说，当有市场出现时，人们会在市场上用各自的能力做交易。每一个实物产品，从古希腊人制作的陶罐到复杂精密的个人电脑，实际上都是参与设计和生产的一个或多个人的知识、智慧或身体技能等综合能力的具体体现。

车轮、滑轮、内燃机和集成芯片都是知识综合应用的范例，这些都宣告了物质产品的诞生，并且反过来也成了技能应用（例如服务）的分配渠道（瓦戈和卢什，2014年）。

因此，从这个逻辑可以得出结论：服务是真正的经济基础，但并非一切都是商业交易。想想人们在家中是如何彼此照顾的：父母照看孩子，子女照顾年迈的母亲，甚至在你生病时，邻居也会来帮你的忙。服务不仅是经济的基础，也是社会关系和人们相互影响的基础。

事实上，所有物质世界都是应用于某种媒介的综合技能和知识的体现，是通过多种信息和材料的流动而表现出来的。这种逻辑扩展了服务的概念，从经济角度来看它们如何被感知和衡量，从而产生了生产和消费的新范例以及我们的整个价值体系。鉴于服务的理解方式发生了巨大变化，作为一个群体，我们需要将自己的思维方式转变为一种与之前不同的逻辑，即服务主导逻辑。

即使服务是我们真正的经济基础，我们的文化思维仍然倾向于"商品交换是价值创造和交换的主要模式"。这种模式转变尚未成熟，我们依然没有彻底熟悉服务逻辑，我们也没有完全具备能与推动18世纪工业革命相媲美的推进服务革命的能力。政治家们仍然支持并强调生产制造是创造就业机会的唯一途径，保险公司和银行依然在广告中将其提供的服务称为"产品"，主流媒体和政治论调大多还是以产品为中心的。

为了应对这种差距，瓦戈和卢什在2004年提出的服务主导逻辑模型是一种在当代更有意义的范式，在这个范式中，经济交换的基本单位是服务，而不是商品。在服务主导逻辑模型中，商品和服务之间不存在差异，因为服务包含了商品。服务主导逻辑提出的是一种新的看待商品和服务关系的方式：商品和服务不是两种截然不同的东西，而是一种相同的整合在一起的事物。

瓦戈和卢什确定了11个基本准则（FPs）（图1.15），这些准则对服务主导逻辑进行了概括总结（2004年、2014年、2016年）。

A1	FP1	服务是交换的基础
	FP2	间接交换掩盖了交换的根本基础
	FP3	商品是服务供应的分配机制
	FP4	运营资源是战略利益的基本来源
	FP5	所有的经济都是服务经济的
A2	FP6	价值由多个参与者共同创造，参与者中永远包含受益人
	FP7	参与者无法提供价值，但可以参与到创造过程并提供价值主张
	FP8	以服务为中心的观点本质上是利益导向型和利益相关型的
A3	FP9	所有社会和经济的行动者都是资源整合者
A4	FP10	受益人是价值唯一的、现象级的决定者
A5	FP11	价值的共同创造是通过行为人产生的制度和制度统筹来协调的

图 1.15 服务主导逻辑的 11 个基本准则（FPs），其中 5 个已作为公理（axioms）被提出，因为它们抓住了服务主导逻辑的本质，并且可以从中推导出其他基本准则。

1.6
对商品与服务的错误区分

谈论服务的文献资料最初界定服务与商品是相互对立的。服务的主要特征通常是依据它们被认为缺乏的东西（而不是它们是什么或它们拥有／提供什么）来解释的：服务不是有形的，不是同质的；服务并不持久；服务的生产和消费彼此不可分割。

服务营销研究者构想出的 IHIP 准则提出，可以通过四个关键特性识别服务：

无形性（Intangibility）：服务大多是无形的，而商品是可以被感知、触摸、体会或品尝的（图 1.16）。

异质性（Heterogeneity）：服务接触大多是独一无二的（或者至少是在人与人之间相互作用的基础上进行的），并且与其所处的文化环境是不可分割的，因此服务的供应是以无规则、差异化的方式发挥作用，供用户体验。与之相反的是，商品往往会带来不同的体验（图 1.17）。

不可分割性（Inseparability）：服务的生产和消费是同时发生的，与产品或商品（批量生产的产品）相比，用户需要在服务的交付过程中

图 1.16 服务大多是无形的。你打电话给客户服务中心时，不会看到、触摸或者品尝到任何实物。你甚至不知道客服代表是谁，也不知道他们身处何方。

图 1.17 服务中的异质性意味着人们在相同的情境中可能以完全不同的方式进行体验。观看同一场演出的两个人却有着不同的体验。

出现。服务提供者和用户之间的互动界定了服务交付的起始（图 1.18）。

易逝性（Perishability）：一般而言，服务是难以保存的。服务的易逝性要求服务的需求和提供是同步的，这就需要后勤和管理方面付出巨大的努力。

最近的研究提出服务和商品并不是相互对立的，对服务和商品的对立界定可能对用户或消费者来说没有多大意义。人们不会刻意去区分两者，他们只是想解决自己的问题。除此之外，服务的四个关键特性（IHIP）尽管是帮助我们理解服务性质的基础，但并没有考虑到许多服务实际上可能与这四个关键特性相矛盾的事实。举个例子来说，某些服务是完全依赖于有形商品的，例如依赖于移动电话的文本消息服务。我们可能会认为商品和服务之间不存在真正的鸿沟。服务包括了商品。从服务主导逻辑的原则本身来看，商品和服务不能被视为两个不同的事物，因为它们实际上是同一个事物（图 1.19）。

图 1.18 服务的生产和消费是同时发生、不可分割的。你可以把食物从餐厅带回家，但餐厅提供的服务不只是食物，因为它还涉及在特定的空间内、特定的氛围中，享用刚刚烹制的美食。

图 1.19 服务的易逝性意味着许多服务情境是无法被存储再供以后使用的。如果没有坐那天的 16B 座位，这项服务将会永远消失；航空公司永远无法再次出售那天的那个空座位。

1.7
产品服务系统

在 21 世纪初，与服务主导逻辑概念并行发展的是产品服务系统（PSS），这一概念在欧洲差不多与服务主导逻辑概念同时出现，与美国的服务化（servitization）概念相似。产品服务系统提出了整合服务和商品的一个愿景。产品服务系统主要关注的是寻找具备商业可行性，与环境相适应的可持续的消费和生产模式。

产品服务系统概念背后的原理很简单：你可以通过按使用次数付费或共享所有权来获得所述产品的功能，而不是购买该产品。产品服务系统的案例有很多，其典型例子是自助洗衣店和汽车共享服务。在这两个案例中，用户都可以在不需要获得或拥有所需功能的实物商品（洗衣机、汽车）的情况下，满足他们的需求（衣物护理、出行用车）。

从环境角度来看，产品服务系统提供的经营战略是基于这样的构想：在满足日常生活需要的前提下，尽可能减少与之相关的物质消耗，同时满足企业的营利需求。洗衣机和汽车的生产和销售仍会继续，只是以共享使用替代购买所有权这种不同的方式为基础。当然，公司的营利模式需要相应地重新筹划。

21 世纪初，当共享消费的想法开始出现时，人们最初持怀疑态度，但自那之后，文化观点发生巨变。如今，人们普遍接受诸如城市社区共享商品这样的想法，共享经济已经扩展到了不同的实践活动和模式中（见第 2 章）。

共享汽车是成功的产品服务系统模型之一，它以城市社区和大学校园为目标，因为在这些地

图 1.20 ~ 图 1.22 zipcar 共享汽车公司的接触点：停车区的标牌；用户用卡解锁汽车；移动应用。

方私人汽车的所有权受到可用空间和财务资源的限制。在付费注册后，会员可以在网络中搜索并预订供短期租赁（通常按小时计算）使用的汽车。这些都是通过网站或移动应用程序来完成的。一旦预订完成，会员将前往汽车所在的位置并使用会员卡解锁汽车。在使用完毕时，会员必须将汽车开回到最初的取车地点完成还车，以便后续预订的人可以继续使用这辆车。纽约和华盛顿等地已有数百个汽车共享点，汽车停放在那里以备共享使用（图 1.20 ～图 1.22）。

共享汽车模式已经由几家大公司推广到全球多个城市，并建立了稳固的市场。主要的汽车租赁公司进入了这个领域甚至收购了共享汽车公司。汽车制造商，例如福特公司对共享汽车业务模式进行测试。共享汽车业务模式的成功归因于

其使用便利，社会文明接受度变高，以及对付费会员与汽车网络连接的集成服务系统的关注。一些共享汽车公司采用的经营方法明确地以可持续性为主题。他们将其服务理念表述为：能够减少二氧化碳的排放，优化现有车辆的使用，同时为用户提供明确的价值定位。

公众对共享模式反响良好。整个汽车共享系统的成功很可能是因为对市场需求做出了聪明的回应，并且用系统化的、以用户为中心的方式完成服务设计。它使用正确的渠道和足够的接触点整合出了一个清晰的服务产品，并能很好地与用户兼容。最后还有一点，共享汽车系统与各个城市的交通管理部门产生了共鸣，这些交通管理部门很多都为共享汽车创造便利条件，例如专用停车位（图 1.23）。

图 1.23　几个城市提供了共享汽车专用停车位。图中所示为华盛顿特区。

1.8
服务产品

我们如何才能够获知服务的实质？服务真的是隐形的吗？服务的有形产出（实物产品）可能有哪些？我们知道服务不是只将服务对象、流程和技术简单地组合在一起就够了。服务的物质表现形式是服务本身所固有的，是通过实物产品、服务空间、数字接口和设备等传递出来的。服务设计的输出确实包含了实物产品以及这些人造物品是如何为服务中的交互影响创造条件的。

虽然大多数人可以互换使用"产品"和"商品"这两个术语，但这两个术语的意义并不完全相同。"商品"一词是指物质存在的有形产品。"产品"一词包括物质商品和服务，而服务通常被视为无形产品。

正如我们所讨论的，将商品和服务分离有待论证。从用户的角度来看，如果只是商品与服务一起发挥作用，或者商品是服务的载体，他们会很容易看到物质商品和服务之间的互连性。想想现在颇受欢迎的健康活动监测设备，如 Jawbone UP（可以记录用户的日常活动、睡眠情况和饮食习惯等数据的智能腕带手环）、Misfit（采用了传统表盘风格，配置智能设备内芯的运动可穿戴产品）、Fitbit（通过记录使用者活动、锻炼、饮食、体重和睡眠等信息，改善用户健康的可穿戴

产品）等很多产品，所有这些商品都是商业化的可穿戴的集成系统并加载了移动应用程序。

服务设计过程的输出一定是服务的物质方面和人们从服务中的所得两者的结合物：最终结果（例如，成功的牙科治疗）和体验（简单高效的预订系统，乐于助人的员工以及牙科诊所里舒适的氛围）。服务设计的产品包括策略输出和物质输出。

让我们澄清一些基本定义：

服务提供

服务设计中最具战略性的产品就是提供服务，彻底涵盖了服务的全部内容：交付的结果，服务提供者和用户之间共同创造的价值。设计服务产品意味着深入了解用户的需求，并将这些需求解释为某个组织能够并愿意提供的用户所需要的服务要求。服务提供是服务提供者为用户提供的价值主张。要想获得成功，它必须具有用户和服务提供者都认可的兼容价值。因此，它需要从对用户及其背景，服务组织及其运作方式的研究中产生。根据研究结果，设计人员能够寻找到路线图，以提供新的或改进的服务产品。

接触点

在服务设计的辞典中，术语接触点用于指支持服务体验的物质证据或材料系统。接触点可能包括实际的物质商品，内部和外部空间，印刷的材料，应用于物体或建筑物表面的图形碎片，数字接口和设备，家具和灯具，工作人员穿的制服和其他服装，甚至服务环境中发出的气味和用到的香水，背景音乐和声音，以及在某种程度上，工作人员在与用户交流时会用到的口语表述等。原则上，服务中所用到的所有材料及组成部分都可以进行设计，并且无论是否涉及专业设计人员，所有这些组成部分或多或少都是经过有意设计而形成的（图1.24）。

服务渠道

用户获得服务接触点的媒介通常被设定为服务渠道。典型的服务渠道包括电子邮件、电话、面对面、书信邮件和移动应用程序，而接触点很可能是某个电话或电子邮件交流。消费者可以通过一个或多个渠道与不同的接触点进行交流，服务提供者所面临的挑战是要在不同的服务渠道中实现并提供一致的服务体验。

物质商品　数字接口和设备　制服和其他服装　内部和外部空间　印刷的材料　信号系统　家具和灯具　工作人员与用户交流时会用到的口语表达

图1.24 服务接触点的示例。

服务景观

服务景观的概念有助于我们理解和拓宽认识服务设计项目的物质表现形式。这一概念最初是在服务营销文献中被定义的，指的是所有的实际设计内容，包括在指定服务交互活动中要求的氛围和装饰元素。服务景观的概念可以帮助我们了解物质和社会之间的关系。服务体验的重要性不仅会对消费者在服务体验中的感知和行为产生强烈的影响，还会影响到服务提供商。因此，服务景观可以被理解为服务交互活动的"舞台"，其中消费者和服务提供商之间的对白或芭蕾等舞蹈动作的运用使这个"舞台"显得更加生动并贴近生活（图 1.25、图 1.26）。

将服务设计与传统设计形式联系起来是非常重要的，无论是产品和工业设计、通信设计、室内设计，还是建筑设计，这些都与服务的实质性

相关。设计具有解释人类需求和愿望的悠久历史，刻画社会和文化意义上的人、组织甚至国家的准则，并将它们转化为新的对象和沟通系统。围绕着我们的物质世界是包围和构建我们生活的"衬里"。通过制造工具和建造庇护所来提升幸

福度的能力是人类生存的基础。除此之外，设计对象不仅是功能性工具，而且还具有超越功能的属性，例如意义、美学解释、符号和不易分类的记忆。

谈论设计对象和建筑环境在服务和交互活动方面的作用，将我们与最深刻的设计历史联系了起来。在产业革命之前，人们一直在通过平衡功能、形式和意义来创造空间、物体和通信系统，因为在此之前，这些都是由有名的建筑师、工匠和设计师来命名的。在庞贝古城的废墟中，人们可以看到一些古老的零售场所，其中一些设有大型柜台，内置凹坑以容纳橄榄油和谷物——这些都是设计改变空间和物质，有助于达成特定的人类互动的古老证明。

因此，服务设计人员应将其设计实践定位为设计历史的一部分，并将服务设计视为与传统设计应用相关联，并与其有着内在联系的事物。

图 1.25、图 1.26 机场的服务景观与剧院场景相当：服务景观包括舞台、道具、服装和设定好的对话。

1.9

采访
比尔吉特·梅格

比尔吉特·梅格是德国科隆国际设计学院（KISD）服务设计系教授。她是德国科隆国际设计学院服务设计研究中心——塞德斯研究所（Sedes Research）的创始人兼董事、服务设计网络的联合创始人兼总裁，以及服务设计杂志《触点》（*Touchpoint*）的主编。

您是如何定义服务设计的？

服务设计是对人员、基础设施、通信和服务的物质组成部分进行合理有效安排的活动，以便为所涉及的多个利益相关者创造价值。从前，我们专注于设计可用、有用且适合用户的服务接口、接触点和构件。今天，我们明白了价值应该在所有利益相关者之间平均分配。考虑整个系统是弥合概念和实践之间差距的一种方法，这将使服务设计对于不同的行业都更具吸引力。

服务及其相关领域，如服务管理和服务科学已经存在很长时间了。服务设计师被纳入相关专业领域的时间只有十余年。什么是独特的设计贡献？

最初，设计使我们能够深入地了解人们的需求、偏好和欲望，结合定性和定量研究，真正将用户的视角引入设计焦点。设计师还介绍了在跨学科团队中使用的参与式方法。在过去十余年中，这些技能已成了营销人员或其他服务行业业务经理的常用之物。我们正在失去一些我们本身具有的独特性，

但设计仍然可以为我们设想尚未发生的场景，并能将这些场景原型化，以进行服务改进和创新能力的提升，这些都为我们的能力提升提供了非常有价值的贡献。

服务设计是一个领域，还是一个职业？

两者皆是。这既是一个领域，但同时也是一个职业。任何人都可以将服务设计融入他们的公司文化中，但服务设计专业人员是那些将新专业知识带入组织流程的人。例如，当我在一家公司教授服务设计课程时，在超过一年的时间内仅仅断断续续讲了10天课，但很多人都提出了不同的服务设计知识，即使他们没有意识到他们会这样做。尽管如此，对于某些项目，公司可能会聘请外部设计合作伙伴，这些合作伙伴会带来专业知识，具体的时间承诺和外部视角。

您能围绕服务设计谈谈行业发展，特别是服务设计网络的发展历史吗？在这个领域中，服务产业是如何与学术研究集合在一起的？

40

即使服务设计这个行业很年轻，一个强大的围绕着这个行业的团体也已经发展起来了。创建服务设计网络是为了在商人、顾问和研究人员之间提供交流平台。今天，在这些活动中，来自这三个领域的参与者的分布是相当平衡的，还有来自许多不同领域的代表——特别是来自公共、卫生保健和金融领域的代表。服务设计的学术研究仍需要加强，进而更有效地传达给没有时间阅读学术论文的服务从业者。我们还创建了特殊兴趣小组，以便在特定服务领域内建立更深入的知识体系和网络。

我们的社会可以从哪些仍然未充分发展的服务领域中受益呢？

我确实看到一些在社会创新中蕴含的机遇，例如在新型共享社区、新型金融解决方案等方面。

在您看来，我们能谈谈服务设计的不同谱系，或来自世界不同地区的不同设计思想和设计实践流派吗？例如，服务设计是在欧洲开始兴起的，回应了医疗保健等特定服务部门的需求，而在美国，服务设计与技术有很大关系，使用交互设计作为主要的学科框架。

服务设计有两个主要的谱系：一个是由设计主导的，另一个是由服务科学主导的。科学设计流派更具有学术性，它是建立在新服务开发和服务创新理论基础上的，为改进或创新服务创造了一以贯之的方法。同时，设计师正在尝试将服务设计与用户体验设计、交互设计联系起来。我不认为这些不同流派将会聚集在一起，但我们一定要小心，不要制造太多令人困惑的领域。

我们是否已准备好转向以服务为主导的逻辑思维方式，将服务作为我们经济中的基本交换单位？在美国，我们听到政治家竞选时提到创造就业机会，他们似乎只提到了制造业的就业机会，但从未提供服务业的就业机会。在这个心态转变过程中缺少了什么？

我看到了已经发生的重大变化。20 多年前，对于一家汽车公司来说，若是专注于广泛的服务解决方案，而不仅仅是生产汽车，这似乎是牵强的做法。今天我们看到梅赛德斯、宝马和大众汽车在市场上推出基于服务的产品。在欧洲，服务业对增加和创造新工作的重要性非常明显。对生态可控的生活方式的发展渴望已经表明了制造业真正的价值来自制造业和服务业的结合。事实上，我们正在讨论经济可以消化多少服务岗位，以及我们需要多少制造业来保持经济的良好平衡。

如何进行与产品设计或信息交流设计不同的服务设计？

服务设计和产品设计都要求设计师在不同学科之间开展工作，将设计概念变为现实。虽然产品设计师与市场营销、工程和生产领域的一些人进行合作，但服务设计师必须在不同的利益相关者之间进行协调，这些利益相关者将通过多种渠道实现真正的服务。这就要求围绕公司经营方针和文化框架制定明确的策略。由于服务是同时生产和消费的，因此设计人员必须创建能适应不断变化的环境和要求的灵活系统。最终，服务由许多不同的参与者共同创造完成，因此，动机和行为通常是设计过程的关键部分。

对于服务设计来说有哪些限制？

服务设计通常会干预组织内部和既定结构与流程中的决策权力体系。因此，它需要对变更过程有一个很好的理解，提供的服务要比便利贴更强，实现真正的创新服务概念。

为什么了解服务设计很重要？

服务设计提供了在许多不同评级体系中创造价值的机会——经济价值与社会或环境价值一样多。和人们一起设计或为人们进行设计都可以带来很多乐趣！

1.10
学习重点

关键点

• 服务，而不是商品，是人类交换的基本单位，也是我们日常生活中无形的黏合剂。

• 交互是服务的核心，因为服务本质上是以人为中心的。交互活动可以是人与人之间的，也可以是通过基于技术的设备和界面进行的。

• 服务是随时间展开的互动体验，并通过不同的渠道进行。

• 用户通过将自己的知识带入服务流程，积极参与到价值的创造中。用户的操作以及与服务提供者进行的交互活动会影响服务的最终结果。

• 服务主导逻辑理论认为服务是我们真正的经济基础，所有经济体都是服务经济体。即使以实物产品为中介，真正交换的还是服务。

• 在产品服务系统中，用户可以通过按使用付费或共享所有权来获取所述产品的功能，而不是购买产品。产品服务系统的一个成功案例是共享汽车模式。

• 设计师永远无法纯粹地设计服务。相反，他们可以设计交互活动的条件、细节、环境和接触点，但从不设计交互活动本身。

问题回顾

• 服务主导逻辑的特征是什么？

• 合作生产对服务设计师的实际意义是什么？

• 什么是 IHIP 准则？

• 产品服务系统的其他成功案例是什么？

• 服务交互活动涉及哪些主要维度？

• 主要的服务产品是什么，是服务的物质输出以及战略产品吗？

活动练习

• 描述出你每天、每周、每年以及你一生中与之互动过一次的服务。选择一个你每周使用一次的服务。描述其主要的服务内容（这项服务的好处是什么？）；分析作为其一部分的所有交互活动以及服务交付的渠道。描述主要的物质和数字接触点以及发生关键服务交互活动的所有服务景观。绘制或制定主要的服务景观。

• 从你的家中挑选一件物品（例如电钻、充气气垫或垃圾桶），并想象一下，这是一个产品服务系统，而不是个人拥有的商品。为产品背后的服务系统设计服务方式。如何与其他用户共享这款产品？将如何改变这款产品的使用体验？将如何改变这款产品背后的组织机构的商业模式？

消费是同时发生的。

- 易逝性：IHIP 准则的一部分，一般而言，服务难以保存，导致其易消失，需要同步提供供需过程。

术语表

- 服务主导逻辑：认为服务是真正的经济基础。

- 产品服务系统：通过服务和产品系统满足用户需求的系统，而不是通过个人拥有产品。

- 接触点：支持服务体验的物质证据或材料系统。

- 服务渠道：用户获得服务接触点的媒介。

- IHIP 准则：通过四个关键特性来识别服务：无形性、异质性、不可分割性和易逝性。

- 无形性：IHIP 准则的一部分，服务基本上是无形的，而商品是可以被感知、触摸、体会或品尝的。

- 异质性：IHIP 准则的一部分，服务的供应以无规则、差异化的方式发挥作用，供用户体验。

- 不可分割性：IHIP 准则的一部分，与产品或商品（批量生产的产品）相比，服务的生产和

推荐阅读

- A. 波莱恩、L. 拉乌列和 B. 瑞森的著作《服务设计：从洞察到实施》（*Service Design. From Insight to Implementation*），罗森菲尔德媒体公司 2013 年出版。

- 瓦戈和卢什的著作《服务主导逻辑：前提、观点和可能性》（*Dominant Logic: Premises，Perspectives，Possibilities*），剑桥大学出版社 2014 年出版。

02
服务经济

2.1
导言

本章从经济活动的角度来定位服务，并介绍主要的服务行业和基于服务的近年来出现的经济模式，如共享经济。

尽管服务主导逻辑认为所有的经济体都是服务经济体，但世界经济仍然围绕着制造业、农业和服务业这 3 个典型领域组织、安排。从全球范围来看，服务领域在国家和国际经济中日益重要，是全球最常见的工作场景。

本章探讨了多年来不断扩展的服务设计市场，这得益于一些重点行业加大服务设计委托业务，如医疗保健、政府和金融，这些行业对服务创新的需求很大。

本章研究了如何平衡服务标准化和服务定制化带来的挑战。一方面，它着眼于用户体验（CX），如何发挥大型组织的专业作用，并专注于弥合标准化和用户体验之间的差距。另一方面，它通过使用服务设计中最典型的一种工具——服务模型来研究服务设计在这方面的贡献。

接下来，本章探讨了社会经济的广义概念，其中包括不一定只关注营利能力的经济体，包括政府和非营利组织，医疗保健以及其他被视为创新、经济增长和创造就业机会主要来源的社会领域。我们还关注了服务设计如何为高度服务型社会经济做出贡献。

本章还介绍了两个主要且存在竞争关系的共享经济变体。一个是对等经济，它以点对点的协作和交换为基础，如时间银行、自由循环、团结经济和许多其他自下而上的举措。另一个变体与优步（Uber）和爱彼迎等数字平台相关，这两家公司作为运营平台，为用户和供应商之间提供了信息交流并开展运营，现在都已经成了价值数十亿美元的商业实体。

本章有采访设计策略和社会创新专家埃兹欧·曼兹尼教授的记录，他是社会创新和可持续性设计（DESIS）网络的创始人。

2.2
各种服务的经济性

服务主导逻辑（见第 1 章）认为商品和服务之间没有真正的鸿沟，因为服务包括商品，是一个整体。因此，所有经济体都是服务经济体，"一切都是服务"，因为商品创造的价值实际上是由设计、工程、制造、营销、物流和销售等服务产生的，各个部分都嵌入其中。

然而，世界经济仍然坚持围绕制造业、农业和服务业这三个典型领域来组织划分产业（以及制定法规和政策）。在这种划分方法中，与制造业和农业相比，所谓的服务业是美国和欧洲经济活动的主要来源。在整个 20 世纪下半叶，服务业被认为是美国经济中增长最快的基石，美国经济现在也被认为是一个以服务业为基础的经济体。许多竞争理论被提及，用以解释这种向服务型经济转变的经济结构。这种转变背后的力量是复杂的，可归因于多种因素，如制造业的离岸外包公司专注于核心服务的相关功能（例如这些公司将服务与产品捆绑在一起）。还有发展高速增长的服务行业，例如高科技和知识密集型领域或低技能和劳动密集型领域。

根据美国经济分析局 2014 年的一份报告，美国的服务贸易处于顺差水平，而货物贸易则相应下降。根据澳大利亚政府的一份报告，中国是全球制造业强国，因通过加入世界贸易组织（WTO）开放服务业并接受外国投资，这会导致中国服务业的增长。一些服务业对于维持制造业部门顺利开展生产是至关重要的。服务业和制造业明显重叠且互惠，包括一些有发展前景的设计

策略，例如产品服务系统，该系统中产品被服务所取代，成为减少物质材料消耗和降低环境影响的一种方式（见第 1 章）。

从全世界范围来看，由不同行业和子行业组成的服务经济领域在国民经济和国际经济中发挥着日益重要的作用（图 2.1）。每个国家、地区和城市在各个服务领域里都有自己独特的优势和投资组合，以响应私营商业投入，以及政府的战略愿景和区域发展计划。

服务业究竟是由什么组成的呢？服务业是很难被界定的，因为它包括了各种行业。让我们来看一些具体数据，以便更好地了解服务经济的格局。

根据美国经济分析局的数据，仅在美国，服务业就占其国内生产总值（GDP）的近 80%，主要贡献行业如下：房地产业（13%）、政府服务业（14%）、金融和保险业（8%）、健康和社会关怀业（8%）、信息业（4%）以及艺术和娱乐业（4%）。但是，在地方一级，不同领域的各个部门的百分比可能会有所不同。

北美工业分类（NAIC）系统对 13 个不同行业的服务进行了分类，其中不包括政府服务（图2.2）。

其他分类系统也在很大程度上类似于北美工业分类系统，但可能会有变动。尽管分类帮助我

2.2 各种服务的经济性

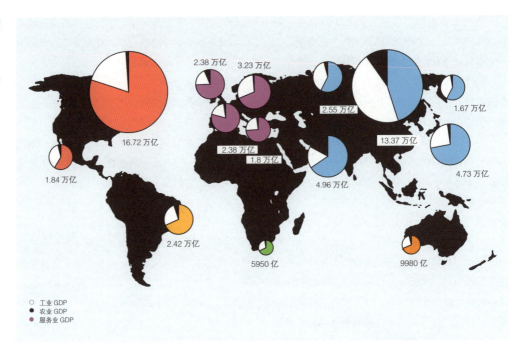

图 2.1 部分国家的国内生产总值（GDP）构成，主要显示了工业、农业和服务业的投入，数据是以美元为计价单位的。

们理解复杂的经济布局，但我们应该认识到商品或服务分类系统绝不是一成不变的。例如，在快餐店出售的汉堡包是服务的一部分，而在超市出售的食材会被认为是商品。

　　分析服务经济学时一个重要因素的考虑与就业有关。全球劳动力人口约为 33 亿（2013 年），其中服务业是全球最常见的工作场景。根据美国服务业联盟（2008 年）的数据，41.8％的劳动力从事服务业，35.4％的劳动力从事农业，22.8％的劳动力从事制造业。换句话说，今天世界上 1/5 的人口受雇从事服务业。在美国，服务业雇用了 80％的劳动力，虽然服务经济持续增长，但服务业之间存在着巨大的工资差距。一些人从事兼职服务工作，而另一些人则从事全职服务工作。一些行业工资低，例如快餐业，而其他行业则支付高工资，例如投资银行业。服务工作中存在许多矛盾，有些发展趋势应该被着重关注。例如，临时性的、低工资和低技能工作的增加可能会导致收入不平等进一步扩大，大部分人群生活水平下降。但是，设计业是如何与服务经济联系起来的呢？它又是如何与目前讨论的主题建立关联的呢？在下一节中，我们将研究服务设计公司和咨询公司是如何与不同的行业和客户建立商业合作关系的。

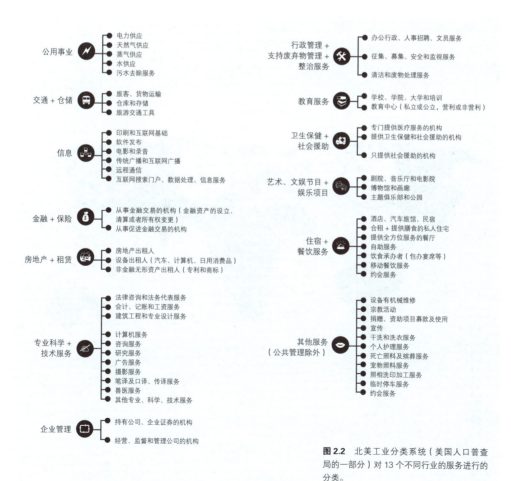

图 2.2 北美工业分类系统（美国人口普查局的一部分）对 13 个不同行业的服务进行的分类。

2.3
服务设计市场

作为一个领域和一个市场出现的服务设计有很多分支机构。其中一个谱系可追溯到21世纪初在英国开创的政府主导的举措。另一个谱系与数字技术的引入有关，这些技术创造了对基于服务的新商业模式的需求，其中手机和掌上电脑被捆绑到新的数字服务生态系统中。这种技术转型能够使其他服务模式持续蓬勃发展，其中许多技术改变了更多传统行业，如音乐、零售、媒体和银行业。

但目前对服务设计产生需求的主要行业是哪些？

全球研究和咨询公司福瑞斯特研究所（Forrester Research）的一份报告调查了全球100多家设计机构，发现了一些重要的趋势：一些是全球性的，另一些是针对城市、地区或国家的（图2.3）。

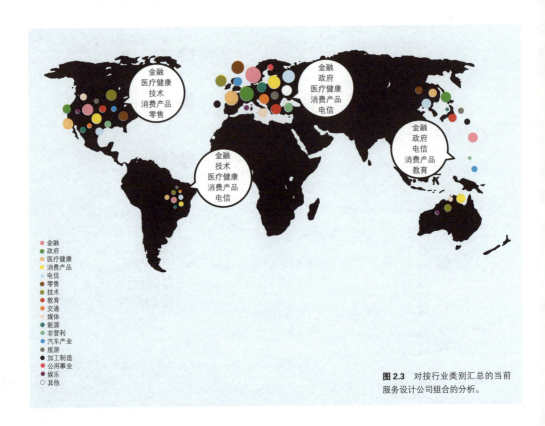

图 2.3 对按行业类别汇总的当前服务设计公司组合的分析。

医疗健康一直是北美和欧洲服务设计师的重要领域。公共部门是服务设计工作的一个主要委托方，特别是在欧洲、亚太地区，在北美和南美洲的市场份额也在不断增长（第3章中有服务设计的更多信息）。

与IT相关的高科技产业成为北美和南美（特别是巴西）服务设计师的新兴市场，其次是欧洲和亚太地区。有趣的是，考虑到亚太地区的行业规模，消费品加工制造业都没有显示出对服务设计的主要需求。

金融服务似乎是对服务设计需求量最大的产业。随着各大洲对服务设计师的需求度变高，金融部门也产生越来越多的对于服务设计的需求。对顶级服务设计公司的在线资料进行分析可以看出银行和保险公司是这些公司的重要客户。

金融业不仅是全球主要的服务设计委托方，而且一些金融机构正在创建内部团队或收购设计公司，以便他们能够专门为本机构工作。

毕竟，银行是可以展示服务各个基本方面的典型服务业（包括互动活动、服务渠道、接触点，还有期望关系和信任等无形资产）。银行本身就代表一种服务。银行（bank）这个词来源于意大利语 banca，意思是柜台。在文艺复兴时期，佛罗伦萨银行家们在高高的柜台旁进行交易，客户可以将他们从劳动、遗产、财产和现金收益中获得的金属硬币存放到银行的柜台里。高高的柜台表面代表了这个特殊的交易空间，象征着相互信任，服务角色由实物分隔确定：一侧是服务提供商（银行家），另一侧是服务的用户（客户）（图2.4）。

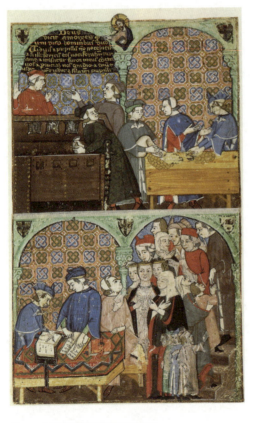

图 2.4 英国图书馆馆藏的银行交易场景。

　　金融服务正经历一些重要的转变。一方面，2008 年的金融危机改变了公众对传统金融服务提供者的看法。另一方面，新技术和新的服务模式出现，改变了金融机构的现状：基于同行的借贷系统，小额信贷，无接触支付（如通过短信转账）和加密货币（如比特币，由区块链技术支持的点对点支付系统，也被称为数字货币），这些都改变了金融机构的传统服务模式。特别是发展中国家已经成了可以从这种服务创新中受益的主要市场，提供了不同类型的项目机会和解决方案，我们会在之后的案例中看到。

案例研究：
一亩地基金（One Acre Fund）
和花旗银行（CitiBank）以电子还款
取代现金的项目

一亩地基金是一家为东非的小农户提供小额贷款的非营利性组织。农民起存 5 美元，可获得平均 9 个月的额度为 90 美元的贷款。这些贷款使农民能够获得种子和肥料，并为农业生产投入提供资金保障，再加上农业技术培训以及更好的推销农产品的方法帮助实现农民的利益最大化。要参与这个项目，农民必须加入所在村落的村民小组。该小组雇用当地官员，负责现场协调和促进所有的交易，以及物资分配和培训等事宜。通过花旗银行肯尼亚分行和花旗全包融资部门与花旗银行开展合作，一亩地基金后来又推出了使用移动数字货币服务，即 M-Pesa 偿还贷款的项目，取代了之前以现金为基础的支付系统。

在之前以现金为基础的系统中，农民需要每周与一亩地基金分管官员会面并以现金方式来偿还贷款。分管官员在收据簿中记入还款信息并给每位来还款的农民一张纸质收据。分管官员将收集的现金和存款运送到地区银行。整个过程具有不确定性，效率低，风险高，并且需要两周的时间来更新贷款余额并核对银行对账单。

使用移动数字还款服务取代现金还款的变化使农民在很多层面上受益。使用移动数字货币服务偿还贷款的农民表达了对电子支付的一致偏好，他们喜欢电子支付系统而不是现金，这在很大程度上与便利性、透明度和安全性有关。农民，尤其是女性，害怕持有现金。此外，农民也摆脱了漫长的现金处理过程和更加高昂的处理成本的负担，并且该系统更不容易产生欺诈现象。新系统的成功还与已经蓬勃发展的电子支付生态系统有关，因为农民已经熟悉肯尼亚电子支付系统 M-Pesa（图 2.5）。

图 2.5 肯尼亚农民使用一亩地基金和花旗银行的贷款支付系统的情景。

案例研究：
Continuum 设计团队
为世界银行设计的推进金融包容性项目

Continuum 设计团队为世界银行的分支机构扶贫协商小组与巴基斯坦最大的银行哈比卜银行有限公司（HBL）的合作项目提供金融服务设计。该项目的重点是贝娜齐尔收入援助计划（BISP）的受助者。该计划是巴基斯坦政府向低收入家庭分发现金的一项财政援助计划。

该项目的主要挑战包括不规律的付款时间以及与终端用户的沟通障碍，这些用户，即受助者很大一部分是不识字的妇女。该项目旨在提高妇女通过自动取款机，或直接从当地银行分支机构的员工那里获得贝娜齐尔收入援助计划福利金的能力。设计团队从定位访谈和观察开始，了解受助者的生活方式、财务和储蓄习惯以及对于贝娜齐尔收入援助计划的整体使用体验。这种高度沉浸式的实地考察有助于设计团队提出一系列关于如何更好地与女性进行沟通的建议，包括使用图片而不是文字指引的自动取款机（ATM）屏幕使用指南（图 2.6 ~ 图 2.9）。

图2.6～图2.9
设计团队在采访巴基斯坦农村地区的妇女；在银行分支机构接受政府财政援助计划的受助人；设计团队提出的服务接触点细节。

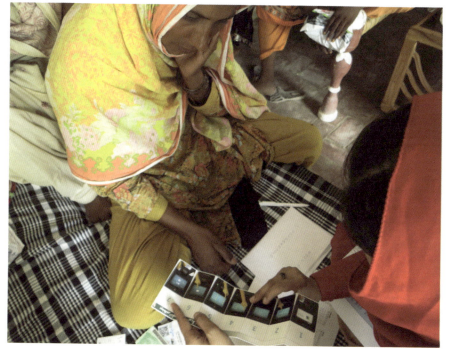

2.4
以消费者为中心的机构

让我们仔细研究一下服务机构想要提供优质服务时所面临的一个特别重要的挑战。

服务机构必须以最具成本效益的方式来运营其业务。它借鉴了制造业大规模生产，尤其是组装生产线的模式。当管理、物流和生产方面变得高效时，服务也变得更加工业化、标准化，也更为可靠。

上述内容的另一面是，与大规模生产的商品不同，服务体验是独一无二的。用户期望他们与服务提供者进行的互动活动是独特的，并且在某种程度上是特殊的，尤其是在面对面互动时。定制服务受到客户的高度重视，但它们往往会给服务机构带来高成本。

标准化和定制化是一对矛盾的术语。因此，服务机构的问题是在标准化和定制化之间找到适当的平衡，使其提供的服务在满足用户对可靠性的期望的同时，也能满足用户对个性化和人性化的需求。如何实现这种平衡并使其在营收方面具有可操作性呢？

对提供服务的机构来说，他们一直以这样的特定角度关注用户体验。用户体验是一个专业领域，致力于将用户的需求集成到服务设计解决方案中，使用服务设计人员熟悉的工具，例如观察和采访，并适时描绘出他们之间的交流过程。这些技术有助于揭示出那些重要的、紧迫的时刻，并识别出用户对与服务机构互动的看法。

关注用户体验的人通常都在大型组织机构内从事与客户关系和市场营销相关的工作，都是非常专业的。他们大多是那些在跨组织运营团队中倡导服务设计集成的人。规模小的组织可能没有用户体验专职人员，但这并不意味着他们不关注客户满意度。

苹果数字产品直营店（Apple Store）是用户体验的成功之作。它的成功在很大程度上归因于工作人员找到了非规律性和可预测性之间的平衡。这些工作人员遵循着精心设计的服务协议与用户互动，同时又很友好，而且平易近人。一线员工培训对于实现标准化和定制化之间的平衡具有决定性意义（图 2.10）。

许多服务机构的首要任务仍然是去了解客户的心态，并创造出更多的互动方式将他们的活动整合到市场运营中，当然这也是一个很有意义的为设计做出贡献的领域。

服务模型是服务设计实现平衡客户体验的主要工具之一。模型的重点是获取用户和服务提供者之间的互动活动，并协调他们之间的需求和服务流程。

图 2.10　工作人员与用户在苹果数字产品直营店的互动。

服务模型

服务模型是基于时间的矩阵。横轴用作时间线，显示服务在时间上的操作顺序。纵轴获取了用户和员工之间以及一线员工和后台操作之间的互动活动，打通了服务提供者的前台和后台部分。

服务模型可以是一个分析现有服务交付（当前状态）的分析工具，也可以作为服务设计或重新设计（未来状态）的生成工具。

从本质上讲，服务模型在视觉上捕获了整个服务流程，通过时间和参与者（如用户、前台员工、后台员工、支持系统和分包商）分解交互过程，显示出每个步骤中使用的接触点。这样的服务模型可以更轻松地识别出服务过程中的痛点、缺陷和缺失的连接（图2.11）。

服务模型可用于掌握软件方面的细节，例如行为、因果关系以及技术组件和支持流程。虽然服务设计人员经常使用其他基于时间的工具，例如行程图，但服务模型的好处是能够同时捕获有关用户和提供商的信息。它是设计师可用的协调标准化和定制化之间平衡的最佳工具。有关服务模型的实际使用指南，请参阅第 8 章。

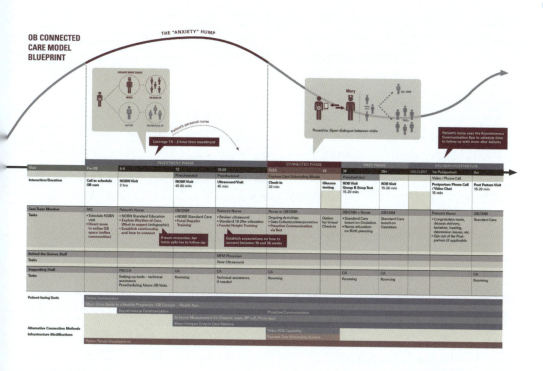

图 2.11 妙佑医疗的 OB 连接关怀（OB Connected Care）的服务模型示例。该服务模型描绘了患者与 OB 连接关怀的相互作用。最上面的一行或可以称为"泳道"的部分显示了患者和工作人员之间的互动顺序，下面的"泳道"显示了前台、后台和支持 3 层级别的工作人员的活动和任务。请注意针对孕妇的不同服务阶段：投入阶段、关联阶段、准备阶段和分娩 / 产后。还要注意示例上方的情绪弧线，显示怀孕第一阶段患者的"焦虑"峰，以及当患者获得更多联系和积极主动的关心时，她们的情绪是如何产生变化的。

2.5
社会经济的增长

不完全以营利为目的的私人经济体正在崛起。所谓的社会经济是指在政府、慈善机构、非营利性组织、社会企业和合作社的推动下，这一部分经济组织为社会、经济或环境问题创造了解决方案，并成为创新、经济增长和创造就业机会的主要来源。

服务设计师如何成为社会经济的一部分？

越来越多的设计师正在为医疗保健和其他社会领域的政府和非营利性组织工作。有证据表明这些行业如今对服务设计的需求越来越大，人们越来越意识到设计能够为社会问题提出更加有效的解决方案，产生良好的社会影响。社会经济的很大一部分是以服务为基础的。纵观全球顶级服务设计公司，我们注意到他们的投资组合有相当一部分是与社会经济项目和客户有关的。

作为社会经济中最值得注意的领域之一，医疗保健吸引了大量的服务设计人才，而大部分是自建的内部设计团队。

妙佑医疗创新中心是医疗保健领域服务创新的领导者。作为一家位于美国明尼苏达州的顶级非营利性医疗实践、研究和教育集团，它拥有150多年的历史，在先进的治疗方法、医疗服务的交付和方法方面持续创新。

在 21 世纪初期，妙佑医疗的领导层与爱迪欧创新设计公司等联系，目的是利用设计方法改善医疗保健体验，重点关注医生和患者之间的互动活动，并转变医疗保健体验和医疗服务交付方式。最初的试点项目很快扩展到妙佑医疗的整个创新中心，在不同的医院和护理机构里设有一系列专用的实体空间，例如位于病人楼层的协作工作区和位于高级护理中心的生活实验室。多学科设计诊所是一个生活实验室，患者与医疗服务提供者合作设计出新的方法、流程和医疗保健解决方案的原型。目前，整个创新中心的设计研究能力包括策略设计、产品设计和服务设计等。

妙佑医疗创新中心的项目包括新的在线咨询系统（eConsults），整合非正式医护人员的健康系统（Caregivers），产前护理过程的详细筹划和改进（OB Nest），为糖尿病和其他疾病患者开发的决策辅助工具（Decision Aids）等（图2.12 ~ 图 2.16 ）。

图 2.12 ～ 图 2.16　妙佑医疗创新中心内部空间。图像来自创新中心项目：决策辅助卡片，以帮助糖尿病患者管理他们的病情；eConsults 是一个在线咨询系统；"杰克和吉尔"为医生与患者及其家属提供一起交谈的地方，具有创新布局的与检查室相结合的咨询室改善患者的体验，从而实现更好的无缝连接的体检流程。

2.6
共享经济

共享经济这个术语近年来成了一个流行词，经常表达截然不同的观点。事实上，有两种主要的相互对立的观点。

将共享经济和同行经济的概念重叠是其中之一。同行经济是围绕借入、物物交换、借出、互换以及由不同的人交换资源、资产或货物的想法而开发的另类的社会经济系统。共享经济模式的例子包括从工具、家用电器到房屋和汽车等所有东西的共享，交换时间，通过众筹支持彼此，以及许多其他基于合作和点对点交换的想法。想想时间银行（Timebanks，其中一个人以约定的小时数去帮助另一个人，以换取另一个人去帮助第一个人的等量时间）、维基解密（Wikipedia，免费在线百科全书，由志愿者创建和编辑）、沙发客（Couchsurþng，在其他人家中短暂驻留）或自由循环（Freecycle，一群人向他人赠送不需要的物品，而不随意处置）。这些例子挑战了传统的产权概念、私有制以及传统的消费和服务方式。

这种观点认为，共享经济的起源是对相对低的材料密集型和生态可持续发展的社会的追求，向一个以相互信任为基础的社会经济转变，以促进共享物品，而不必去拥有它们。因此，共享经济是更广泛的社会运动的一部分，这种运动建立在自下而上的基层倡议之上，旨在解决当今最大的挑战。抱团经济、开源软件、转型城镇、协作服务和开放式创新等模型，不仅提出了对经济和环境危机的实际反应，倡导自己动手，而且提出了新的文化思维和政治世界观（更多关于服务设计）以及社会创新（见第4章）。

另外，共享经济与数字平台相关联。共享经济的最初想法很快就吸引了企业家和投资者，他们对人们的时间和资产货币化充满期待，并且随着智能手机、社交媒体和互联网可访问性的迅速发展，一种全新的服务类别诞生了。由数字平台或按需应用程序启用的新业务模型出现了，对我们的日常生活进行管理和商品化运作。

平台服务公司，如优步（通过智能手机应用程序，联合私家汽车的拥有者，提供按需汽车服务的公司）或爱彼迎（人们可以短期租赁住宅的在线公寓平台）变成了价值数十亿美元的商业实体。最终，它们成为"中间人"，用户和服务提供商在每次交易的同时向它们支付一定比例的服务费——这些公司并不拥有任何物质基础设施（图2.17～图2.20）。

这些平台服务公司挖掘并填补了市场的空白，并迅速取得了巨大的成功。尽管这些公司日益受到消费者的欢迎，但并非没有争议。现在学者们正在评估它们对整个经济的影响。这些公司受到的监管远远不够，有些公司被指控对相关市场原有的占领者（如酒店和出租车公司）采取的不公平竞争手段或许会导致劳工标准恶化。

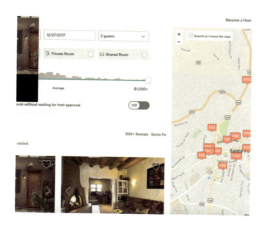

虽然由于共享经济的模式不同而造成的损失仍在讨论中，但设计师无法避免地思考共享经济对设计实践活动的影响。在这个领域中进行设计不仅代表了塑造新的数字接口和服务接触点的能力，还体现了在社会关系、生态可持续性和经济机会方面影响社会的可能性。

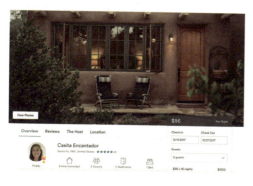

图 2.17 ~ 图 2.20　爱彼迎网站用户界面显示了服务的机制：租房者可以按地点和价格范围选择房屋，并与房屋主人取得联系，查看以前租房者的评论，同时房屋主人会审查租房者的信息。能够显示房屋内部图像和社区周围环境的图像是爱彼迎平台成功的关键。图 2.20 显示了日本大阪此花区社区的上市公寓。

2.7
采访
埃兹欧·曼兹尼

埃兹欧·曼兹尼是意大利设计策略专家，世界顶尖的可持续性设计专家之一，也是众多设计图书的作者。他是米兰理大学院工业设计专业教授，也是社会创新和可持续性设计网络的创始人，这个网络是一个以大学为基础的设计实验室。

您对服务设计的定义是什么？

服务是人、事物和产生目标价值的地方之间的互动活动。服务设计是可以设计的任何东西，使所有利益相关者进行具备更多可能性、有趣和有效的互动活动。

为了能够理解服务，我们需要确定与经济相关的服务。您对当前和未来经济的看法是什么？

经济形式正经历前所未有的转变。现在世界经济体存在不同生态系统。它们可能包括传统的市场和国家经济，但也有分享经济、交换经济、自助经济和礼物经济。这些生态系统的组织和经济模式是不同动机、目标和观点的复杂组合。

这些新的经济模式与社会创新的浪潮、数字革命的日益成熟并存的现象并非偶然。事实上，社会创新和数字化往往是模糊不清的，这两者共同创造着新经济组织的新形式，这些基于共同创造新经济模式的经济组织适合在混合环境中生存、发展。

设计师需要学习驾驭这些新生态系统的复杂性，包括就新出现的冲突制定明确的处理意见，例如，刚出现的新服务模式与旧模式之间的冲突（想想优步与出租车，或者爱彼迎与传统酒店之间的冲突）。但即使在新经济服务模式之间，也是矛盾重重的。例如，相同的新兴服务模式可能会采取不同的方向（再次考虑一下优步和爱彼迎与更多基于平台的合作社之间的竞争）。这在某种程度上是新自由主义的新经济形式与真正的合作经济的范式之间的冲突。

您认为服务设计师必须要注意什么才能接受服务固有的复杂性，特别是与新的经济生态系统相关的复杂性？

与其他专业领域相比，设计行业早已考虑过比其他行业更多的复杂性。考虑到传统经济模式中蕴含的灵活性和设计的开放性，设计师并没有处于不利地位。

但是，对于设计精神和专业领域来说，目前需要更好地理解设计师的作用和工具。在互联世界中，一切都是被设计出来的，每个人都在设计，因此设计师必须了解如何利用特定的文化和知识。现在，对于设计师而言，知道如何在复杂、开放、充满矛盾的共同设计过程中做出具体的贡献，这一点尤为重要。

正如您所提到的，服务设计涉及开放、充满矛盾的共同设计过程。服务设计师是否要更加重视设计过程，而不是设计结果呢？服务设计工作的输出是什么呢？服务设计的产品是什么呢？

我认为我们应该重新定义设计的产品。在处理服务的复杂性、不可预测性和网络化性质时，我们非常依赖于共同设计过程。共同设计过程的一个重要部分是生成可以作为工具或活动的中间构件。这些是为共同设计顺利进行服务的产物。

更具体地说，这些工具和活动包括人种志研究、情景构建、讲故事练习、概念融合完善研讨会、原型设计、数字平台的概念化或其他特定的交流工具。这些活动可以作为更大和开放的共同设计过程的一部分，但应被视为独特且相对具有自主性的产物。这些是我在这里指的中间构件。设计师必须清楚地传达他们使用的工具和设计活动的价值，他们可以为这些过程带来什么独特的产物，以及他们将为整个共同设计过程创造什么价值。

社会创新引起了人们对社群和社会福利项目的关注。但是，大多数设计公司仍然为那些作为"旧经济"的一部分的客户工作，如金融服务公司、保险公司和零售商。您是如何看待未来客户的平衡与变化的？

这种平衡将取决于经济生态系统是如何演变的，以及构成这种演变的各种组成部分。当然，许多设计公司将继续为"旧经济"的发展而努力。然而，只要他们能够以正确的方式展示自己，可能更多的设计公司有机会为新兴经济体工作。也就是说，他们被认为是能够做出有意义贡献的行动者。在我看来，对于在新兴经济体框架内有能力完成工作的设计师的需求远远大于目前能够提供的人员数量。

今天，那些本应由服务设计师很好完成的工作（即以专家的方式），却通常由其他人来完成。也就是说，其他从业者将他们原来的活动领域扩展到了服务设计领域（即使他们没有称自己为服务设计师，也没有接受过这样的培训）。建筑师和城市规划师就是这种情况，他们正在与地方当局合作设计新的城市服务；软件开发人员正在开发基于技术的服务应用程序；社会工作者正在发展新的社会服务；非政府组织活动家正在为那些服务不足的社区发明赋权服务。

面对这一切，很明显，服务设计人员应该加强与客户沟通，证明他们具有的能力以及他们能够为这些新兴设计流程带来什么（至少可能）。

产品、通信元件和系统提供了一定的可靠性。然而，它们如何被采纳或使用通常取决于人类对它们的反应。这种使用挑战对服务设计师来说是至关重要的。您如何理解可供性与人类参与或服务采纳之间的关系呢？

一般来说，如果你设计了一种产品，你将不会看到该产品一旦被使用，它将如何与人们进行真正的互动活动。也就是说，你不会看到用户在实际使用你设计的产品时，会如何重新发明使用它的方式。相反，当你设计一项服务时，根据定义，其本身就是一种交互活动，因此在某些方面，它"被"使用的方式直接影响到了服务提供者，以及相关的服务设计者。简而言之，因为互动是无法被设计的。也可以说，对于产品和服务而言，能够被设计的是一种使某些类型的交互活动更有可能发生的系统。但是，自从我们开始设计服务以来，这种现实是以更加清晰的方式呈现出来的。

您认为服务的人力成分需要得到培养和塑造。设计师是否已做好了这方面的准备？服务设计师需要具备哪些新能力和新技能？

在过去的 20 多年中，服务设计已经发展成了一门拥有各种有用工具的学科。尽管如此，我认为还有一些非常重要的问题仍然存在。这是一种非常特殊的"工具"，即文化。我认为我们仍然没有足够的服务设计文化。例如，服务设计尚未发展出与产品设计开发文化相媲美的那种文化。在做产品设计时，设计师拥有合适的语言、知识和特殊的敏感性来处理空间中的立体形式。应该为服务和服务设计制作类似的东西。优秀的服务设计专家应该具备能够处理相互作用的语言、知识和特殊的敏感性。也就是说，在四个维度（第四维度是时间）中发生的事情，也应该发生在服务出现的过程中。

为什么要学习服务设计？

我们现在生活在一个高度互联的世界中。设计师有机会、有责任，并能以前所未有的方式去影响这些生活中发生的事件。他们有能力开发支持系统，影响和增强我们互联世界的交互作用。

2.8
学习重点

关键点

• 服务业在全球经济中占据主要地位，是工业化国家财富创造的主要来源。

• 创建服务设计市场的主要包括金融部门、公共服务部门和医疗保健部门。

• 在标准化和定制化之间取得平衡是服务提供机构面临的一项重大挑战。由公共部门、医疗保健、教育和其他许多部门组成的社会经济正在增加其经济影响力，并代表着服务设计工作的重要市场。

• 共享经济有两种主要的相互对立的观点：一个与自下而上的同行经济相关，另一个与打车应用开发公司优步和民宿预订平台爱彼迎等数字平台服务相关。

问题回顾

• 在创造就业方面，服务业的重要性是什么？

• 服务经济中的主要行业是什么？

• 为什么标准化和定制化在服务方面存在着矛盾？

• 什么是 CX，它在组织中的作用是什么？

• 什么是服务模型？

活动练习

• 分析你的金融（或医疗保健）服务。绘制出相关的服务机构，并确定出来自服务系统不同服务部门的服务方式。对于金融服务，想想你的开户银行，想想你与银行进行互动活动的所有渠道以及银行的相关服务，如信用卡、在线支付服务平台 PayPal 和信用评分。准备一个服务模型来描述一下不同年代的主要服务内容，确定出标准化和定制化服务出现在哪些关键的时刻。

• 与你的团队合作，确定你已经使用过哪些共享经济的服务。分析出这些共享经济的服务所代表的共享经济理念。了解你所在的城市或地区与共享经济服务有关的法规。讨论一下这些不同服务对用户、经济以及相关工作人员的影响。对每项服务的利弊进行讨论。

词汇表

● 服务经济：以服务为基础的经济，其主要经济活动的来源是服务业（与制造业和农业相对而言），美国和欧洲均是如此。

● 客户体验 / 用户体验：服务机构新定义的专业领域，致力于整合客户的需求，使用倡导以用户为中心的设计人员熟悉的设计工具，并倡导在服务机构内重视用户 / 客户的需求。

● 服务模型：基于时间的矩阵，从用户和服务提供者的角度揭示服务的操作程序和接触点。

● 社会经济：所有那些不适合进行商业营利的经济领域。

● 共享经济：主要有两个相互对立的观点，一个基于点对点交换，另一个基于在用户和服务提供者之间进行中介服务的数字平台。

● 金融包容性：适合低收入人群的无障碍和能够负担得起的金融服务，作为现今主流金融系统的替代方案，被视为是减少贫困人口的重要战略。这些金融服务可能包括小额信贷，基于同行之间进行的信贷，以及例如通过短信付款等方式能够获得并掌握的技术。

推荐阅读

● 博斯曼、瑞秋、罗杰斯和卢的著作《我所拥有的东西当中哪些也是你的：共同消费的兴起》，哈珀商业公司 2010 年出版。

● 重力坦克公司 2015 年发表的《改变代理商——影响我们消费、储蓄和投资的四大趋势》，出自《服务设计网络经济趋势报告》（秋季版）。

● 埃兹欧·曼兹尼《当人人参与设计：社会创新设计简介》，麻省理工学院出版社 2015 年出版。

● 盖尔·居里亚《设计经济学》。SAGE 出版社 2017 年出版。

03

数字服务

3.1
导言

本章列出了数字服务的前景、数字服务平台和数字服务生态，讨论了与技术相关的服务设计的影响和有可能出现的新角色。

本章首先谈到我们生活中已有的以技术为基础的服务，分析了数字服务领域的主题、类别和趋势。

本章其次介绍了物联网（IoT），解释了物联网的基本原理和功能模式，并描绘了其主要的应用领域。这些领域是通过两个简短的案例研究说明的：可穿戴活动跟踪设备和系统以及智能系统，允许用户通过集成的在线和移动仪表板来控制家中的取暖和冷却系统。这一部分进一步探讨了物联网的其他应用领域，例如，智能城市和市民主导的环境监测活动。

通过讨论物联网对服务设计的影响来继续对物联网的有关内容进行深入的探讨，特别关注了服务设计促进人性化技术发展的可能性。

从更广泛的意义上研究了设计师在数字服务发展中能发挥的作用，以及服务设计与其他设计专业化实践活动可能出现重叠的部分，例如交互设计或体验设计。

本章最后采访了卡内基梅隆大学人机交互研究所的副教授乔迪·佛利兹，她对无处不在的技术所发挥的作用，以及服务设计与用户体验、趋势和挑战之间的区别提出了自己的看法和见解。

3.2
数字生活

在故事片《她》（华纳兄弟电影公司，2013年摄制）中，我们看到了一个并非遥不可及的未来，计算机和人工智能在我们的生活中成为核心内容之一，但看起来寻常到无关紧要。电影片名中的"她"是一种基于人工智能的操作系统，通过人声物化，成为人的主要伴侣。电影中的人通过耳机讲话，似乎在与自己交谈，但实际上是与自己的人工智能（AI）同伴交谈。作为虚构的作品，这部电影让观众们进入一个奇怪的场景，但这其实可能不止是一个遥远的技术未来。

许多生活在西方工业化国家的人认为技术几乎渗透到当代生活的方方面面。通过宽带互联网的广泛连接，移动技术和云计算允许存储数据和运行应用程序，社交网络的虚拟基础架构正在改变着我们的日常服务格局。随着新技术的发展和旧技术的重新配置，出现了新的服务形式和方式，这些新颖的服务形式和方式以新的商业模式为基础，按小时进行新型互动活动。

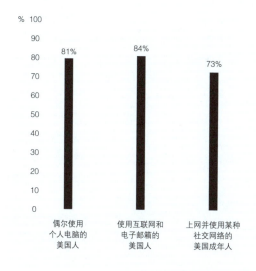

图 3.1 美国技术使用指标。

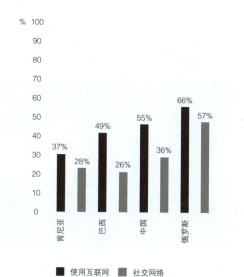

图 3.2 部分国家的技术使用指标。

注：本书提供的统计数据为作者写作时的数据，并非最新数据，仅供参考（下同）。

对 24 个发展中国家的研究表明，根据购买力、性别、年龄和上网自由度等因素，上网人口的百分比因地理位置而异。尽管在网络访问和流量分配方面仍然存在着不平衡现象，但全球互联网的使用和移动技术的应用仍然呈现出持续且明显的增长趋势。虽然在许多地方智能手机仍然少见，但移动技术应用很普遍，并且改变了许多人的日常工作、生活方式。非洲许多国家的资金转账和支付已经可以用手机完成，例如肯尼亚有 68％的人使用手机收付款（皮尤研究中心 2014 年数据）（图 3.1、图 3.2）。

数字服务是一个广义的术语，用于指代基于信息和通信技术的所有服务，但这些服务对数字的依赖程度可能存在很大差异。目前实际上存在

图 3.3　在肯尼亚，通过手机方式进行的汇款，主要是通过名为 M-Pesa 的手机服务完成的。

着一系列的数字化，从完全数字化到完全非数字化，以及介于两者之间的一切。随着新技术的发展和应用以及市场和企业的转变，这些服务的数字化程度可能会随着时间的变化而变化。

让我们来看看数字服务的一些特征。

关于数字服务的一个关键特征是数据和资金流动不一定是一致的，例如，脸书（Facebook）、谷歌（Google）和推特（Twitter）等免费服务不需要用户访问其金融交易服务。这些免费服务是依赖于其他收入来源的财务模式，例如广告商。这种模式并非没有争议或其他后果。在对这些在线产品进行研究之后，你会发现自己会接收到社交媒体发送的类似产品的广告。这些定向广告展示了免费数字平台是如何通过其用户数据获利，并向广告商销售其访问权限的。

数字服务的一个显著特征是，它已经主要转变为移动服务了。2007 年，第一款智能手机上市后，我们的数字体验已经成了移动数字化体验，而非静态的、坐在电脑前的体验。移动技术和设备的普及改变了数字服务的游戏规则，影响着用户的日常生活，并且这些趋势也被移动体验持续改变着。不断获取信息以及社交网络的做法已经以深刻的方式改变了我们的生存方式（图 3.3）。

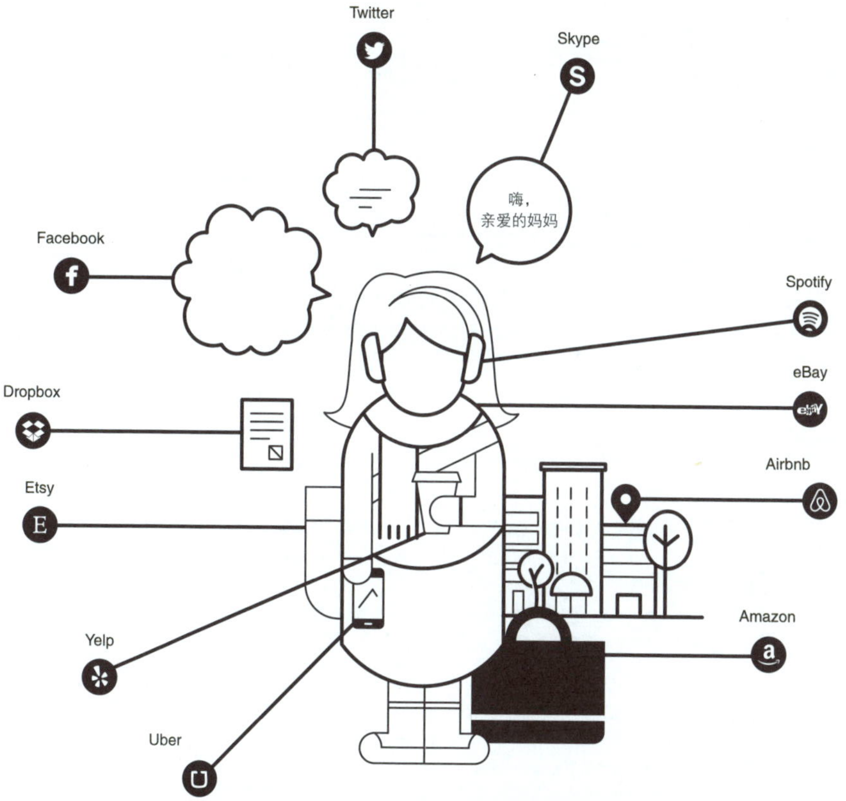

Twitter

Skype

嗨，
亲爱的妈妈

Facebook

Spotify

eBay

Dropbox

Airbnb

Etsy

Amazon

Yelp

Uber

数字服务的另一个特征是日益增加的接口多样性。虽然移动体验是通过不同的渠道提供和感知的，但随着移动设备和功能的不断增加，可穿戴设备、智能设备以及自然用户界面（NUI）等新型接口正在改变我们的数字体验范式，影响着我们与服务相关的设计方式（图 3.4）。

图 3.4 数字服务的个人生态系统。

3.2 数字生活

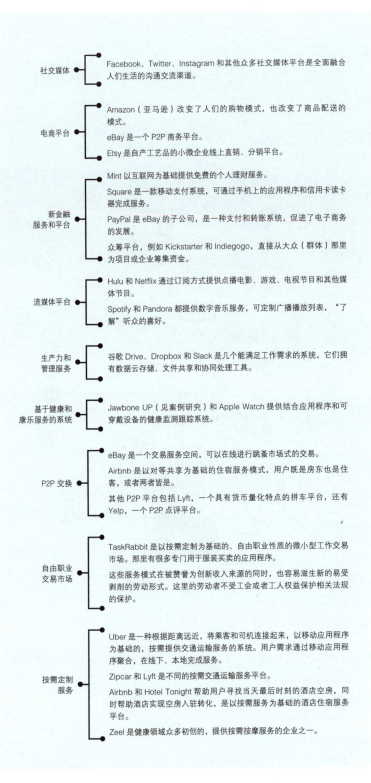

社交媒体　Facebook、Twitter、Instagram 和其他众多社交媒体平台是全面融合人们生活的沟通交流渠道。

电商平台
- Amazon（亚马逊）改变了人们的购物模式，也改变了商品配送的模式。
- eBay 是一个 P2P 商务平台。
- Etsy 是自产工艺品的小微企业线上直销、分销平台。

新金融服务和平台
- Mint 以互联网为基础提供免费的个人理财服务。
- Square 是一款移动支付系统，可通过手机上的应用程序和信用卡读卡器完成服务。
- PayPal 是 eBay 的子公司，是一种支付和转账系统，促进了电子商务的发展。
- 众筹平台，例如 Kickstarter 和 Indiegogo，直接从大众（群体）那里为项目或企业筹集资金。

流媒体平台
- Hulu 和 Netflix 通过订阅方式提供点播电影、游戏、电视节目和其他媒体节目。
- Spotify 和 Pandora 都提供数字音乐服务，可定制广播放列表，"了解"听众的喜好。

生产力和管理服务　谷歌 Drive、Dropbox 和 Slack 是几个能满足工作需求的系统，它们拥有数据云存储、文件共享和协同处理工具。

基于健康和康乐服务的系统　Jawbone UP（见案例研究）和 Apple Watch 提供结合应用程序和可穿戴设备的健康监测跟踪系统。

P2P 交换
- eBay 是一个交易服务空间，可以在线进行跳蚤市场式的交易。
- Airbnb 是以对等共享为基础的住宿服务模式，用户既是房东也是住客，或者两者皆是。
- 其他 P2P 平台包括 Lyft，一个具有货币量化特点的拼车平台，还有 Yelp，一个 P2P 点评平台。

自由职业交易市场
- TaskRabbit 是以按需定制为基础的、自由职业性质的微小型工作交易市场。那里有很多专门用于服装买卖的应用程序。
- 这些服务模式在被赞誉为创新收入来源的同时，也容易滋生新的易受剥削的劳动形式。这里的劳动者不受工会或者工人权益保护相关法规的保护。

按需定制服务
- Uber 是一种根据距离远近，将乘客和司机连接起来，以移动应用程序为基础的，按需提供交通运输服务的系统。用户需求通过移动应用程序聚合，在线下、本地完成服务。
- Zipcar 和 Lyft 是不同的按需交通运输服务平台。
- Airbnb 和 Hotel Tonight 帮助用户寻找当天最后时刻的酒店空房，同时帮助酒店实现空房入驻转化，是以按需服务为基础的酒店住宿服务平台。
- Zeel 是健康领域众多初创的，提供按需按摩服务的企业之一。

图 3.5　数字服务的主题和趋势。

这里还要强调的是数字和物理信道之间的互补性。仔细观察目前的数字服务场景，我们会发现其中一些服务包括了传统实体服务的新渠道，例如网上银行。

在当前多样化的服务环境中，可以确定与服务交付模式和供应基础相关的一些明确的主题和趋势。有关示例，请参见图 3.5、图 3.6。

图 3.6 共享交通工具服务公司莱福特（Lyft）的司机在车内使用粉红色标志，方便用户识别。

3.3
网络：
设备、数据和基础设施的生态

目前，你很可能已经听说过或亲自体验过智能设备。智能家居或智能城市是物联网这一著名术语的变体。万物互联网（或物联网），即无所不在的计算或智能系统是与互联网本身的演变和发展相关联的不断发展的领域。它的本质是虚拟世界和现实世界的结合。物联网结合了 3 个主要元素：

（1）传感器。

（2）连接。

（3）人员和流程。

某种传感器（一个或多个）附着或包含在物体中监测环境（温度、湿度、声音、光）、物理运动、电或磁活动、水流、气流及其中的化学物质，如空气污染物等。这些传感器是通过已经建立的数字网络（如从本地蓝牙到全球无线上网，Wi-Fi 和手机无线蜂窝系统）来实现不同范围的连接，收集和发送可以转化为人或系统读取的信息数据。这些信息旨在帮助进行决策或创建对各种应用和领域的有效监控系统。

物联网的流行与进入市场的第一波消费产品和服务有关。目前市场上最知名的智能设备 / 系统是可以实现运动跟踪的可穿戴设备（参见案例研究），如腕带、智能手表和类似珠宝的小电子装置，它们通过嵌入设备中的传感器来监控用户的活动状态。例如，它们可以跟踪记录用户跑了多远或步行了多少步，用户的睡眠模式或心率。可穿戴设备通过数字应用程序与用户的智能手机或电脑对话，该数字应用程序可以将产生的大量数据聚合成结论性的信息和 / 或信息图。

案例研究：
Jawbone UP

Jawbone UP 是一个由腕带和移动应用程序组成的活动跟踪系统。腕带内嵌有传感器，可跟踪记录用户的身体活动，例如步数或距离。它还可以监测用户的睡眠状况，比较轻度和深度睡眠等多个功能。通过蓝牙同步，用户可以持续监控自己的身体活动，跑步的里程数，已完成的步数以及睡眠时长（图 3.7 ~ 图 3.9）。

当它于 2011 年首次推出时，由于存在着许多问题，包括软件的使用问题和电池寿命不长，因此不得不下架。它的外观非常好看，是由著名的工业设计师伊凡·贝哈尔设计完成的。这项技术当时还不成熟，消费者很失望，他们期待的是一旦上市就能成为流行趋势的服务。该款产品在对软件和硬件改进后重返市场，众多其他品牌也迅速加入其中，力求帮助用户实现健康生活方式和健身的目标。

如今市场上还有其他几种类似的产品服务，包括苹果公司的电子手表产品（Apple Watch）。该系统被置于名为"量化自我"的动态算法中，收集用户的定量数据，以便他们能够针对自己需要改变的内容做出明智的决定。

虽然此类技术的确有所提升，但市场似乎趋于饱和，因为许多用户在使用了 6 个月之后便不再使用。这个案例提醒我们要注意新技术应用的真正目的，以及它们可以为用户带来什么样的好处。有人可能会建议，改善设备和应用程序，并与其他服务领域（如医疗保健）融合集成，将起到更持久、更有意义的作用。我们都明白，开发新技术可能比开发强大的服务生态更容易。

图 3.7 ~ 图 3.9 Jawbone UP 的设备像戴在手腕上的腕带一样，可以跟踪用户白天的所有体育活动，跟踪睡眠，并通过蓝牙与手机同步。

案例研究：
智巢（Nest）

智能家居是一个不断增长的物联网市场。市场上已有数百种智能家居产品，如灯光系统、车库门开启器、门锁、洒水器和空调。由于没有达成涉及通信系统的通用协议，因此到目前为止，用户对这些技术的不满之处集中在集线器（转换设备发出的不同语言信号的附加设备）的需求方面。

智巢恒温控制（Nest Thermostat）是一种先进的控制系统，用户通过集成的在线和移动仪表板可以控制加热和冷却系统。作为监控加热和冷却模式的智能设备，智巢（Nest）系统可以了解用户的行为习惯和温度需求。每个房屋或办公室的空间都不同，因为它们或许已经安装隔热层，或具有不同的加热和冷却系统。智巢系统考虑到特定的加热和冷却系统以及室外温度，能够跟踪记录房屋温度和湿度的变化。智巢系统的算法可以预测房屋的特有模式，并以此为依据进行相应的温度优化，从而提高能源的使用效率（图3.10～图3.12）。

图 3.10 ～ 图 3.12
智巢恒温控制系统安装在家庭内部的画面，以及其移动客户端的界面显示。

智巢系统在系统硬件和应用程序中都能够提供直观的显示界面。从物到人的信息传递循环有助于个人更有意识地监控能量消耗状况，希望做出更明智的生活方式方面的决定。智巢系统在设备、使用系统、数据和智能技术之间建立了持续不断的连接，这种新的智能系统重新开拓了恒温器业务，改变了原来的市场状况。他们说服谷歌公司购买了智巢爽快温控（Nest outright）系统，以便让谷歌的内部设备部门更好地运行。2014年初，智巢公司推出了智巢开发者计划。该计划向软件开发人员开放了其平台，以便软件开发人员可以创建能够与智巢系统嵌入交互的新的应用程序和设备。这意味着其他设备和应用程序将能使用智巢作为其智能通信的转换器或集线器，并能在各种应用设备中实现对话。例如，智巢能让梅赛德斯奔驰智能汽车、惠而浦智能洗衣机和烘干机以及可穿戴设备 Jawbone UP 之间进行通信（参见前面的案例研究）。

在这个案例中，智能系统控制恒温器的益处是非常明确的，即能够提高能源使用的效率。与可穿戴活动跟踪器类似，相关技术似乎领先于服务。如前所述，恒温控制系统不仅可以与电器和汽车进行集成，还可以与公用事业公司的产品或服务集成。如果其服务模型是以大多数集成系统为基础的，那么这些设备可以在改变当前的能源消耗模式和影响家庭选择能源的方式等方面提供更多的帮助，例如，在将市场引向清洁能源使用方面发挥其作用。

健身可穿戴设备和智能家居系统是物联网技术在消费市场中的尝试，但物联网技术实际上包括了许多应用系统，例如智能城市和物联网的工业应用，也被称为工业物联网或 IIoT。在实际应用方面，似乎有不同的思想流派在这些不同的物联网应用空间中交叉、碰撞。

一种是效率驱动流派，它涉及对我们的身体健康、家庭生活、工作场所或城市相关系统的监控、控制和优化。智巢和其他家用设备以及可穿戴设备似乎都是建立在这一思想基础之上的。工业物联网（IIoT）是牢固建立在工业基础设施的这种使用方法基础之上的，其应用范围涵盖了基于互联网管理的装配线，连接了工厂和仓库。同样，城市管理也采纳了效率驱动流派的方法，使用诸如智能交通管理系统或经过优化的废物处理系统，这些系统引导废物收集卡车只收集已经装满的废物处理容器（图 3.13、图 3.14）。

3.3 网络：设备、数据和基础设施的生态

完全封闭

容量提升

智能互联

80%

减少收集
工作和成本

没有可见废
物垃圾，也
不产生虫害

更清洁、
更安全的
公共空间

图3.13、图3.14　Bigbelly
（大肚子）是一个智能废
物回收系统，其解决方案
包括了配有传感器的智能
垃圾箱。智能垃圾箱上面
安装的传感器可以测量其
内部废物的容量，并在垃
圾箱装满时通过实时数据
传输系统向废物收集系统
发出警报，从而将收集需
求减少 80％，以此减少
与废物收集卡车使用相关
的二氧化碳排放量。

另一个关于物联网应用的思想流派与传感技术及其在环境监测方面的潜在应用密切相关。空气质量监测设备越来越受到大众的欢迎，这些检测设备既可以进行室内空气监测，也可以对城市和区域的空气污染状况进行监测。当从数百个监测设备收集数据的各种平台进行集成时，就可以形成区域数据库。在这些系统中，有很多可以与市民的科技应用程序进行对接，并允许任何使用者用来监测他或她的周围环境。即使这些监测设备可能还不够精确，无法产生有科学意义的数据，它们也有可能帮助人们和社区监控其环境，并在推动立法变革方面发挥决定性作用（图3.15 ~ 图3.17）。

值得一提的还有一种更具实验性和互动性的物联网应用方式，这种方式侧重于物联网能够实现的新型互动模式，它重新构思了家庭生活和城市中的社会互动活动。建议将传感器嵌入其他闲置的城市设施中，方便曾经的使用者为其他人留下有效的信息或评论；或者用配有传感器的物体，替代长距离传输的具有各种意义的信息交互手势。在这些情况下进行的信息交换并不一定具有功能性，可以是在城市和家庭环境中产生的社会互动新模式（图3.18、图3.19）。

图3.15 ~ 图3.17 智能市民项目是一个开源环境监测平台，由 Arduino 硬件兼容系统、数据可视化网络 API 和移动应用程序组成。这一监测平台能够使用户对他或她周围的空气污染程度进行监测。

这些发展都只是智能系统和服务的开始。市场上已经出现了大约 20 亿个支持物联网的设备，2020 年，这个数字约达到 80 亿个，这还不包括手机。虽然物联网在技术界和商业界都激起了人们很大的热情，但许多批评者和大众仍然不相信那些所谓的物联网应用的好处。从总体来看，技术已经领先于服务设计，这为服务设计者创造了更多的机会，去设计出集成更多、更有意义的产品服务系统架构。

图 3.18、图 3.19 "你好，灯柱邮箱"（Hello Lamp Post）项目在英国布里斯托尔的闲置城市设施中嵌入传感器，以促使陌生人之间能够开展新型媒介化互动。

3.4
不断扩展的数字世界带来的挑战

图 3.20 社交媒体平台在动员全世界的用户群体方面起到至关重要的作用。
图 3.21 美国技术感知指标。（资料来源：皮尤研究中心，2014 年；凯恩·米勒和伯明翰，2014 年。）

当人们通过技术创建平台和服务时，是无法准确预测用户最终使用这些平台和服务的方式的。社交平台脸书最初是为了评估大学女生而创建的。多年以后，社交媒体平台成了号召全世界民众参与集体活动的工具（图 3.20）。有时，社交媒体平台在有争议的假新闻传播中也发挥了作用。

人们普遍认为，技术对社会的影响是积极的，至少在美国，人们似乎是通过一个玫瑰色镜头来看待技术（图 3.21）。

最近的技术和系统的演变，如物联网，提出了关于新服务的利益和权衡，以及企业和政府的潜在利益和作用等基本问题。

如前所述，对于物联网技术传播的主要批评集中于这样一个现实，即目前大多数的商业应用，实际上还处于功能和技术性能的研发阶段就已经投入市场。例如，一些生产可穿戴设备的公司不得不召回问题产品，而其他公司则必须忍受用户对数据精确度不够的抱怨。

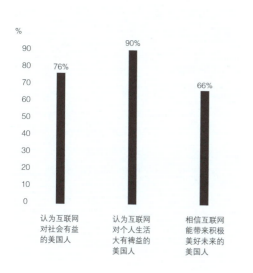

其中一个主要的争论焦点是关于物联网提供的解决方案的目的，以及它是否其实只是一个自找麻烦的解决方案，是那种像男孩玩具的产品，其解决方案并不包括大部分人群，特别是没有时间和金钱来学习如何使用这些技术的人群。一些人或者已存在的服务系统并不急于或无法处理物联网新数据和系统带来的雪崩效应。

人们还认为物联网生态系统的主要参与者或开发者尚未确定，其商业模式也在不断变化，监管系统也会引发有关人们行为、数据的控制权和所有权的问题。人们担心一旦简单的家用物品通过传感器和互联网连接完成智能化改造，它们会变成具有调节用户行为能力的物体。想象一下行驶过程保险拍照（Progressive Insurance Snapshot）设备一旦安装在汽车内，就会监控用户的驾驶习惯和行为模式，例如速度、制动和行驶里程等驾驶数据。保险公司会使用源自驾驶员的行驶数据来计算保险费和索赔费率，相应地调整他们的定价模型，从而将先前基于驾驶员自我报告和验证程序的系统转向数据驱动的模式。

如果我们将基于数据决策过程的使用扩展到生活的方方面面，将会发生什么事情呢？想象一下，谷歌公司集合了所有智能家居设备之间进行的数据收集和交换，可能听起来非常像一个令人毛骨悚然的"大块头"，正看着你在居家生活中做出的每一个动作。

自动／机器人化系统取代人与人之间互动的结果是一个令人争论和关注的领域。雪莉·特克尔是一位专注于人与技术关系的作者，也是美国麻省理工学院技术与自我研究项目的负责人。她谈到了有关自我倾向认知的问题，这可能来自阻碍人类基本发展的普遍存在的自动化系统（例如，年轻人缺乏社交技能，现实世界中人的个性与虚拟世界数字人物的个性不尽相同，因为人们在不断地编辑自己在虚拟世界中的身份）。我们生活的智能化可能会导致人类失去应有的能力，进而无法在没有智能系统支持的情况下应对现实生活。

人们对未来的工作还存在着很多争论。智能系统接管后勤物流以及前台岗位（例如机场的自助值机亭），考虑到在占用就业岗位方面的后果还不是很明确，对这个领域的服务设计师的呼吁是要确保技术不是驱动决策的唯一力量，但实际上，人类已被带到了物联网开发的中心舞台。

3.5
服务设计在数字设计中的角色

从广义上讲，设计师在数字服务发展方面的任务是什么？服务设计对这个不断增长的跨行业经济形态能做出哪些贡献呢？与其他设计专业和传统设计领域（如交互设计或体验设计）的对话是什么？

对技术依赖日益增多的服务需要比以往更注重加强设计。如前所述，关于物联网的大量争议围绕着创建新产品服务系统，以及与生态系统建立新连接的人为影响。因为技术服务，获取变得更容易，但围绕着它们的社交使用场景和服务协议并未以相同的速度成熟起来。这是设计可以提供帮助的地方，其传统价值是诠释社会价值和获取"能指"。

因为设计师倾向于从更广阔的视角来看待这些问题，能够以人为中心来开展工作，他们可以帮助人们回归到数字和技术发展的中心，平衡好工程师和开发人员以技术为中心的思维方式。服务设计是一个具有良好定位的领域，兼具综合性和多学科性。服务设计坚持以人为本的设计方法和参与式的设计方法，涵盖了管理和组织科学，营销和产品开发以及与社会科学相关的领域，并以这些学科的联系为基础建立起来。

设计界不断质疑这样一些问题，即由于各种设计专业之间存在着很多差异，其结果会影响到对服务、系统、组织机构和政府进行的设计服务，这些差异会由技术进行释放。服务设计与交互设计或用户体验设计有何不同呢？交互设计教授乔迪·佛利兹指出（详见后文的采访）服务设计源自管理研究，用户体验和交互设计源自消费者和认知心理学。由于服务设计的共同生产性，它采用了参与式方法和共同创造方法。相比之下，用户体验设计师专注于理解体验的本质，并将体验原型作为一种方法，帮助预测社会结果和无形结果。

从业务和管理方面来看，客户体验也与服务设计进行了融合，如第 2 章所述。客户体验专家通常在组织机构内进行工作，在研究客户体验的同时，也在业务驱动的想法指导下设计幕后活动。在组织机构内，服务设计师要经常参与客户体验。

随着服务的不断发展，设计需要能够汇总这些互补的能力，并将技术和业务讨论与意义、目的相结合。实际上，并非每个服务设计师都会深入研究与用户体验或客户体验实践相关的技术，因为服务设计工作往往更侧重于社交互动、美学和意义等方面。但是，服务设计集成了一些用户体验或客户体验功能，这一点是至关重要的。服务设计人员需要考虑服务的经济和商业影响，并能够熟练地使用这些技术，以便他们能够考虑技术的社会影响，能够在建立人性化物联网方面提供帮助。

3.6

采访
乔迪·佛利兹

乔迪·佛利兹是卡内基梅隆大学计算机科学学院人机交互研究所的副教授。

对用户体验或客户体验的思考随着无处不在的数字接口对我们生活进行调整，一直呈现着爆炸式的增长。服务设计在增强数字服务的用户体验方面可以发挥什么作用呢？

我认为当技术离开计算机时，用户体验就产生了。设计师意识到他们需要考虑的不仅仅是产品本身，他们需要考虑产品的整个使用环境。与此同时，服务设计开始从运营研究和营销中发展而来，尽管这两个学科在用户体验设计中很少被提及。

服务和用户体验都侧重于客户或利益相关者的体验感受。然而，这两者在实现这一点的方式上却不尽相同。用户体验仍然专注于一个产品或一个事物，也许是一个用户，但服务从整体方面来考虑所有的接触点和许多利益相关者。

您谈到了服务设计和用户体验作为个体展望与更全面的实现方法之间的区别。您可以分享一下该领域的起源信息，以及一些实现方法或实现途径吗？

我认为用户体验和服务设计，甚至包括以用户为中心的设计都使用了很多相同的方法。我们使用访谈和观察之类的研究方法，也使用了原型研究法。我们开发人物角色和使用场景。令服务与众不同的一点在于，服务具有多利益相关者的特点，并需要从系统视角来进行审视。

如果我给一组秉持以用户为中心的理念进行设计的学生一个任务：设计像优步这样的乘车共享服务，他们会考虑到驾驶员和乘客这些因素。但如果你给那些真正考虑服务或系统的设计人员提出同样的问题，他们就会开始考虑出租车、公共交通以及其他交通道路这些因素。他们会更多地了解多个利益相关者，因为这些都会影响到乘车共享的体验。

我认为不同之处在于，服务隐晦地表明了我们需要考虑价值，这里通常指的是经济价值。很多时候，在以用户为中心的设计环境中，人们并没有考虑其商业使用。

我认为，在极端情况下，我想说，现在所有的用户体验设计师都需要掌握一些服务知识和方法，因为我们不再只是单纯地设计真正的产品了，我们正在为人们设计与产品服务系统进行交互活动的平台。

您如何理解服务设计在数字服务中的作用?

我认为你可以将排版、颜色和构图看作交互设计的构建板块,甚至可以把它们当作是通信设计。我认为你可以将服务设计视为设计这些复杂事物的基石。它有助于我们思考人们在使用数字服务时会体验到什么。服务设计有助于我们考虑所有的利益相关者,而不仅是主要用户和服务提供商,还包括其他可能受到影响的人。服务设计有助于我们思考价值流,无论价值是否具有经济性。以全球最受欢迎的新闻软件红板报(Flipboard)为例。若是没有其他内容提供商,红板报就不可能存在。若是没有喜欢阅读其内容的人去点赞、添加标签和评论,它就不会赚钱。因此,虽然没有经济方面的交换,但却有很多价值交换。我认为人们需要考虑这一点,特别是如果他们正在设计免费或 99 美分的廉价应用程序,在这个价位上的服务如何为设计者自己赚钱?

我们可以将数字服务视为各种社会行动的促进器。但是,这些社会行动的促进器的模式具有很大的差异性。例如,

一些模式是让用户免费使用的,另一些则是基于共享模式的,而其他模式则需要用户正式付款使用。不同的交换方式与数字服务发展之间的关系是什么?

我不知道它们之间是否存在着必然的关系,但我会注意到,人们通过多种方式从这些事物中获取价值。一切似乎都是一种价值交换。软件行业就是一个很好的例子。对于微软和 Adobe 这两家公司的产品而言,我们曾经购买过安装光盘并将软件安装到计算机上。之后,Adobe 公司将其产品转移到云端,在那里你每月支付订购费,并且其产品由你来完成安装和驱动升级等操作。但更为超前的模式来自谷歌。你立即可以使用一个轻量级程序,但这个程序你从来没有拥有过。你可以轻松地进行协同操作,以保证你的软件始终是最新版的。但反过来,谷歌公司可以监控你的上网行为。他们看你用他们的软件在做什么。所以,这是一种有趣的价值交换,在这个交换过程中,没有产生任何物品的购买行为,但是对于客户免费使用产品而言,公司和客户之间还是存在着一个交换价值的平衡关系。

数字服务在很大程度上是通过智能手机的使用而变得越来越具有流动性。

在这个领域里出现了哪些新趋势？您认为它们将如何影响设计过程？

我们看到在一段时间内应用程序发展迅速。如今，很多事物被捆绑到一起了。例如，苹果公司的手机产品（iPhone）上的谷歌按一下（Google on Tap）功能和苹果智能语音助手 Siri 正在尽全力去收集用户的行为数据，并围绕用户的相关使用行为来思考、预测用户可能进行的活动，其趋势是将事物信息整合在一起，并试图以此来应对人们可能进行的行为。因此，对于设计人员而言，若是他们想要获得除应用程序设计技术本身之外的建议，那就是：我们必须要能够考虑到用户通过任务流程所执行的典型操作。我们如何为他们进行设计呢？

我们看到机器学习的时代已经来临了。智能机器不仅在后台可以读懂有关你的数据，而且在前端，智能机器也在试图预测你的下一步行为将会是什么，你将进行什么样的界面展示，以及你将会有什么样的反应。对于设计师而言，这意味着我们必须以新的方式去理解和设计事物。对于设计而言，我认为这是一个非常有趣的事，与之前的设计内容都不相同。

如何在传统、实体企业服务提供模式上建立数字服务呢？

企业在将实体商品交给客户，并为客户提供专属服务时，客户会感觉像是接受了一种奢侈服务，会为此支付更多的钱财。例如，诺德斯特龙百货公司会提供一些暖心服务。当你身处实体店时，为你提供私人服务的店员会如影随形。当你完成购物后，这些店员就会绕过柜台并将你的包递送给你，为此你会支付更多。在数字服务中不会出现这些事情，但我认为可以尝试创造这类服务。

一个有关数字服务的有趣的事情是，许多信息是由客户创建的，但这些信息没有被使用。各种各样的购物卡可以用来跟踪客户的购物情况。我们还拥有传统上与客户关系管理相关的所有数据。我认为，如果我们能够将数字服务与现实世界中丰富和优质的服务相结合，或进行业务扩展，就可以利用这些数据创建出新的、个性化的，甚至是奢侈化的服务。

这可能会促使很多有趣的服务行为的出现。这样做不仅会让客户感到有所回报，还会使服务提供商感觉他们能够做得更好。当你将这些做法转移到教育或医疗保健等服务环境中时，我认为可能会产生深远的影响。

随着物联网和无处不在的数据计算的兴起，被数字服务涵盖的日常生活范围正在扩大。我们的生活与产品、服务的联系也越来越紧密了，而这些产品和服务又与其他产品、服务、社区和企业相关联。在您的心目中，我们未来的互联生活是什么样子的？这个领域会出现哪些新兴趋势？

物联网是巨大的，计算机科学系的工作经历让我看到了很多人都在对它进行研究。然而，致力于进行物联网人类行为的研究仍然很少。这一研究领域的基本主题是：在拥有来自这些不同事物的所有数据后，我们将如何利用这些数据来帮助提升人们的体验？我认为这是一个很大的问题，至今还没有答案能够回答。在这个大的问题之下，我认为还有一些其他有趣的问题。因此，我将就一些行业的例子举例说明。大众汽车公司曾被曝光产品尾气排放数据造假。由此可以看出，现在的公司能够进入数据库并伪造其产品的数据，而这些数据就是其产品创建的，实际上这些数据欺骗了用户。这对我们意味着什么呢？我认为，在其他领域，将会有全

新的服务和产品出现，这些服务将会干扰法律和公共政策的实施。例如，一些国家通过出售其低值货币，将其转变为比特币的方式来发展自己的比特币经济，但经济的概念是货币发行的数量是有限定的。人们需要新的法律和政策来指导这些新经济行为。

因此，我认为设计师的角色是：第一，倡导所有这些数据是为提升人类体验服务的。第二，确保我们进行有道德性和有目的性的设计。

几年前我参加了服务体验大会，服务设计师们全都无法完成他们的工作。他们正在设计新的饮用水系统、政策等。我不认为设计师可以独立做到这一点，但我认为我们所能做的就是在制定政策和管理法律的人员团队中进行设计工作，并发现这些对人类的意义。因此，我们不会将物联网和其他系统单纯地视为一大堆技术，而是将它们看作会影响人类生存的一大堆技术。

当社会越来越多地通过数字服务的方式运作时，那些无法获取这些数字服务的人可能会发现自己落后了。此外，如网络中立性、网络监督和数据开放等

问题，引发了人们对数字领域透明度和问责制需求的重点关注。您如何看待这些问题？以及这些问题会对服务设计产生什么样的影响？

我认为人们有一种担心，就是收集到有关自己的所有数据会侵犯到自己的隐私。事实的确如此，而且已经出现了一些有趣的案例。但一般来说，我认为人们需要对隐私有更多的了解，要了解数据被收集时会发生什么。人们的态度会随着时间的推移而改变，人们会在公开自己的数据时做出权衡，以换取他们可以拥有的各种服务。例如，当位置感知服务首次出现时，没有人想公开他们的位置信息，因为他们认为这是对他们隐私的侵犯，但现在我们有完整的应用程序，保证这些信息只会应用于办理各种登记手续。在这个领域里，社会生活需要真的超越了原本让你的位置公布而引起的焦虑。

由于如此强调数字技术的力量，因此人们对创新和变革的热情常常掩盖了这些技术会引起意外后果的问题。数字服务对我们日常生活的方方面面都会产生影响，例如，会影响到未来的工作或当代政治的性质和形式。服务设计师在考虑数字服务的道德、社会和政治影响方面会充当什么样的角色？

设计师无法单独决定这些事情，但设计师可以在团队中扮演对应的角色。在这些团队中，相关领域的专家正在尝试做出判断，并对使用这些服务的人进行充分的了解和判断。我认为这就是设计能给我们带来的益处。我不会成为那样的人，认为设计师可能会直接影响法律、道德或社会后果，当然，我认为作为设计师，我们可以为相应的团队做出自己应有的贡献。

作为一名教育工作者，学生进入数字服务设计领域要学习的核心课程是什么？

我认为对于服务设计师而言，要学习的核心课程是培养自己具有多利益相关方的视野，也就是要去了解你提出的设计会产生什么样的影响，包括积极和消极方面的影响，并要理解设计中所蕴含的价值，无论是经济价值方面还是仅对人性价值方面而言。我认为对于设计学习来说，这些都将是非常重要的事情。

3.7
学习重点

关键点

•随着宽带互联网的连接，移动技术和云计算的日益普及，技术越来越多地渗透到人们日常生活的方方面面。

•数字服务领域的趋势包括点对点交换，如网上竞价拍卖交易平台易趣网，美国最大的点评网站耶尔普（Yelp），自由市场如特殊工作雇佣平台任务兔（TaskRabbit），按需服务如网约车平台优步、Zipcar 和房屋租赁平台爱彼迎。

•物联网是一个新的前沿技术，它结合了 3个主要元素：传感器、连接、人员和流程。物联网系统的示例包括活动跟踪系统、智能家居系统以及智能城市和物联网的工业应用。

•服务设计在确保技术不是推动决策的唯一力量的同时，还要考虑技术的社会影响，以及在帮助建立人性化物联网方面发挥重要作用。

问题回顾

•影响我们日常生活的数字技术的一些主要发展趋势是什么？

•数字技术和技术设备的使用是如何影响我们的？

•物联网系统的主要元素和应用是什么？

•与数字服务和物联网相关的一些影响和威胁是什么？

•服务设计与用户体验设计有什么不同？

活动练习

•描绘出你当前的个人数字服务生态系统。想想诸如早上起床、吃饭，在城市中导航，或与朋友共度时光等简单的日常行动都会受到数字服务怎样的影响。描述出 50 年前你这个年龄的人所做的同样的活动。再推测出从现在起未来 50年的情景。描述出未来你这个年龄的人所做的同样的活动，并与现在和过去进行比较。探索不同的场景，乌托邦式的和反乌托邦式的。描述未来在这些不同的场景中，法律、政府治理、政治、民主和权力都会发生什么样的改变。

词汇表

- 社交媒体：点对点通信平台，人们通过这些平台能够彼此共享信息。用户可以决定他们想要与谁联系，如何配置自己的社交网络和朋友圈。

- 电子商务：支持直接或间接商业交易的平台。

- 众筹：允许人们为特定项目筹集资金的平台，通常汇集个人捐赠者的少量资金。

- 可穿戴设备：配备传感器的设备，用于收集与人体活动相关的数据，例如跑步里程、每天步数、睡眠时间和心率。该设备是系统的一部分，一般包括易于使用的能够存储数据的应用程序。

- 智能城市：城市基础设施（道路和公用设施等市政设施，以及图书馆和学校等机构）配备智能技术和系统的概念，旨在提高城市服务的效率，并对不同的城市服务进行整合。

- 智能家居：配备智能技术的自动化家庭控制系统、可控制照明系统、加热和冷却系统、安保系统和电器设施使用系统，并能将这些系统集成在一起。

推荐阅读

- 瑞秋·亨曼《移动前沿——移动体验设计指南》。罗森菲尔德媒体公司 2012 年出版。

- 琼·科乐科《对交互设计的思考》。爱思唯尔出版公司 2011 年出版。

- 塞缪尔·格林歌德《物联网》（麻省理工学院出版社基础知识系列），麻省理工学院出版社 2015 年出版。

- 特雷波尔·舒尔茨《平台合作主义——挑战企业共享经济》。罗莎·卢森堡基金会 2016 年发表。

04

为公共
利益服务

4.1
导言

本章介绍了针对公众利益进行的服务，以及设计师如何实现这些服务。

为公共利益服务的概念意味着通过服务提出解决方案，改善社会民生，创造社会福祉。本章将探讨之前章节中的服务理念，以及这些理念的内在价值：超越私人组织领域及其使命（即主要为股东的经济利益服务），而为公共利益提供服务。这一概念连接并扩展了社会经济的概念，如第2章所述。

在本章中，我们研究了为公共利益服务的两个主要来源：一是公共部门，二是自下而上的社会创新。本章首先介绍了服务创新与公共部门，包括公共部门和公共服务的内容，这一领域服务设计的主要挑战是什么，以及目前公共部门正在进行哪些服务设计项目。

本章还衡量、评测了为公共利益进行服务的设计能力。评测是通过将设计纳入公共部门可能性布局的方法来进行的。更具体地说，本章探讨了一些机构的传播能力，如创新实验室，以及专门用于开发特殊项目的以设计为主业的机构，还有其他能够承担具有挑战性的设计项目的政府内部实体或外部组织的设计机构。

我们还研究社会创新。社会创新是一种基于公民自发性和主动性的现象，直接源自活跃的公民，并被认为是为公共利益服务的创新动力和创造性来源。在第2章讨论过的共享经济概念基础之上，我们研究了协作服务的模型，并讨论了如私人合作社和公共协作服务等不同的配置方案。

本章有采访帕森斯社会创新和可持续发展设计实验室主任爱德华多·斯塔索夫斯基的记录。

4.2
服务创新与公共部门

政府和公共部门是公共利益和服务的主要来源，这些公共利益服务是生活在社会中的人们有权享有的。特定公共服务在社会转型和人民福祉方面发挥着至关重要的作用，但究竟什么是公共部门呢？

世界各地的公共服务规定因国家而异，但有一个共同的概念，即应该保证向所有人提供各种各样的服务（图 4.1）。虽然不同国家、地区和城市对公共服务的理解不同，但一般来说，公共部门是确立社会基本特征的地方。我们该如何教育年轻人？如何照顾老人？如何处理医疗保健事务？我们的城市是否宜居？

虽然政府将其国内生产总值的很大一部分用于教育（世界银行统计数据表明全球平均值为14%）和医疗保健支出（世界银行统计数据表明全球平均值为10%），但民众越来越不满意，他们要求在改善他们的生活体验方面获得更好的公共服务。他们还要求对公共资源进行更好的管理，提高其公平性和透明度。

虽然人们迫切需要公共服务改进和创新，但在公共部门内部系统地发挥服务设计的作用还是一个相对较新的想法。然而，这种现实状况正在迅速地改变。近年来，设计与公共部门之间的联系、合作充满活力，例如，建立了以政府创新为

图 4.1 公共服务的常见类别包括满足人们的基本需求方面（如教育、医疗保健、社会服务）；防护方面（如消防、执法、公安、军事、环保）；公用事业方面（电力、燃气、供水网络）；交流、信息和文化方面（如公共广播、公共图书馆、电信）和城市服务方面（如公共交通、公共住房、城镇规划、废物管理）。

重点工作内容的创新部门，采用服务设计方法和工具进行的创新成了这种创新实践的一部分，或者直接聘请全职设计师在特定机构内进行工作。

服务设计究竟是如何在公共部门内发挥作用的呢？让我们先描述一下公共部门面临的主要设计挑战都具有哪些特质吧。

对照一般规则来说，对公共服务进行的设计可以获得极大回报，因为这些服务为人群（特别是拥有较少资源且完全依赖于公共服务的那部分人群）创造了大量的效益，并产生了很好的影响，但与此同时对公共服务进行的设计可能要比对私营部门进行的设计复杂得多。

首先，政府是非常庞大和复杂的服务提供者，可以直接向公众提供服务，也可以通过第三方组织，以提供公共资金的方式间接向公众提供服务，所以要面临大规模的挑战。

其次，监管是一个主要挑战。与私营部门相比，政府机构必须受到更强的制约和监管。例如，这些制约和监管可能会影响服务设计的采购，影响新服务和流程本身的实施过程。这种官僚式刻板态度有其存在的合理性。在公共部门内的确存在严格的规则和程序，但严格的规则和程序能够产生保护作用，并能监督和防止腐败。

再次，是组织机构化。在大多数情况下，政府化管理的部门和机构围绕专门职能进行组织构建，这种构建方式是以具体任务为指导的。其结果是，当某个人与政府的多个服务机构互动时，政府往往察觉不到他或她的整体需求，因此有时会为公民提供松散的、碎片式的服务体验。

从文化层面上来说，人们对政府缺乏信任的现象并不少见。即使在被视为具有高度民主性的环境中，人们也可能感觉自己选出的代表并没有正确地表达自己的诉求，或者选民只会赞同对自己利益有利的具体政策决定。这种感觉可能会增加公务员对于创新和冒险的恐惧。最后，对于政府的作用存在反对思想和政治观点：公共部门应该提供什么样的服务或不应该提供什么样的服务，以及如何组织和提供这些服务？总而言之，这些复杂的、多方面的问题最终会影响到公共服务设计。

在所有这些复杂性中，原本最重要的方面，即实现更好的公共服务成果和创造人们的福祉很容易被忽视。因此，好的公共服务设计方法需要从人（使用者和服务提供者）出发，而不是从现有的组织、结构和流程开始。这要求各方面协作努力，增强公民的参与意识和参与感。

听取公务员的观点是这个设计方法能够顺利得出结果的必要条件。有一种很常见的情况是，公务员工作很努力，但他们的努力结果经常不被认可。他们通常在高压环境下工作，遵守各种规则，需要对公众的监督和问责保持持续的警醒。所有这些都只会促使形成保守的工作文化，而这种文化并不能很好地转化为创新和变革，但创新和变革往往是设计师在工作中必须倡导的，以更自由的方式实践的。那么，在设计中有哪些方法可以帮助改善公共服务呢？

我们研究了近几年为公共部门进行的组合设计，发现一个主要的项目类型比较常见：通过重新设计公共服务的接触点和接口，或者创建访问它们的替代渠道来对现有的公共服务进行改进，以提升其可访问性。直通市政厅（City Hall To Go）项目就是后者的一个例子。它是由美国波士顿市政府为市民引入的新的政府服务渠道，旨在通过联合的方式直接向居民提供不同的服务（传统上是由不同机构单独提供的，并在不同地点提供服务）。受到越来越受欢迎的食品卡车的启发，直通市政厅项目是一个能够提供移动服务的一站式"商店"，可以前往城市的不同街区。项目卡车提供的服务"菜单"包括：支付停车罚单，登记和证书申请，投票和入学登记，解决房屋和财产问题，以及获得体育设施使用许可。

图 4.2、图 4.3 波士顿的直通市政厅项目卡车是一个移动的服务单位，在社区里提供季节性政府服务，或在节假日提供服务。

案例研究：
纽约市经济适用房抽奖系统流程

重新设计公共服务接口和接触点，简化复杂程序，使现有的服务更易于理解和使用，这样的做法现在正变得越来越常见。例如，在美国纽约市，经济适用房严重稀缺，特别是对于低收入和中等收入家庭而言。通常来说，对经济适用房有需求的居民可能不完全了解他们的权利，目前可以获得哪些服务，这些服务是如何运作的。纽约市住房保护和开发部（HPD）与私营和非营利性开发商合作创建和营销经济适用房，并负责相应的管理服务。他们会把即将到来的住房机会告知市民，帮助市民了解如何在满足资格要求的可选择的住房中进行申请。通过抽奖系统，纽约市住房保护和开发部为市民提供申请机会，避开往常复杂又漫长的申请过程。因为经济适用房数量有限，对于那些有住房需要的人来说，住房申请可能非公平、公开，所以，利用抽奖系统是为确保公平性和透明度而建立的机制。

认识到抽奖系统可能会造成的各种负担，纽约市住房保护和开发部决定与居民、社区组织、学术界和设计专业人士合作，重新设计了抽奖流程的一些渠道和接触点。对于市民、开发商和为有需要的人提供额外帮助的非营利性组织机构来说，能够为他们提供更简单、更清晰的经济适用房申请过程。该项目涉及了参与式的设计过程，以对该项服务中的主要服务痛点进行调查，共同

提出新的想法，并发展试点快速地完成测试。试点包括：开发用户界面友好且易于操作的信息材料系统，这些信息材料都是有关申请过程的，而且基于高度可视化的申请指南，是按照一步一步简易操作进行设计的；设计额外的沟通和外联策略，例如，创建街头小组，也就是在街市上对抽奖运作过程进行展示的公务员小组；在诸如自助洗衣店等地方张贴广告，公布经济适用房的申请机会；创建一个名为住房大使的新计划，使社区服务提供方能够更好地帮助人们准备申请经济适用房的抽奖券（图 4.4 ~ 图 4.6）。

这些专注于改善政府与公众之间的交流渠道、接口和服务接触点的设计项目并未涵盖所有的内容，但的确涵盖了迄今为止公共部门中一些最重要的服务设计案例。

这些干预措施和其他类型的服务设计项目对公共部门的影响是多方面的。最直接的影响是通过公共服务参与者和市民之间进行的更为有效的沟通方法，用户和服务提供方能够更好地理解服务的流程，从而逐步改进服务。另外，影响也扩展到公务员，让他们参与到设计过程中，增加他们的目标与市民的服务要求保持一致的机会，增强他们的信心和服务能力。

　　有时，服务设计项目可能会对现有的政策产生影响，或者会影响到新政策的制定。例如前文提到的服务设计项目。设计人员仍然会被指派去进行服务设计，以落实现有的政策。对于公共部门而言，其应用服务设计的最终目标是参与政策制定，从而影响到整个服务体系。整个流程是从确定政策需求开始的，然后对政策目标进行相对应的服务设计。

图 4.4 ~ 图 4.6　重新设计的经济适用房抽奖流程指南图。纽约市住房保护和开发部的员工在一个位于市场内的试点里。通过在洗衣店内放置信息材料，并采用地域不受限的营销策略，对经济适用房抽奖系统进行了解释。

4.3
公共部门服务创新能力

我们能够想出更广泛地为公众利益提供服务的设计吗？哪些可能的配置组合允许在公共部门内部，以及公共部门之间进行合作设计，以产生最佳的影响效果吗？这个领域的设计有哪些限制呢？

我们已有足够的先例，因此可以描述出一系列成功的做法。英国设计委员会确定了运用于公共部门的三大类设计。

第一类设计是解决分散问题的设计，包括公共政府机构委托设计机构和专业人员进行特别项目设计，就像私营部门在聘请设计人员时所做的那样。在这方面业绩突出的设计工作室有 Thinkpublic 设计室和 Participle 设计室。这些设计室都位于英国，专门为公共利益，如医疗保健、老年人帮助、青年赋权和就业服务等项目提供设计服务。

著名的涉足多领域的设计公司，如爱迪欧创新设计公司、Livework 设计公司，在其投资构成中都拥有公共部门客户的份额。这些设计公司和其他公共部门的设计公司都在试图改善诸如移民和社会保障等公共服务过程中相对不透明的问题。因此，服务设计能力似乎对政府客户来说是很有用处的，可以帮助他们解决复杂的制度问题，简化可能陷入孤立不作为的服务流程。纽约市住房保护和发展部就是这类项目的范例之一。

第二类设计是为能力提升而进行的设计，包括将设计能力培养作为政府机构内部能力提升的方法。通过开办设计研讨会对公务员的服务设计方法和技术进行培训就是一个方法。这个方法的影响力与其在公务员日常工作中的潜在渗透有关。另一个方法是在公共机构和部门内部雇用设计师，这是一种相对新颖的做法。内部设计师既可以在其代理机构内的小型项目中进行工作，也可以协助所在的公共机构与外部设计咨询公司沟通联络。

第三类设计是政策设计，涉及创建设计空间或实验室，就像研究和开发部门一样，致力于在政府内部对特殊项目进行开发，并且能够对政策产生长期的影响。过去十几年里，在政府内部或外部的完整设计和创新实验室的数量有了明显的增长。

内部实验室著名的例子之一是丹麦的头脑实验室（MindLab），它被编制为 3 个部门（联邦级）和 1 个市政部门之间的跨政府创新部门。头脑实验室是一个类似于典型设计机构的实体部门，雇用了一批设计师、人种志学者和公共政策专家，共同从事由他们所服务的政府实体确立的项目设计，例如，重新设计丹麦国家学校系统，涉及面广且要求很高。头脑实验室的许多项目都致力于简化公民与政府系统之间的互动活动：例如，为年轻的纳税人提供的服务设计减少了繁文缛节，为促进年轻企业家开办小企业，为处理劳动法规，以及为提供财务和财政授权计划而进行设计。

头脑实验室的主要创新之处在于让公民和企业参与到新的公共服务和项目开发中，公开现有的官僚制度（当然某些官僚机构会本能地反感变革），进行协作设计和协同生产，以便用户或公民对服务的中心重新定位。头脑实验室本身具有物理和象征意义，具有给环境赋权的功能，兼具确保研究和验证新想法沿着正确方向迈进的使命。头脑实验室的理念集中在创建公共部门创新生态系统方面，涉及公共管理者和领导者，因此最终可以定义出新的政府治理模式，而不止是政府的谨慎干预模式（图4.7、图4.8）。

图 4.7、图 4.8 头脑实验室的目标是培养公共部门应对文化变革的能力。图 4.7 显示了某个项目中的一部分内容。头脑实验室与丹麦日托中心的数百名教育工作者取得联系，讨论了新的教育课程。图 4.8 显示了与公民进行协商的场景，与如何为公民减少繁杂刻板的政府制度影响的项目有关。

在法国，La27eRégion（或称第 27 区设计公司）是与法国地区协会合作的公共转型实验室，其主要宗旨是利用行为研究和服务设计进行社会创新，以转变公共政策。第 27 区设计公司对全国范围内各地区所面临的不同挑战进行梳理，创建了居住计划和区域实验室，包括设计师、技术专家、建筑师、研究人员和其他工作人员。这些临时实验室对各地区及其城镇和农村地区的需求和机会进行了调查，研究人员完成了设计纲要，项目内容涉及对公共场所、学校、疗养院和博物馆进行的重新设计。超级公共空间（Superpublic）

是由第 27 区设计公司创建的一个场所，设计师将其设想为一个更加长久存在的实际机构，旨在创建一个围绕公共部门进行创新的从业者社区。这个机构的创建使来自各级别政府的设计师、研究人员和公务员之间的合作成为可能。

如果我们仔细看以设计为主导的政府创新实验室，就会发现这些实验室都致力于对公共服务成果进行改善，并呈现出越来越广泛的发展趋势。我们可以看到这些组织机构以不同的形式与政府机构进行联系。在一些案例中，政府是实验室的所有者，或者是独立资助者或共同资助者；在其他案例中，政府是合作伙伴、客户，或者只是实验室活动的代言人。这些模式反映了不同的背景和机会，并没有哪种模式声称是最有效的。虽然丹麦的头脑实验室设在政府内部，第 27 区设计公司及其附属超级公共空间则被有意地安排在政府机构之外，担任第三方合作伙伴（图 4.9、图 4.10）。

图 4.9、图 4.10　第 27 区设计公司附属超级公共空间总部举办的活动和研讨会：未来的村庄设计论坛（forum des villages du future），2013 年在勃艮第（Bourgogne）地区第 27 区设计公司在进行 La Transfo 项目设计期间举办了多学科研讨会。

DESIGN FOR EUROPE

Design and the public sector

Local authority   ✕

Lab para la Ciudad
Mexico

Creation date
2013

Address
Tlaxcoaque 8, 2o Piso, Cuauhtémoc,
Centro, 06090 Ciudad de México, D.F.,
Mexico

Website
http://www.labcd.mx

Lab Para La Ciudad is an experimental
programme aimed at developing civic
innovation and urban creativity in Mexico
City.

See more

EUROPE
WORLD

＋
－

Lab para la Ciudad

无论设计师是在这些专门的实验室工作，还是直接与政府客户共同开展工作，越来越多的证据表明，设计师们可以在改善公共服务方面成为重要的合作伙伴。设计师确实非常适合从事这些工作，他们不仅能够改善服务接触点，而且还可以作为多学科团队的一部分参与到政策的制定中，致力于应对复杂的社会、政治、文化和经济挑战（图 4.11 ）。

图 4.11 基于设计的政府创新实验室展示图，包括内部实验室和政府作为合作伙伴或客户的独立实验室。

04 为公共利益服务

在应对复杂挑战方面，政府的主要设计贡献之一是以用户为中心（或以公民为中心），直接参与到解决方案的制定中。通过这种方法，政府可以对用户和社区的愿望进行更为细致的考虑和理解。这种方法对于帮助公务员和政策制定者重新确定和揭示问题范围是至关重要的，从主要受益者（不仅是政府机构）的角度出发，可以同时解锁所有利益相关者的创造性反应。

一项设计贡献集中在设计师通过原型设计的方法，帮助人们提高想象力和对未来选择进行可视化展现的能力，并使这些想法和概念在完全实施之前能够快速成形并进行更便捷的测试，使这些想法和概念最终切实可行。此外，考虑到要想出方法，在不同部门和组织机构中统一经验和服务规定，服务设计师需要从整体出发察觉用户需求的能力就显得格外有用，人们也因此减少了资源的浪费和重复性的工作。

尽管如此，我们应该承认在这个新兴领域里进行的设计，还有其所谓的弱点，要经受各种批评。观察家指出，设计服务的成本很高，因此很多政府和具有社会影响力的组织很难提供这类服务，特别是在经济萧条的地区。另外，还有观察家指出，设计师与项目和客户接触的时间通常很短，鉴于相对较长的批准过程，且需要对项目影响进行衡量，公共部门的表现就显得不尽如人意了。虽然在项目的早期阶段通过扩展想象力而产生了创造性的投入，设计师们也因此受到了赞扬，但因为在项目的实施阶段缺乏同样强大的技能对项目执行做指导，所以设计师们受到了批评。

在专家的建议中，我们认识到了设计在公共部门内蕴含的全部潜力，我们发现了许多以设计为主导的创新实验室已经开始尝试去做事情，尤其是许多专家建议将设计师安排在多学科设计团队中，实现团队成员能力互补。最为关键的是，让设计师认识到组织机构的局限性，认识到设计工作所处的复杂政治环境。

4.4
社会创新与协作服务

我们在寻求更好的方法利用公共资源、设计流程，以创造更好的公共成果过程中找出直接来自社区和公民自身的社会创新实践活动非常重要。这些直接来自活跃公民的社会创新举措现在被认为是最具活力和创造力的创新来源，引起世界各国政府的特别关注。

社会创新简单来说是"有助于实现社会目标的新思想"，它包括一系列的变革行动（服务等），但不是技术的创新或市场驱动的创新，而是来自人，无论是个人还是团体，这些创新通常都是从小的倡议开始的。这些倡议在某些时候被大量受众所采纳。虽然社会创新也可能来自公共部门或个人倡议，但它是自下而上的社会创新，是由社区、个人或非营利组织推动的。这些创新最能体现出社会创新以人为中心的本质。民众被视为专家和合作伙伴。

最近，人们越来越关注社会基层的创新，并将其作为解决重大社会问题的替代方案，尽管这些重大问题之前一直都是由政府来解决的。社会创新往往体现在人们试图解决自己的问题时表现出的足智多谋和有效的解决方案上。这意味着公民具有聪明才智和能动作用。在许多情况下，社会创新产生了所谓的协作服务，这种服务模式确定了公民关注和参与的新模式。

这些新的资源利用与重新利用的方式，是典型的社会创新，在社会经历危机，经济遇到挑战和预算有限时特别受欢迎。从社会发展和工业化背景来看，世界各地都有社会创新的例子，从城市农业到技能共享，从拼车到基于家庭的儿童保育。来自不同领域的研究人员正在记录这些实践活动，并试图评估这些创新实践活动如何为新的服务模式，甚至新的政策和立法提供有效信息。

这些举措的一个关键组成部分是具有协作的性质。具有协作性质的服务是主要以用户自身之间协作为基础的服务。虽然服务的主要交互活动通常发生在服务使用者和服务提供者之间，但在协作服务中，这些界线通常是模糊的：服务提供者也是服务使用者，反之亦然。协同服务和被界定为共享经济一部分的共享倡议之间存在重叠（见第2章）。协同服务与公共部门之间的联系对于在公共部门工作的服务设计者来说，是非常有前景的领域和灵感沃土。协同服务的一个成功模式是食品合作社。食品合作社是会员制的杂货店，只允许会员在食品合作社中购物。成为会员就要参与食品合作社每月的轮班工作或帮助合作社推进整体运营活动，无论是在库房工作，还是作为收银员，或去执行许多其他工作任务。食品合作社成员既是服务使用者，同时也是服务提供者。

我们在前文描述了服务使用者如何成为共同生产者，因为价值是通过服务使用者和提供者之间的交互活动产生的。合作生产是服务的内在基础。在协作服务中，合作生产被提升到了一个新的水平。如果这些模式以恰当的方式被重新纳入公共服务中，可以提高其利用率、运行效率，增加可信任度，从而提升服务的整体质量。

有些协作服务的例子涉及了政府。政府将公民聚集在一起，有助于确定 21 世纪公共服务的意义。

其中一个例子是美国纽约市的社区花园。社区花园是位于纽约市不同街区建筑物之间的小型城市花园，之前大多数都是空地。这些空地的土地权属于城市，是在上面的建筑物被拆毁后形成的。社区花园很大程度上是由当地居民发起建造

的，并依靠他们进行维护。随着时间的推移，地方管理部门已将居民纳入合作生产者的行列，将公园的治理和维护工作提供给他们，帮助他们建设一些基础设施。这些合作生产者成员拥有花园的钥匙，每天都要向公众开放花园。这些合作生产者能享有一些特权，比如有自己的蔬菜种植区域。与食品合作社的模式一样，社区花园的合作生产者既是服务提供者，也是服务使用者（图4.12）。

另一个协同服务的例子是英国的关爱圈（Circles of Care）项目，它是以人为资产进行的新的公共服务项目。这是一个由 Participle 设计室设计的实验性服务项目。该公司是位于伦敦的以设计为主导的社会福利企业，专注于公共服务改革。

图 4.12 Park Slope Food Coop 食品合作社位于纽约市布鲁克林区，是一家独立的非营利性会员制食品店，成立于1973 年。

案例研究：
关爱圈（Circles of Care）

关爱圈项目是为老年人提供护理服务的项目，之前的老年人护理服务被证明是不合适的，不符合终端用户的期望。所以关爱圈这个以社区为基础的老年人护理服务项目被创立，帮助其项目成员完成日常生活中的实际任务，与此同时也改善成员之间的社交关系，帮助他们学习和拓展出新的技能。关爱圈项目的模式是以会员制为基础的，通过每月支付少量的费用，参加组织活动，与其他成员共享往返交通设施。如有需要，成员之间可以互为完成日常任务，提供实际的帮助，并可以享受当地企业提供的折扣，拜访具有类似兴趣的会员。

各社区在当地设立了不同的关爱圈，并对该项目的特定服务进行协调。这个项目确实需要政府预先投资，但随着时间的推移，这笔政府资金将会逐步减少，直至停拨，因为关爱圈项目本身将成为一个自给自足的社会企业。英国的关爱圈项目仍在寻找生存之道，其中一些关爱圈在政府资金用完后还会不断地壮大，并制定出了明确的计划，将其纳入更广泛的政府服务和福利生态系统中。尽管如此，关爱圈项目和其他类似的服务都是提供公共服务新方法的范例，充满了发展希望（图4.13、图4.14）。

正如本章前面所讨论的那样，服务设计师被要求制定出提案，以改善政府与公众之间的沟通渠道、服务接口和接触点。设计师还加入了创新实验室，这些实验室是由多学科的团队协同开展工作的，以应对复杂的社会、政治、文化和经济挑战。在此背景下，我们还了解了社会创新实践活动，以及公民参与的公共服务的设计和制定。总体而言，为公共利益进行的设计为服务设计者提供了特殊的专业机会，特别是对那些有意在公共领域发挥变革作用，或能够为个人和社区生活产生积极影响的服务设计师而言，他们的设计尤其对穷人和边缘化人群等弱势群体的生活能够产生积极的影响。

图4.13、图4.14 英国诺丁汉关爱圈项目的图像库显示了参与活动的成员和每月活动日程的示例。

4.5

采访
爱德华多·斯塔索夫斯基

爱德华多·斯塔索夫斯基是纽约新学院大学帕森斯社会创新和可持续发展设计实验室的主任，也是《公共与合作：探索设计、社会创新与公共政策的交叉点》的编辑。

全球范围内服务创新，公共利益设计和为社会创新而进行的设计活动已经呈现出了全面爆发式增长的态势。您能谈谈这些设计发展的历史吗？

在设计行业中，我们看到了设计随着人们生活和工作方式的演变，扮演着越来越多的角色，设计实践正在不断改进，以满足应对迫切的环境和社会问题的需要。设计协会和学术会议一直在不断修改和更新他们自己对于设计的定义。起初，我们看到工业设计超越了以产品为导向的设计活动，将服务和系统等非物质性概念融入可持续发展的责任感中。换句话说，设计想要成为解决方案的一部分，而不是成为问题的一部分。最近有新的证据表明，设计越来越多地被公共机构、政策制定者和非营利组织用作解决社会问题、制定公共服务政策的方法。

公共部门的服务创新与私营部门的服务创新有何不同？

在私营部门里，服务创新是为了赢得客户和满足客户要求，他们可以在很多不同的公司中选择，其最终目标是为股东创造经济价值。相反，政府有时只负责提供大多数人所依赖的基本服务。因此，公共部门的服务创新不能让任何人掉队，而且公共问责标准也与私营部门的截然不同。

在公共部门里，从事专业设计的角色是全新的，可能在我们说话时，他们就正在从事设计创造活动。他们隶属于谁，他们的工作领域是什么，他们负责解决的问题类型有哪些，他们会面临哪些限制，这些都是新问题。

在私营部门里，人们会发现服务创新处于一个更为成熟的发展阶段，设计师可以影响公司的发展战略，能对完整的产品服务系统的设计产生影响。虽然这种情况正在迅速变化，但在公共部门里，服务设计仍然是以孤立的和分散的方式发生的，并在更大、更复杂的政策制定和实施周期中以更加分散和渐进的方式来解决问题。

除了传统的设计咨询外，公共部门的服务设计也出现了新的领域，如创新实验室。尽管大多数服务设计人员从组织机构外部引入，但创新实验室也越来越多地出现在他们所服务的组织机构中，例如，越来越多的创新实验室出现在了政府机构中。这些新的、各种各样的空间对公共部门服务设计实践活动的影响是什么？

我们看到越来越多的设计师被邀请协助完成设计实验，并让政府内外的人们通过不同的视角看待他们面临的问题，所展示的景象都是通过设计促进而形成的。这会引导决策者在制定和解决问题时能够更加仔细地考虑各种观点，例如，从基层公务员或从其选民的角度来看待这些问题。换句话说，设计有助于在制度、程序及其机构运作之前就引起人们的关注。

最初人们创建创新实验室是为了重新思考公共部门在面对危机或极为复杂状况时的运作方式。在这些情况下，单学科领域的专家或机构无法有效解决这些问题。这些新的制度形式试验的结果，为设计师创造了多学科合作的机会，也为他们的设计实践活动开拓了新的领域。这一过程的结果也是在政府的各个领域里开始新的设计职业生涯的开端。

通过在服务设计和实施中引入更多公民协作，对公共服务进行改善，您是如何看待这一现象的？

我已经在自己的设计实践中采用了协同服务这一概念，这也是我们在实验室中使用的术语，用于描述基于服务用户之间协同的服务，在这一概念中，服务使用者成了服务提供者，服务提供者也是服务使用者。在我们与公共部门合作的项目中，我们尝试与政策制定者建立各种对话机制，以确定公共部门是否有办法通过设计驱动的方法，来促进公民和服务提供者之间加强合作，以及协同服务如何为公益/公共利益服务。目前，我们尝试通过为我们的公共机构合作伙伴提供参与式设计活动来对这些方法进行测试。从某种程度上讲，这是展示这些机构提供的服务如何具有参与性，可以通过与更多人接触，了解当地社区和组织已经具有的能力，而使这样的做法变得更加具有开放性。

公共和协作服务设计通常需要与一系列复杂的利益相关者协商：例如政府机构、非营利组织、社区团体、公民、企业等。这些公开提出利益需求和观点的相关者反映了当前问题的复杂性。您在给这些项目进行指导时了解到了哪些设计策略？

有一种策略是要明白在公共部门内工作通常意味着，是在不同的专业文化中，而不是传统的设计实践空间中展开工作。设计师倾向于进行实验性和迭代性的工作。这些价值观对于设计师来说非常重要。在公共部门里这样做，就要进行更大的风险规避：因为要承担更大的责任，所以保守主义盛行。这部分是因为公共部门组织承担的责任所造成的。所有这些都会对设计活动产生各种新的制约因素。

对于设计师而言，重要的是不要试图一次性改变一切。你必须找到每个人都感到舒适的空间。设计师需要培养出一种谦逊的态度。在这些限制条件下进行创新活动需要设计师具有不一样的创造力。要做到这一点需要了解这些约束来自何处。你需要了解相关的文化以及如何身处其中并有效地工作。这都需要设计师非常清楚如何展示他们的想法。设计师必须创建一个环境，使人们确定整个流程的安全性。换句话来说，如何让不熟悉设计的人很舒服地适应与他们往常所做的本质不同的整个设计过程。这既涉及设计理念，也涉及如何为这些理念设计创造出条件，以获得人们的好评。

当服务设计师参与旨在为公共利益塑造更好未来的项目时，这些工作的道德和政治风险显然会得到缓解。项目的成果可以对人们的日常生活及其依赖的服务产生深远的影响。您如何来理解这项工作中的利害关系？进入这个领域的设计师若是想要做好工作应该考虑什么？

在公共部门里，服务设计的影响可能是深远的。这样的情况也可能发生在私营部门里，但却是完全不同的情形。在私营部门里，如果有足够的手段，人们是可以进行选择的。在公共部门里，无论你做什么，你都会影响到这些依赖公共服务的人。当设计师为公共利益进行设计工作时，有机会去建立卓越的服务标准，能够为所有人提供优质、公平的服务，无论接受公共服务的人在收入、种族、性别、宗教方面如何不同。作为设计师，你正在建立公民社会的标准。你参与其中并发表自己的见解："事情本应如此。"当然，通过这种方式进行设计，自身的投入也会非常大。

您如何看待有兴趣通过服务设计对社会进行革新性改变的设计师所面临的日益增长的未来机遇？

我认为现代社会存在着涉及大量公共利益问题的设计空间。设计师可以在面临巨大挑战的各种组织和机构中看到很多新的机会，设计师通过可以做的事情来应对他们看到的问题。这并不是说设计师可以独自完成这一任务，但是，对一些问题的探索过程越来越具有开放性，例如设计专业知识可以给我们带来什么益处这样的问题。

您对有兴趣探索公共和协作服务设计的学生有哪些重要建议？

从事这项工作需要保持谦虚的态度，重要的是要留意在这项工作中自己的位置，认清自己为什么被需要，以及如何发挥作用。为了在经常抵制思辨性思维（这一思维也是设计工作的特征）的空间中进行设计操作，学生们必须学会与社会科学、管理和公共政策等其他学科进行有效的互动活动，以便与政策制定者和公务员顺畅地沟通。

4.6
学习重点

关键点

• 为公共利益服务的目的是实现社会福利。当然，为公共利益服务包括由公共部门提供的服务，以及由公民团体为推动社会创新采取的新举措而产生的服务。

• 公共部门服务设计面临的挑战经常与公共服务设计的规模、公共部门内相关的法规、组织方面的问题、公众的文化障碍，以及经常为了规避风险而采取的保守的工作文化有关。

• 在政府部门内部设立创新实验室，或创新实验室与政府进行非常密切的合作呈现出不断增长的趋势，同时提供了一个支持服务设计项目开展的机会。

• 社会创新举措是可以通过协作服务来体现的，其中服务使用者也是为他们提供服务的组织成员，为服务提供组织做出自己的贡献。协作服务可以用于公共部门进行的服务工作。

问题回顾

• 在公共部门里进行的设计包含哪些主要类别？

• 为什么公务员的观点对公共部门的服务设计工作来说是至关重要的？

• 基于设计的创新实验室可能为公共部门带来哪些好处，并做出哪些贡献？

• 协同服务的主要特征有哪些？可能的表现形式是什么？

活动练习

• 思考你所在的社区提供的某项公共服务。确定你可以实际参与的，为改善你和邻居的生活而进行的社区服务设计会面临哪些挑战。如何有效地利用协同设计流程或在社区中已有的社会创新活动？

• 思考一项在不同街区或社区里进行的公共服务。找到一种研究服务的方法，无论是通过采访服务提供者或用户，还是去一个特定的空间，观察用户和服务提供者之间的交互活动，或者亲自去体验这些服务。创建一个新的服务模式，突出服务痛点和服务过程中值得改变的领域。你可以从你进行的研究中学到什么，从而帮助改善这些服务？

词汇表

• 公共部门：由政府控制的经济方面的一部分；它由负责为公众提供公共服务的各个机构组成，其提供的公共服务有利于全社会。虽然不同国家的公共服务政策可能不同，但大多数是类似的，如基础设施（道路、供水系统、下水道系统等）、公共安全（警察、军队、消防部门），以及公共教育和医疗保健。

• 创新实验室：在政府内部或政府外部创建的部门或单位，与政府紧密合作，用服务设计、设计思维和社会设计创建新的服务，制定政策，或以创新的方式重新设计现有的服务和政策，改善大众的生活。

• 社会创新：有助于解决社会问题的创新举措，通常来自活跃的公民个人或团体，包括非营利性组织。社会创新举措创造性地对现有的资产（社会资本、历史遗产、传统工艺、可获得的先进技术）重新组合，满足社会需求。

• 协同服务：与终端用户共同协作进行的服务，终端用户成为服务系统的固有组成部分。协同服务包括合作模式、基于会员制的服务系统和社区支持的农业计划，包括正式和非正式的举措。

推荐阅读

• 克里斯汀·贝森《领先的公共部门创新——共同创造更美好的社会》，芝加哥大学出版社 2010 年出版。

• 服务设计网 2016 年在公共板块发表的《服务设计影响报告》。

04 为公共利益服务

05
服务设计
的政治学

5.1
导言

本章介绍了服务设计人员在加入服务设计项目开展工作时，需要明确服务中存在的重要的政治方面的内容。这些内容包括劳动关系、环境因素以及如何应对组织机构文化的挑战。

本章考察了服务条件和互动中包含的政治和道德方面的内容——特别是前台工作人员与服务使用者面对面的互动活动中蕴含的情感力概念。开启这个概念不仅揭示出服务工作中存在的性别、种族和阶级问题，还揭示出与劳动力相关的内容。本章还包括对服务的剧情的分析，并介绍了借助戏剧处理技术，帮助设计师处理各种复杂的关系。

我们会研究服务的环境可持续性问题，分析气候变化与服务之间的联系。一方面，本章考虑到了人们的消费和生活方式方面的内容，认为服务本身可以被视为环境可持续性发展的战略。

另一方面，它研究了由产品设计和架构开发的清洁生产模式，提出了改进产品和系统生态效率的指导方针、策略和实践方式，如生命周期分析（LCA）和 LEED 认证。

本章还思考了组织机构的政治方面的问题，因为设计服务通常涉及制度和组织机构的重新设计。当设计师与某个组织机构共同开展项目时，他们需要识别现有的组织机构文化和工作实践方式，并可能使用视觉映射等工具参与策略，让组织机构里的人能够参与设计工作。

本章有采访澳大利亚新南威尔士艺术与设计大学设计系教授卡梅隆·唐金威兹的记录。他对很多问题提出了至关重要的观点，如可持续发展的服务设计在未来设计工作中充当的角色、服务之间的关系、可持续发展的问题，并对其他问题也发表了真实的看法。

5.2
服务的剧情：情感力

电影《云图集》描绘了一个反乌托邦式的未来：在 2144 年，新首尔市矗立在旧城区之上，而旧城区被不断升高的海平面覆盖。服务人员都是克隆人，他们被制造出来的唯一目的是为客户服务。Sonmi~451 是一家快餐店的服务人员 / 奴隶。像成千上万被制造出来的几乎相同的克隆人一样，她的基因设计是没有个性的。所有克隆出的服务人员穿着相同，看起来也一样，并以完全相同的可预测的方式与顾客互动。Sonmi~451 后来被叛乱分子解救出来，并加入他们与克隆人奴役制进行的斗争中。她作为独特个体，在自我发现过程中，成为反叛的象征，也会成为一个对后代产生激励作用的殉道者。

电影《云图集》提出的反乌托邦式的未来社会向我们提出了与服务工作极端形式相关的关键性问题，令某些服务制度和服务互动中包含的政治和道德方面的问题激化。这部电影对组织机构和设计师提出了许多问题：个人情绪在服务工作中的作用是什么？劳动关系、阶级和性别等问题如何推动、控制和展现服务的组成部分？在设计过程中，如何对这些政治承载的内容进行解释？让我们试着去剖析其中的一些问题吧。

人与人之间的互动过程是充满情感的，随着时间的推移，参与互动的人在互动过程中充当什么样的角色，对互动进程的控制都会在不断协商中完成。可以确定的，在亲情和友情关系背景下进行的互动活动充满了情感，因为情感是这些互动活动中被期望的组成部分，这是本来就有的部分。

当情感被置于商业交易的背景下时，期望和规则会发生相当大的变化。商业服务极大地依赖于面对面的互动方式，因此不可避免地受到情感的约束。因此，服务中人与人之间的互动活动也包括直接面对客户的工作人员的情感。情感力是指服务工作者在心理方面付出的努力，一些学者认为这种努力已经成了一种商业化的服务。劳工组织认为实际情况并非如此，他们认为情感力往往得不到足够的补偿，甚至没有人想过对服务人员的情感力进行补偿，从而导致员工的倦怠或冷漠等结果的出现。

情感力在大多数情况下是看不见的，随着组织机构试图对服务进行优化或工业化，以提高效率，降低成本，情感力变得越来越不可见。忙碌的护士从一个病人面前跑到另一个病人面前，因为她的工作流程是由效率驱动的职业协议决定的，所以这位护士可能很难抽出时间来听病人的故事或者鼓励病人去吃饭。她可能仍然以匆忙而不那么明显的方式展现出了情感力，但这种努力不太可能被诊所或医院承认，或反映在支付给她的薪水中。

员工的招聘和培训与他们对情感力的管理直接相关。对女性乘务员的研究表明，这个职业的培训中仍然包括如何进行微笑的课程。餐馆工作人员知道微笑的价值以及它与高额的小费之间的关系，这些小费是美国餐饮服务业者的大部分收入来源（图 5.1）。

一线的服务工作不可避免地会遇到有关性别角色和期望的问题。在美国的餐饮服务工作岗位中，超过 70％ 是女性员工，并且空乘人员、零售业者、护士、护理助理、客户服务代表、收银员、用人和管家、理发师等，绝大多数也是女性。

有一种观点认为女性更适合从事这些职业，因为她们与生俱来的特征，例如同情心或温顺的态度，这些特征仍然与女性相关，无关国籍、民族，只是程度或高或低罢了。这里列出的许多职业都与历史上被视为是女性的领域有关，例如照顾他人、与家庭相关的职业，通常，在这些领域中，货币补偿规则往往并不明确。

民航乘务员在工作时，通常会表达出典型的优雅女性的态度和举止。她们的微笑、礼仪和亲和力表达出女性特有的气质，有助于在机舱中重现幸福无忧的家庭环境，这是一种对于乘客来说非常熟悉并且可以轻松识别的乘机环境。在这些类似家庭的、与关心照顾相关的工作领域中，与女性相关的传统社会文化建构是有价值的（护士更有耐心陪伴患者，空乘人员会设法为乘客找到额外的毯子）。虽然一线服务工作者的情感力已经成了其所在组织机构的资产，但这些工作者往往得不到充分的补偿。

图 5.1 宜家的一线工作人员准备开始新的一天。一面镜子放置在后勤部门，因此工作人员可以在进入商店的"舞台"之前检查一下自己的仪表。镜子旁边是一张海报，上面写着："你准备好迎接顾客了吗？在你工作之前问问自己：我的制服怎么样，我的笑容怎么样？"

事实上，在考虑服务成本构成时，有一项重要的内容要考虑进去。在商业服务中，粗略计算服务成本时会用到一个公式，包括员工的小时工资、基础设施投入和组织的利润率。用户为昂贵的服务支付的金额并不一定会全部转化为提供服务的员工的高薪。换句话来说，豪华酒店的女服务员支付不起豪华酒店套房的费用，空乘人员自己也不能轻松支付乘坐令人羡慕的头等舱或商务舱的费用。无论涉及多少情感力，很多服务人员获得的工资是很低的。

客户与一线员工之间的关系通常是以错综复杂的，不断改变的动力为特征的，这不仅涉及一线员工和客户，还涉及一线员工和管理人员。面对面服务中遇到的如芭蕾舞步般的复杂关系会牵扯出这 3 个群体之间交替的从属和操纵关系。每个人扮演一个角色。虽然一些"演员"会即兴创作，但其他人可能已接受过设定好的角色训练。员工会学习一些技巧，引导顾客完成购物选择，例如，假设你在化妆品商店里，当店员觉察到你有不安全感时，会采用一些技巧帮助你减少压力和不安。此外，还需要考虑与文化认同相关的方面。这些服务参与者塑造和体现与服务和品牌相关的某些生活方式。社会阶层会发挥作用，例如，当来自较低阶层的服务人员采用上流社会人士的举止为他们进行服务时，服务人员就可以更好地与上流社会的客人进行互动活动（图 5.2）。

从本质上来讲，无数的服务工作是依靠服务人员高水平的"表演"来维系的，虽然这些服务

图 5.2　一线服务人员的卖力表演：在餐桌旁进行服务时，扮演一个角色，在客人和经理之间周旋，使权力和控制力达成一致。

工作至关重要，但往往被低估，给服务人员支付的薪水也不高。

当员工代表为组织机构工作时，他们就会成为组织机构的脸面和声音，并融入服务环境中。服务场景被认为是面对面互动服务的整体实际环境，包括建筑、室内设计、环境图形、标牌、装饰、氛围以及对实际体验有影响的所有元素。服务场景是服务的审美表面，旨在提供吸引人的体验，传达出品牌的价值。它们可以实现组织机构的目标，也有助于实现营销目标。作为组织机构的审美表现，服务场景会影响用户和工作人员的体验。服务场景会对提供服务的工作人员产生深远的影响，毕竟这是他们的舞台。制服、着装规范、语言和手势规范，以及与公众打交道的工作人员的个人表述等方面也是服务场景的组成部分。

英国时装设计师薇薇安·韦斯特伍德曾重新设计维珍大西洋航空公司的制服，试图为飞行体验增添吸引力，影响乘客和机组成员的体验。维珍大西洋航空公司的创始人理查德·布兰森爵士对新制服表现出极高的热情，他评论道："如果你穿着本人都认为能让自己看起来很好的衣服，那你会很开心，不由自主地微笑，更好地完成自己的工作。"穿着得体又漂亮的制服可以帮助工作人员完成服务"表演"，并试图将这种魅力传递给越来越呆板、没有吸引力的航空旅行体验（图5.3）。

总之，服务涉及劳动关系、社会阶层和性别、权力和控制力，以及美学在服务中的作用，是很复杂的。在设计或重新设计服务时，设计如何处理这种复杂性，并解释这些流动性关系呢？

服务模型可以被当作工具，来帮助解决服务设计过程中的情感力和权力冲突等问题。丰富的服务模型可以帮助获知情感力、权力关系及各种冲突。服务模型是显示服务随时间进行的连续操作的时间线，它还显示出对于服务系统中不同参与者的细分，因此，每个行为都可以归因于特定的参与者（例如，服务使用者和服务提供者）。使用图形符号可以增强服务模型。这类图形符号有助于在整个服务交互过程中获取用户和工作人员的痛点和其他情绪高峰，可以通过追踪用户和工作人员的关系获取（图5.4～图5.7）。

图 5.3 由时装设计师薇薇安·韦斯特伍德设计的维珍大西洋航空公司的制服。

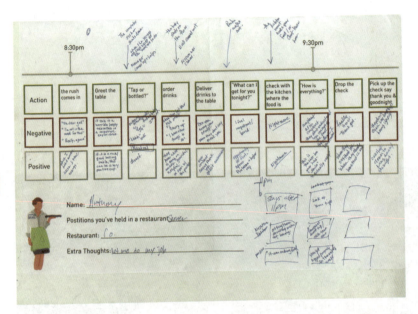

图 5.4、图 5.5　服务设计师西瑞·贝茨－桑斯特加德开发的餐饮服务人员情感力可视化工具。（上图）情感力展示图是根据服务流程图改编的，已被用作面试工具。设计师采访了餐饮服务人员，描绘出他们在日常夜班工作中的情感流程。（下图）显示的是一个权力关系，图中间的是直接与客人打交道的工作人员，两侧分别是客人和经理。

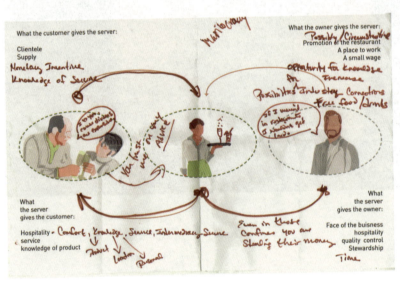

　　另一种帮助获知服务设计过程中的情感力和权力冲突的方法是通过其表演形式。从戏剧派生出的方法对研究和设计思想很有用，可以对复杂的情感因素进行更细致、深入的观察。假设参与到服务互动活动中，或者直接进行服务互动活动，这些方法都可以让我们更好地看到冲突和摩擦，帮助服务人员预想出可能的应变策略。当服务人员面对通常很棘手的服务关系时，戏剧技巧可以起到帮助作用。服务设计中使用的与戏剧相关的技巧包括身体风暴、聚焦巡演和剧场论坛等方法。

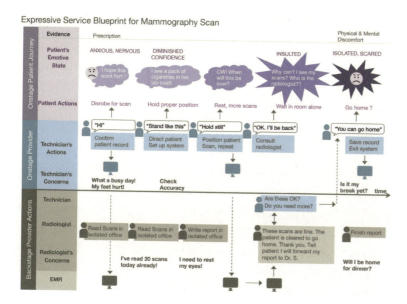

Expressive Service Blueprint for Mammography Scan

图 5.6 苏珊·斯普拉根的服务表达蓝图，以乳腺 X 线检查过程为例。患者在接受检查前会焦虑，在检查后会更加感到屈辱和沮丧。整个过程中没有人告诉患者，她没事才是她能够回家的原因。放射科医生身处医学影像设备后，患者与放射科医生没有直接的互动活动。这个服务表达蓝图可以使设计人员找到如何以更加高效的方式来提供服务，从而使患者保持知情、自信，感受到尊重，从而建立起服务信任。

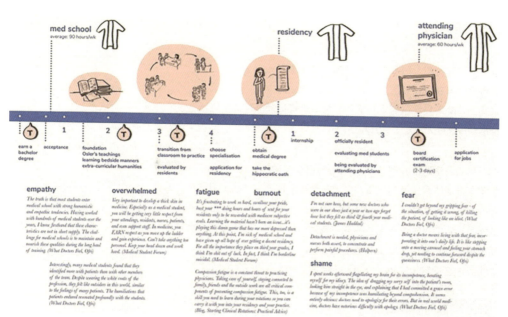

图 5.7 该流程图显示了医学院学生在获得学士学位后担任住院医生期间的情感旅程。流程图侧重于医生职业生涯开始时的同理心问题，以及终止医疗职业生涯的风险，因为年轻医生通常要完成医疗专业中大量的一般性工作。此项目由苏菲·瑞恩迪欧、安可塔·罗伊和乔伊恩·李研究完成。

5.3
服务的环境可持续性

就像劳资关系一样，服务中的环境可持续性问题可能会变得非常政治化，因为可持续性本身就是一个复杂又难以捉摸的问题。它涉及政治、金融、经济和社会文化等各种力量，以及这个相互联系的力量的网络中的诸多因素，例如，虽然与气候相关的灾害已经被证明会以更危重的方式影响穷人，但这并不一定会转化为预防和补救政策。

我们需要进一步澄清气候变化与服务之间的联系。在设计服务时我们如何考虑环境因素呢？是否真的存在可持续服务？但是，作为减少材料消耗的一种手段，服务本身能否成为环境可持续发展的战略呢？

环境问题的核心在于工业生产的逻辑——我们整个经济体系遵循的逻辑——大多无视全球资源的有限性和地球是否具有吸纳、承受相关影响的能力。我们以时尚或电子消费领域为例，其逻辑就是周期短和快速淘汰。越来越多的产品会以更快的速度被制作完成，分销到更大的区域，以更便宜的价格出售，并计划更快地完成产品更新换代。市场对这类更广泛的范式转变的需求是显而易见的，但它应该考虑生产和消费模式。作为消费者，我们能想到要生活在更美好的环境中，却消耗更少的资源，减少排放吗？常被提及的问题与我们对幸福和生活方式的看法有关：我们需要的是什么以及为什么。若是无须考虑产品所有权的问题，我们是否真的需要某个产品，我们是否真的需要使用其某项功能或解决某个具体问题呢？

设计当然是问题的一部分。作为具体执行的群体成员，设计师认为设计在影响我们环境和生活质量的决策方面具有特别重要的作用。设计协会、理事会和教育机构在很大程度上接受了设计行业的理念，即考虑环境保护以及相关社会影响。国际工业设计协会理事会（ICSISD）提出的职业道德准则概述了设计从业者的道德准则，包括设计师保护地球生态系统、采用环境管理原则的必要性。

设计行业在实践过程中已经制定并采用了设计指南、策略和操作方法，旨在尝试提高产品和系统的生态效率，为采用清洁生产模式做出贡献。环境友好型设计的标准和准则已经制定并与新的立法和公众意识一起被推广、采纳，这是对来自政策和倡议团体的积极督促的回应。

清洁生产的战略包括：系统寿命优化（设计可更换零件的产品，避免过早更换）、减少运输 / 分销（使用当地供应和消费链）、减少材料资源消耗，最大限度地减少废物排放，并对废物进行再利用，保护环境和降低生物相容性 / 毒性。

设计师采用的减少产品对环境影响的一个重要方法是产品生命周期设计（LCD），也称为生态设计。产品生命周期设计考虑了特定产品从"摇篮到坟墓"的整个使用周期，通常分为 5 个主要阶段：

（1）预生产：包括原料提取和材料加工。

（2）生产：零件制造、装配和包装。

（3）分销：包括所有分销和采购。

（4）使用：包括安装和使用、服务升级和维护。

（5）处置：可能涉及回收、再利用、堆肥、焚烧或垃圾填埋。

通过定量的方法完成对产品生命周期的分析，有助于揭示与特定产品相关的环境影响的主要原因。这些原因往往与人们的直觉不同。例如，大多数人倾向于认为产品生命周期结束时的处置是造成环境影响的主要原因，但实际上，产品使用阶段才是产生环境影响的最大因素，例如，电力消耗对环境的影响。

方法	如何运作
生命周期分析（LCA）	生命周期分析方法包括对给定产品整个生命周期中涉及的材料、能源和排放进行量化。LCA 分析的结果有助于根据更环保的标准对产品和工艺进行重新设计。LCA 软件使用来自特定领域数据库的数据，以量化所涉及的每个组件和过程。生产和消费都必然受到环境特定因素的影响。例如，在以水力发电为主的地区生产汽车的工厂与在以煤炭为能源基础的地区生产汽车的类似工厂是不同的。汽车的使用阶段也是如此：它能持续多长时间取决于一系列的环境因素，比如道路状况。LCA 工具现在只部分地集成在设计或生产过程中。LCA 工具的一个主要挑战是，这种复杂评估所需的数据的数量和范围不仅难以获得，而且在许多情况下根本不存在。整个过程可能会非常耗时和昂贵。
标准、卡片和检查表	有一些对设计师友好的工具包，如 ISDA（美国工业设计师协会）的 OKALA 从业者指南，帮助设计师在产品、服务和沟通系统项目的设计和评估过程中整合可持续发展标准。他们中的一些人提出了一个混合的生态效率标准，整合了物理和系统水平。一些工具包由卡片或检查表组成，用作头脑风暴辅助工具，帮助设计师在项目开发的初始阶段发现提高可持续性的机会。其他工具包括矩阵和问卷等工具，帮助评估现有系统或正在开发的项目，并且在项目的后期开发阶段非常有用。
LEED 认证	在建筑环境领域，LEED 认证是一个越来越流行的建筑项目认证程序。它利用了可转化为点数的不同的环境标准集。一定数量的积分代表不同级别的认证。评级系统是根据项目类型定义的，例如建筑物、住宅或维修。每个项目类型使用一套不同的标准或积分累计方法，例如所使用的材料和资源、水和能源效率等。有些积分项目专门针对服务行业，如酒店、医疗保健或教育。该项目还包括更系统的类别，如社区规模的项目，其标准涉及住房和杂货店之间的步行距离、交通系统的集成等。

实际上没有通用的工具可以帮助服务设计师将环境因素融入他们的项目中。所以，我们能做些什么呢？服务设计师可以而且应该利用产品设计和架构开发的方法和工具来提高服务中所用物质组件的可持续性使用率（图5.8、图5.9）。

我们还能再做些什么呢？如前所述，服务环境的关键——以及政治选择也可能是服务设计的原因之一。在许多情况下，服务被视为一种环境战略。我们在第1章中提到了共享汽车和产品服务系统的成功模式。最近的研究表明，在美国已经有50万辆私家车成了共享汽车，在路上行驶。碳排放量以及交通拥堵的减少都与此类服务相关。此外，汽车共享系统在相对较短的时间内已经从边缘化的商业模式转变为理想化的城市生活方式，这一事实表明公众已经准备好了接受基于取代个人产品所有权的服务消费模式。这个新的发展空间应该是服务设计师的新游乐场。

图5.9 OKALA生态设计策略轮可以帮助设计师根据给定产品的生命周期的各个阶段确定生态设计策略（作者：斯蒂夫·贝利特尔、路易斯·圣·皮埃尔和菲利普·怀特）。

图5.8 （对页图）评测产品设计和建筑设计中的环境影响的方法。

5.4
作为制度的服务和组织政治要素

影响服务设计实践的政治因素是组织机构政策方面的棘手问题。

服务主要以几个组合在一起的部分为基础。在服务实践中，服务是由不同的机构（提供者、代表、接收者、后台提供者）组成的系统来支持完成的，这些机构彼此之间进行各种内容的交流：无论是材料（产品和基础设施）、非物质（知识、信息、通信），还是财务和关系。有些组织机构是服务的核心，而其他组织则是另设的，例如外部提供商。

举个例子来说，独立餐厅的核心系统包括：由第三方拥有或租用的物理空间，进行许可和检查的市政实体，所有提供必要基础设施的公用事业公司，餐厅涉及的所有人力资源，包括所有具有等级分工的厨房工作人员，以及连接厨房和楼层餐厅的一线服务人员和餐厅主人。该系统还包括外部的服务提供商，即每周为餐厅提供食品、饮料和其他消费品的供应商，以及需要获得或租赁的不断更换的家具和设备。系统的辅助部分还包括其他提供外部服务的组织机构的子系统，可

能包括在线预订系统、会计和法律服务、公共关系和市场营销、室内设计、通信设计、网站设计及相关领域，以及保险和金融服务等。用户——在这种情况下，指的是餐馆顾客——也是服务系统的组成部分。

因此，"系统化的餐厅"是组织和交流的内部系统，以及外部支持组织机构等所有组成部分的总和。协调和平衡系统及其组织提出了业务跨机构/部门协调，或者与多渠道管理和服务交付相关的挑战，当然也存在文化方面的挑战。每个组织，以及在某些情况下同一组织内的每个部门都有自己的一套内部做法、文化和政策。

为了让用户能够全面体验服务，组织机构需要打破内部障碍。在某些情况下可能与他们的业务模式或组织传承相悖。如果某些做法不起作用，组织机构可能还需要重新校准与外部系统的关系。例如，如果供应商未能根据餐馆的需要提供鱼类，则该餐馆会考虑更换鱼类供应商。

服务设计人员需要承认，设计服务通常会涉

及对设计系统或设计组织本身进行重新设计。每个私营公司、公共组织机构或非营利组织都有自己的组织精神，这些精神或多或少地会被编入管理规则、协议和流程中。设计师需要理解的是，当他们进入这个组织机构时，并不是进入真空，这个组织机构的惯例、传统和文化早已存在。组织机构中的人员经常需要花费大量的时间改进现有的服务。例如，公共部门在设计和重新设计其服务方面有着悠久的历史，必须要遵守政策和法规，并随着时间的推移对不断变化的主管部门做出回应。

出于这个原因，设计师珍视的变化和颠覆性创新等概念对于组织机构内部的许多人来说可能听起来并不是好消息。当设计师开始与某个组织机构一起开展项目时，他们需要仔细地确认好已经存在的事物是什么，通常这些事物都是基于微妙的关系和平衡而存在的。

服务设计师需要认识到组织中已经存在的设计传统和设计议程，无论它们是好还是坏，整体来说都是有效的。他们需要与组织机构内不同部门的人进行富有成效的对话，从他们的角度来看待事物，并一起确定需要做出哪些改变，采用哪些可能的方式来实施这些变革。那么。促进服务设计师与组织机构合作的实用工具有哪些呢？

服务设计师已经开发了几种绘图系统工具。系统映射工具可用于提供整个系统的鸟瞰图，包括参与者、流程和子系统。不同类型的系统图包括服务生态图或利益关联图。服务蓝图也很有用，尤其对验证参与者和子系统之间的时间链有用。

但最重要的是，可视化系统的工具可以用作集体参与的工具。服务设计师工作的一个关键方面是成为这些组织机构自我反思和学习过程的工具，以达成对核心组织目标的共识。服务设计师通常会与组织机构的员工一起开研讨会，参与者来自不同部门和分支机构。这种情况可能是混乱的、充满争议的和尴尬的。在这种情况下，具有同理心，能够倾听和进行富有成效的辩论的整体能力是服务设计师技能的基本要素。

5.5

采访
卡梅隆·唐金威兹

卡梅隆·唐金威兹是澳大利亚新南威尔士艺术与设计大学的设计系教授。

您了解到的有关服务设计的主要政治影响是什么?

我认为服务设计师正在承担着设计未来的工作。由于新技术和不断变化的经济关系,目前的设计工作正经历很多变化。要确定人们现在所做的事情不只是为了生存,而是越来越多地进入了服务设计师的领域。他们处于对工作未来前景进行定义的前沿。

服务设计师在对员工和客户进行设计。这是引导客户以正确的方式要求和接收服务的技能,以便整个服务交互过程以高效、高产和愉快的方式创造出价值。

对于很多公司来说,正在发生的事情是公司在某种程度上把员工外包给客户,因此客户在某种意义上变成了无薪员工,他们必须要做大量的工作才能以正确的方式得到服务,并通过服务不断前行。这其中是有政治因素的。

一个技术娴熟的服务设计师会使这个过程看起来既令人满意又令人愉快,让客户觉得他们在定制方面拥有自主权,但这会导致我们社会目前普遍感觉被骚扰。

人与人之间的互动是通过情感力强化的。服务的成功或失败通常取决于人与人之间各种社交活动的质量。您如何理解情感力在服务设计中的作用?

所有服务设计的本质都是源自"租个朋友"的想法。你所做的是要求陌生人对你友好,并以诚实和真实的方式给你提出建议,以便服务为你带来最大的价值。所以你总是要求员工做两件事。

一是消除个人情绪和包袱,然后穿上服装或戴上面具,唤醒服务提供者的意识。二是要求在某个特定的时间、地点,以特定的方式说话、移动。

服务设计是让人们放弃自我而充当某个角色去发挥作用。扮演服务提供者角色的人有一种情感力。你要求他们不只是扮演某个角色、照着剧本说话的机器人，而是要有能力扮演一个完全陌生的人来即兴创作。这是情感力的一部分。

服务提供者必须做好应对心理落差的准备，即缩小当自己必须在经理和服务设计师指示下表演和自己本意尝试想成为另一个人之间的差距，从而计划并完成一些人类的交互活动。这可能会很有压力——人类交互活动的断点应该在哪里？

在进行服务设计或对服务进行重新设计时，设计工作是如何处理这种复杂性，并对所有这些流动关系进行解释的？

根据设计策略和规则，了解服务设计是一个系列的、阶段性发生的事，是非常重要的。这是一个多阶段的过程，需要有一段时间对服务进行测试并使其成熟，但与其他类型的设计不同，服务设计需要更长的时间去解决问题。服务设计必须处理好责任和自由创新之间的紧张关系，处理好服务的流动性、服务系统和定制服务。

在设计新的服务规则时，为什么设计师必须保持对权力、阶层和性别问题的清晰认知？

权力的历史是提供不同类型服务的历史，也就是说，让人们为其他人服务，而不只是为制造业的资本家服务，要鼓励人们代表资本家为客户服务。资本主义的整个历史大多是迫使人们工作和提供服务的历史。

让服务工作人员完成工作不只是付出体力，也需要情感力付出，被迫这样做不止关乎金钱。服务提供的最重要的历史实际上是让某些人无偿提供服务，这同样是性别和种族问题的来源之一。

我认为服务设计师认识到他们也是这一强制流程的一部分，他们创造了意义，并且他们创造的意义是引人注目的过程当中的一部分，这一点很重要。

我们很难完全理解他人的经历。然而，让体验推动交易正是服务设计的目标。设计师可以通过哪些方式来增加他们与享受服务的人之间的同理心？

我的答案不是同理心，而是回归定性访问。这是可利用的一个验证人们自述表达和能力的过程，说的是他们对实际行为（在这里指的就是服务）的感受。

从我的经验来看，令人惊讶的是，尽管有很多对于人种志的设计，但很少有教设计师如何访问客户，参与那种耗时的、半结构化或非结构化访谈的培训。这是一项需要长时间学习才能获得的真正技能，在设计学院没有人去教授这项技能。

社交环境在服务设计中的作用是什么？

可持续发展的未来需要找到许多满足特定需求的方法，并找到许多能够提供满足需要的人，或找到一位能提供满足多种需求的供应商。我认为社交环境是一种向服务设计师提供表达机会的方式，"多种需求是什么？"

例如，雇员们去工作是因为他们需要钱，但可能也需要增强个人能力，或拥有自我满足感。他们也需要社交，感受自己与同事或客户的互动。

那么如何创建服务，满足这类需求呢？所有公司不仅为客户创造价值，还为员工创造价值。我认为以这种方式来谈论这些内容是有效的。通过一个服务提供者来满足多种需求的可能性是什么？

您如何理解服务与可持续发展之间的关系？

社会已经不可逆地极度物化了，因为我们用产品取代了人。回归服务经济是摆脱这种极度物化，提供自由和福祉的转变。服务在使我们回归以人为本而非以所有权为基础的资源分配方面，发挥着非常重要的作用。当你将注意力从一个产品转移到一个人时，你通常会从化石燃料经济转向可再生经济。

服务经济倾向于本地化。虽然有数字平台和外包电话，但很多服务经济体需要采用面对面接触的方式提供服务。

在降低材料使用密集度方面的一个优势是，通过让企业保留产品所有权并提供服务，他们拥有的投资结构使他们能够以比个人家庭持有更好的方式来对商品进行维护，如运输物流问题。要么服务必须来找你，要么你必须去找到服务。这就是城市中提供的服务比郊区更好的原因。由于运输过程的大幅缩减，成本降低的效果会更好。

真空中不存在任何服务。除了提供规定好的从开始到结束的一系列服务内容之外，服务还可以被启用、被促进，并且是以特定类型组织结构的形式进行扩展。这种结构由各种层次的结构和权力关系组成。构成特定组织的关系可能是不平衡或不公平的，因此，这些关系仅代表某些人的利益而非其他人的利益。设计师是否有力量与他们合作的组织机构一起解决此类问题呢？如果事实是这样的，那么，他们有责任将自己的能动作用作为影响更公平结果的手段吗？

一般而言，组织机构仍然可以根据特定的合同聘用设计师，以使设计师能够在特定的时间内提供特定的绩效结果，所有这些都限制了他们发挥能动作用。但是，重要的是认识到服务设计已被认为是管理变更的一部分。它为这些行业带来了不断变化的世界观。我认为这些行业会召入服务设计师是因为目前价值创造存在普遍的危机。通过这种方式，他们拥有了庞大的能动作用。

这就是服务设计师被大型管理咨询公司聘用的原因。他们迫切地寻找服务设计师重组他们的整个组织机构，帮助他们产生更多的客户价值。

服务设计成果具有影响人们生活的巨大潜力。 这些影响可能是积极的、消极的，甚至是两者的混合。然而，尽管有可能影响到人们的生活，但目前还没有正式的法规或行为准则来为这一领域的设计师制定出明确的道德准则。若是服务设计师要遵守类似的行为准则，像法律及医学那样有职业宣誓，那么服务设计师的"希波克拉底誓言"可能会是什么？

服务设计师永远不应该去监督工资的下降或整体生活水准的下降。如果服务设计师被请来创建一个系统，这个系统允许将工作外包给不需要获得医疗保健的独立承包人，那么服务设计师就应该拒绝这份工作。如果你的工作是去设计一些有关服务方面的事物，而设计成果会让现有雇员感到自己是多余的，被重新雇用为兼职临时工，那么你应该考虑这是否值得去做。

所以，你的确无法确保你的行为结果具有让盈利流向工人的能力，但你当然不应该去做促使一线工人生活水准降低的事情。

5.6 学习重点

关键点

• 一线的服务工作人员在与用户进行交互活动时，通常体现出组织机构的行为特征和价值观，在服务提供过程中控制自己的情绪，即所谓的情感力，即使组织机构的资产投入不一定将之考虑在内，或者做出补偿。

• 女性在酒店和护理等多个服务行业中担任了大部分一线服务工作，因此，她们的情感力往往与陈旧的对女性的社会期望（例如，发自本能的同理心、温顺的态度）有关。

• 气候变化与服务之间的联系可能与生产和消费有关。生命周期评估和 LEED 认证可以帮助改善生产方面的环境可持续性，影响环境构建方面的实际物质要素和服务。如产品服务系统之类的方法代表了基于服务的可持续消费模型。

• 当设计师与系统和组织机构合作时，需要谨慎处理、创新和扰乱相关的典型思维倾向，采用系统思维方法并考虑组织机构中已有的设计遗留问题。

问题回顾

• 与服务业内部的劳动关系有关的主要层面有哪些？

• 性别和权力问题是如何在服务交付中体现出来的？

• 服务设计人员可以使用哪些主要方法来验证和提高与服务的材料实证相关的生态效率？

• 与服务相关的可持续发展的核心方面是什么？

• 进入组织机构时需要注意哪些主要方面的问题？

• 服务系统详细流程规划的主要工具是什么？在组织机构内如何最有效地使用这些工具？

活动练习

• 研究大学校园餐厅内产生的情感力现象。使用情感力展示图或服务流程图，观察员工与顾客之间的互动，并尝试识别情感力发生的时间点。如果你有机会，请与餐厅工作人员面谈（确保你有明确的许可），询问他们与管理层、厨房员工和顾客的关系，以及他们如何同时与多个顾客协调工作。尝试积极倾听（参见词汇表）来了解他们如何展现餐厅的氛围和品牌，以及在他们的工作中存在着多少情感劳动。

• 从系统角度研究大学校园内的餐厅。使用系统图绘制餐厅制度流程图。首先确定其核心系统，包括人力资源（厨房员工、餐厅服务员、收银员）、物理空间、家具和设备，以及运营所涉及的系统（支付、预订、在线状态）。添加第三方供应商，以及组成餐厅的任何其他方面。如果可能，请与经理和员工交谈（确保他们明确表示同意你的面谈请求）。确定改进和干预服务系统的机会。如果你要进一步完善自己的设计想法，请确定咨询流程，例如，你如何与员工进行工作协商？

词汇表

• 情感力：一些学者认为服务工作者的心理努力已经通过商业化过程成了服务的一部分。

• 服务场景：既定的面对面服务交互活动发生的整个物理环境，包括建筑、室内设计、环境图形、标志系统、装饰、氛围以及对实际体验产生影响的所有元素。

• 身体风暴：使用道具和工具进行的服务交互体验。在身体风暴中，参与者会体验到服务模型，这样就可以更简单地对各种想法进行分析，而不仅仅是从外部进行观察。

• 生命周期设计（LCD）：也称为生态设计，设计师会考虑指定产品的整个生命周期，从"摇篮到坟墓"。

• 生命周期评估（LCA）：生命周期设计的主要方法；涉及对指定产品的整个生命周期中包含的材料、能量和排放进行量化分析。

• 积极倾听：能够在不让自己的个人假设和偏见妨碍的情况下，带着同理心去倾听别人的诉说。同理心意味着能够从他人的角度去理解这个人的经历、情感和状况。

推荐阅读

• 阿莉·罗塞尔·霍奇柴尔德《心态管理：人类情感的商业化》（第 2 版）。加州大学出版社 2003 年出版。

• 多奈拉·梅多斯《系统化思考：入门篇》。切尔西格林出版公司 2008 年出版。

06
为服务
而设计

6.1
导言

本章将服务设计定位于设计领域，并正式认定服务设计是设计专业工作中的一种，分析了服务设计工作，并详细阐述了服务设计界的现状。

服务设计如今已经是一种可信赖的设计行为，全球的设计公司与不同行业的客户正在一起工作。它是一门成熟的学科，有学术研究和博士论文，有助于分析和整理其在当下实践的各种设计方法，同时也对这门学科未来发展的可能性进行了预测。世界各地的学校为年轻或工作经验丰富的学习者提供服务设计教学课程。但这种情况并非一开始就有。通过一个又一个项目，设计师们证明了他们可以通过服务设计发挥积极作用的能力。设计界花了一些时间接受服务设计，也花了一些时间让非设计师通过使用服务来认可设计师的贡献。事实上，这一切仍在发生。

感谢服务设计界的先驱者和思想领袖，因为他们的贡献围绕着服务设计形成了一个强大的专业群体。服务设计的力量很大程度上是由于其具有灵活性和多样性的特点，而非统一性或固化性。本章将服务设计作为一种新的以设计本源为基础的设计实践，并将其与服务设计的核心原则联系起来，包括：以人为本、以参与性为本、协作设计、视觉的至关重要性、服务中物质方面的作用，以及服务设计的整体／系统性。

本章使用了项目示例的方法来讨论服务设计如何处理不同类型的项目，以及这样做可能产生的益处，讨论了服务设计项目的输出类型和常见的可交付成果。

对服务设计研究员、作家丹尼拉·桑乔基的访谈，为读者提供了有关服务设计核心原则的思考。本章还对服务设计的发展脉络以及其他关键性见解进行了讨论。

6.2
这是一种新式设计吗?

即使在回顾了与服务设计相关的复杂世界之后，现在，我们心中仍然存在一个重要问题：服务设计到底是什么样的设计？服务设计作为专业设计工作的一个种类，其特征是什么？服务设计将自身定位为一种综合的设计形式，设计的内容包括材料处理和策略导向性的方法。服务设计师的背景可能很多样。由于服务设计结合了分析和创造能力，因此它让具有不同专业技能的人用各自的方法在服务设计项目中做出贡献。虽然管理和营销等领域的专业人员参与了服务设计工作，但我们认为服务设计本质上还是一种专注于设计的工作，是设计学科的一部分。

那么，退一步来看，专注于设计实际指的是什么?

设计就是要产生想法。最重要的设计能力是创新能力，也就是对想要的未来进行可视化展现的能力。换句话来说，设计师的主要工作是拥有改变当前现实的想法。这些为实施准备的解决方案不一定要真正实现。这些想法可以表达为假设的情景，帮助我们构想未来。为了产生新的想法，设计师必须去了解相关的背景和文化；能够看到实际的情况，捕捉到人们的需求、愿望、矛盾和制约因素。从这些要素出发，设计师应该能

图 6.1 艾奥多·西比克（Aldo Cibic）的微缩现实（Micro Realities），提出了不同未来场景的微缩模型／微型复制品。

6.2 这是一种新式设计吗?

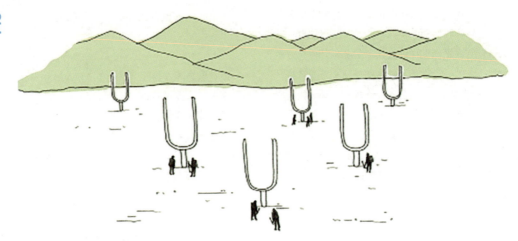

图 6.2　爱迪欧创新设计公司的"未来制造"系列，展示了对未来景象的推测性探索。

够创造性地将这些元素整合起来成为新的构件，并保证自己设计的产品是有意义的、实用的，具有与公众产生共鸣的美学价值，实现对公众来说同样有意义的互动和结果。在其他情况下，设计工作的产品不是构件，而是想法本身，是不同的未来场景，帮助人们和组织机构重新思考自身的使命和目的（图 6.1）。

设计是要确立新的关系。设计师在构想新的、可能的未来时，需要考虑那些与他们所属的系统和所处的现实相关的想法。他们还需要预测自己的干预措施对这些系统和现实的影响。新想法会影响流程以及负责这些流程的人员。设计师

要对生成、移动或转换的内容进行考虑。新构件通过组织系统和生产链以及它们背后的组织系统生产出来并被分发出去。这就像多米诺骨牌效应一样，这些活动将转化为劳动力、货币交易、法规、政策，影响系统和组织机构的无数决定。许多人仍然认为设计实践活动仅限于设计下游服务输出，而不是设计战略方面和后台组织结构变革。如今，设计实践已经发展到战略和系统领域，在对服务交互活动背后的平台和后勤流程进行调查时，这些方面会进入组织系统领域。在进入这个领域时，设计师通常会与经理、产品工程师和客户服务专业人员合作（图 6.2）。

设计与可视化、沟通和想法分享有关。要将想法变为现实，设计师必须能够将这些想法传达给他人。因此，设计师们专注于可视化和对想法进行物化，无论是信息、所营造环境中的对象，还是交互活动和体验，设计师都可以通过制作模型和塑造事物来实现。当设计师这样做时，他们对于新的未来的想法可以与他人分享、评估，然后实践或重新设计。这方面包含了更传统的设计实践，包括绘图、素描、渲染和许多其他形式的可视化方法，这些都是设计实践的基本工具。通过可视化，设计师们帮助其他人"看到"未来不同的可能性并使用视觉效果促进关于结果的讨论——例如，我们如何实现未来，这些做法是否可取，是否可能实现，达成目标的障碍是什么？可视化也是将思想世界与混凝土建筑世界联系起来的重要沟通工具。技术性的描绘图解释了这些事情应该如何进行，因此测量数据和实物材料之间如何严谨地连接比想象力更重要。技术可视化遵循着严格的展示规则，有一整套视觉展示符号：例如，想一下建筑平面图如何以相同的方式来表示墙、门和窗户，又如何准确地将测量结果和尺寸告知建筑商。

设计是为了给人们提供福祉。设计是关于如何对某种现实产生影响，改善人们生活和工作的。在某个层面上，我们可以考虑各种应用，如地铁运行图、急诊室的标识系统、高效的气囊、儿童防护抽屉、具有创新性和安全性的不会突然爆炸的电话、清晰安全的在线支付系统和投票箱。但是，当我们考虑到这些福祉会跨越人类活动的所有领域时，我们将设计涉及的领域从消费产品和服务扩展到政府治理和民主本身。因此，虽然从传统上来看设计已应用于产品、通信系统和建筑环境等方面，但是设计也能改善政府治理和民主制度。通过设计，可以让公民有更多的参与感，对组织机构、程序或其他的事物提出意见，帮助设计师重新设计，为人们创造更多福祉，包括从福利计划到银行系统再到各种政策。当设计师进入这个领域时会发现自己通过设计交互活动关注社会性的和非物质性的事物，这意味着要考虑人和人类行为的不可预测性，以及权力和公民代表的各种错综复杂的关系。从这个意义上说，设计实质上是具有社会性的。

6.3
服务设计的核心原则

如前所述，设计与创意、确立新关系、可视化和向他人传达想法有关。从根本上说，设计与为人们提供福祉的各种事物相关。那么，作为设计师，我们如何将这些功能应用于各种复杂的服务设计中呢？换句话来说，我们如何连接服务之间的点和它们代表的所有东西（正如我们在前几章中所学到的），设计师可以做哪些工作呢？

根据服务设计领域的先驱施耐德和斯迪克多恩提出的很有用的框架，我们先确定一些基本原则，以便在对服务进行设计时有所参照（图6.3）。

核心原则1：服务设计以人为本

人是设计的核心，也是服务的核心。学者和从业者将服务设计定义为以用户为中心，或者更确切地说，以人类为本或以人为本。

但究竟什么是以用户为中心的设计呢？

几十年前，以用户为中心的设计主要出现在工业设计（消费产品）和人机交互系统的背景下，以确保在新产品和技术的设计中能够解决终端用户的需求。因工业产品和新技术日益复杂，以及前所未有的市场扩张，以用户为中心的设计的核心理念主要是为了避免仅以设计师、公司经理和技术开发人员的假设和直觉为准设计新产品。以用户为中心的设计不仅是一种设计方法，更是一种哲学，或者可以说是在设计界获得广泛推崇的一种精神。多年来，它不断发展，不仅考虑到用户的实际体验和认知，还考虑到用户的情感和所处的情境，其目的是要考虑到用户的完整体验。"懂用户"是以用户为中心的设计口号。人为因素和可用性方面的专家起到了重要作用，特别是在信息技术产品和服务开发中，他们将用户与开发新技术产品和服务的公司联系了起来。

以用户为中心的设计方法依赖于密切和持续地关注用户，以确保他们的需求和期望是新产品、服务或流程开发的核心。这意味着不仅要在开始新项目之前进行初始市场调查，还要确保用户的需求和期望是整个设计过程的一部分——从研究到构思到原型设计再到启动阶段都是如此。

以用户为中心的设计方法是以调查研究——强调人类学实践和方法，如访谈、观察或后续随访——生成方法，如涉及用户、一线工作人员、后勤人员和其他利益相关者的共同研讨会。人物角色和场景等方法的运用有助于展示从研究中取得的成果，能够确定设计方向，并对初期概念的进一步发展提供帮助。同样以用户为中心的设计流程的核心是通过与用户一起对设计方向、概念和模型来回检查，进行迭代循环，确保对用户要求的内容和所处的环境（而不仅仅是用户的行为）进行充分的理解。

实际上，之所以说服务设计是以用户为中心的，是因为它确实对用户花了很大心思。但更重要的是，它需要以人类为本或以人为本。这两者有什么不同呢？一方面，用户在接受服务之前就是人，是属于社区、家庭、城市和文化中的人，这一点需要在这些关系所决定的所有复杂性中加以考虑。另一方面，除了用户之外，还有其他人也是服务设计过程的一部分。正如我们在第5章中所讨论的那样，服务是由受众、服务工作人员、与公众直接打交道的部门和后勤部门提供的。因此，不仅需要考虑服务用户，服务设计师还需要采用与服务工作者相关的所有以人为本的人种志的研究方法。

核心原则2：服务设计需要多方参与和共同设计

参与式设计实践是服务设计的核心，也是服务设计师的核心能力之一（更多信息见第12章）。简而言之，参与式设计是一种将人们视为合作伙伴的设计方式，因此，他们应该参与到整个设计过程中，最好不仅是以协商和分阶段的方式，而是通过持续的参与和不间断的对话进行，可以通过探讨性研讨会、访谈、咨询、会议和对话等形式来完成。

许多服务设计师成为真正的专家，他们主导所有参与者共同制定策略，利用游戏设计和调查等技术，促进项目利益相关者进行富有成效的对话。富有成效的共同创造的关键是平衡，在如何引导有针对性的对话的同时也允许自由创作，从而维持一种积极的、具有创造性的紧张氛围，这样可以产生有见解和有意义的想法。通常，共同创造需要项目参与者共享大量的知识，以便为制定行动方案创造出共同点。事实上，这是与共同创造相关的众多挑战之一：如何在拥有不同视角的参与者之间分享深层次的知识，以及如何在保持同理心和参与感的同时能够以富有成效的方式实现这一目标，兼顾自由创作，自由处理好潜在的冲突。此外，预估实施时间和需要的资源也具有实际意义，这些都是共同创造过程所需要的。在共同创造过程中存在着很多不确定性和限制条件：没有办法确定共同创造一定会产生可实施的想法。

核心原则3：服务设计通过服务描述的方式实现沟通

服务描述可以帮助我们捕捉人们生活中的所有复杂性。

以用户为中心的设计方法从人种志研究中借鉴了很多内容，以捕捉当前人类关系和实际情况。但设计不仅仅是去理解事物，最重要的是，设计是想象更好的未来，并通过设计干预实现目标。

视觉描述是展示新的未来可能性的最有效的工具，可以与他人共享视觉故事，帮助人们尽快做出决定。因此，服务设计师需要擅于写故事、讲故事。要做到这一点，他们需要特别注意时间维度。时间在整个过程中是至关重要的因素，因为随着时间的推移，交互活动和服务体验随即展开，服务因用户感知其作用可能会随着时间发生变化。从服务提供组织的角度来看，时间是必不可少的，因为需要对不同的后勤物流进行协调。

服务设计师可以根据他们在服务设计过程中所处的不同位置而采用不同的视觉描述工具，例如，访谈用户和工作人员的视频纪录片在研究阶段是很有用的，而用户的行程图在研究阶段作为构思工具也很有用。剧本表演和即兴创作等戏剧技巧，对互动活动模型特别有用。服务蓝图可用作研究或构思工具，尤其是在考虑用户、员工和服务支持系统之间进行的交互活动时。

核心原则4：服务设计包括服务的物质方面

这听起来像是陈词滥调，我们的确生活在物质世界中。作为人类，我们离不开物质的支持和维持。所有服务都有某种物质证据、构件或接触点，即使在非常微妙和沉闷的方式下，也能在服务过程中获得某种体验。例如医疗诊所具有安慰作用的柔和色彩，连锁餐厅里能够确保食物质量的品牌，机场中那些不起眼却能够告知距离的很重要的标识。

各种接触点也是服务的载体：一旦体验结束，这些服务接触点就成了鲜活的生活经历。被撕掉副券的电影票、餐厅的收据、从酒店带回家的小瓶洗发水、母亲和婴儿直到离开医院时都戴着的腕带。

不仅接触点具有特定的功能，而且我们也像对待一般对象那样赋予它们意义，因此它们成了无形体验的物质媒介。它们有助于切实提升服务的价值。与其他设计实践不同，服务设计的挑战在于要跨越不同媒介的界限，想象出支持完成某种服务体验所需的事物，但在许多情况下，可能不具有明显或典型的选择性。

因此，定义服务中的物质证据和接触点是服务过程的核心。服务接触点的设计需要从研究观点中获取，再测试验证，直到获得最终版本的这一循环过程中得到发展。设计服务和体验需要采用相当复杂的原型设计方法。正如之前的核心原则所示，利用故事、描述、展现和表演是关键，这些方法能够帮助我们预测事物的审美价值、功能、意义以及它们在未来人们生活中可以代表什么。此外，全真模拟服务的过程通常是一种涉及多种利益相关者的协同活动。有关的方法和技术，请参见第 10 章。

核心原则5：服务设计具有整体性

整体意味着将某个事物视为一体，将其不同的部分结合到系统中。它代表了整合、互联以及和谐。我们如何在服务中实施系统化的方法呢？是否真的有可能实现呢？

服务是复杂和多维的，人们可以通过多种渠道进行体验，这些渠道可能源自特定组织的不同部分。想想那些同时具有面对面服务和在线服务业务的公司，例如银行，无论我们是在分行柜台，通过电话与客服中心联系，还是通过在线系统进行转账，我们如何预期可比较的体验及相应的优势呢？还要考虑那些大型组织机构，他们通过专门用于内部物流的渠道和其他专门用于与用户进行交互活动的渠道来开展运营。

因此，设计服务的一个关键性挑战是如何以一致和整体的方式集成组合服务系统、服务流程和服务接触点。整体性涉及确保用户能够以统一的方式体验到交付的服务，无论他们使用何种渠道；整体性还涉及内部一致性，对不同的后台操作进行无缝集成。要考虑的基本集成包括确保用户在不同渠道中都能获取一致的消息和功能；同一组织的不同部门使用共同的语言交谈；提供服务的组织与其服务工作人员、供应商及其所在社会、经济和文化背景的关系是一致的、可靠的。

图 6.3 服务设计的核心原则，改编自施耐德和斯迪克多恩的研究结论。

6.4
什么样的项目？什么样的利润？

让我们深入研究服务设计实践，看看服务设计项目正在对什么样的问题做出回应；从业者提出了哪些想法、解决方案和见解，以及使用何种方式和方法对它们进行开发。

我从屡获殊荣的服务设计公司中选出的 5 个项目，包括了项目类型和简介的一般叙述，并说明服务设计有哪些类型的产出。

例1

问题	结果	过程	由谁完成
在澳大利亚繁忙的图书馆中，如何为游客提供更好的服务？	未来国家服务的发展，包括 30 个项目，将在未来几年实施，包括重新设计欢迎区，为前台员工配备流动设备，启动单一客户服务试点。	研究当前的服务交付，形成一系列丰富的视觉流程图；与整个组织的数百名员工接触；组织研讨会、访谈和实施现场全真模拟。	委托人：胜利州立图书馆（澳大利亚）。 项目单位：Meld 工作室。

例2

问题	结果	过程	由谁完成
患病风险高的女性在斯堪的纳维亚地区最大的医院等待乳腺癌筛查的时间如何减少？	作为新乳房诊断中心的一部分，一种新的、简化的乳腺癌治疗程序将患者从检查到诊断的时间减少了 90%。	与来自医院不同部门的 40 名员工组成工作组，将患者体验、（与患者、医生、护士的）交谈和服务场景创建在一起，策划出整个服务流程。	委托人：奥斯陆大学医院（挪威）。 项目单位：Designit 国际策略设计公司。

例3

问题	结果	过程	由谁完成
如何简化公共服务程序，帮助公民做一些事情，如预订结婚典礼场地，申请死亡证明，或更新驾照？	实施为期3个月的公共服务一站式现场全真模拟，以捕捉市民对公共服务的认知。	设计和搭建一个临时的空间，包括新的品牌、家具、数字接触点和员工培训。	委托人：维多利亚州政府（澳大利亚）。 项目单位：Thick 工作室。

例4

问题	结果	过程	由谁完成
如何改善乘客在站台乘车的体验？	站台上方有一个移动应用程序和一个200米长的LED屏幕，显示进站列车的实时信息和列车车门的位置。	分析现有的客户服务过程中的痛点；开发新服务的工作模型；试运行并获得用户反馈。	委托人：荷兰铁路公司和ProRail公司（荷兰）。 项目单位：Edenspiekermann 和 STBY。

例5

问题	结果	过程	由谁完成
如何利用青少年喜欢的媒介（互联网、社交媒体和移动技术）改善年轻人的心理健康和提升幸福感，从而影响主要的公共卫生保健问题？	一个新的在线平台、一次社交媒体活动和一个工具包，帮助与青少年有关的工作者、政策制定者、计划者和服务提供者以更有效和有意义的方式与青年进行互动。	他们与13到21岁的青少年一起研究，以确定什么样的数字工具可以帮助改善他们的心理健康。	委托人：NHS 大格拉斯哥和克莱德（英国）。 项目单位：斯努克。

第 1 天：
这位患者去看全科医生，然后由全科医生安排转诊到医院做进一步的诊断，患者会得到一本小册子，上面清楚地解释了接下来的就医安排，还有一个电话号码，有问题可以随时咨询。

第 2 天：
每天都要对所有新转诊患者进行评估，并立即打电话预约时间，病情不太紧急的病例和康复后的检查都转到私人诊所。

第 3 天：
患者如约到医院就诊，一天之内完成全部检查。当天检查结束时，放射科医生会当场给她一个初步的病情判断。

第 4 天：
隔天，在例行晨会上，多学科团队对患者病情会诊。当天下午，患者可以再去医院获知她的最终诊断结果和治疗方案。

图 6.4、图 6.5（本页图和对页图）奥斯陆医院的就诊流程图。

我们可以从前文看出服务设计项目的典型性可交付成果反映了项目概况和目标的多样性，但大致可以分为以下几种类型。

• **分析型**。分析结果可以是综合各种研究结果的文字材料，例如，观察和追踪用户和工作人员的可视化报告、调查报告、项目利益相关者的访谈报告或代表主要用户群体的人物角色设定。流程图和服务蓝图可用于汇总研究数据。该类别还包括在试点实施后准备编写的评估报告。

• **建议型**。这种类型主要的产出项目是对组织机构实施的新的服务流程、服务实践和服务策略提供真知灼见。这些实施内容中包括的项目通过建议报告的方式呈现。报告可以包括可视化描述，用于协调实施和组织流程的服务蓝图，或其他支持和传播建议的可视化描述性材料。在某些情况下，打包提供的建议中包含了要实施的项目和几年内项目实施过程的特点，这些都为组织机构未来的投资和工作提供了信息（图6.4、图6.5）。

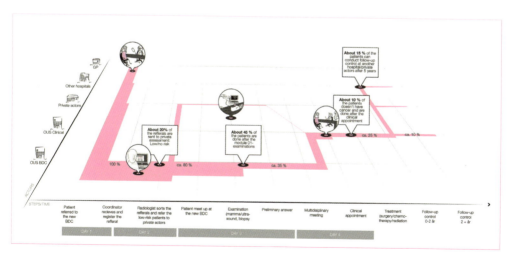

6.4 什么样的项目？什么样的利润？

图 6.6　澳大利亚维多利亚州政府服务部门临时提供的一站式服务点。

• **试验和学习成果导致组织变革型**。在某些情况下，服务设计师被要求举办创意会议或其他培训活动，以便使工作人员甚至是用户（例如，诊所和医院的患者）可以体验到新的设计成果并将其应用到他们的周围环境中。这些案例的主要内容是学习经历本身。由于与服务设计师进行合作，一些客户谈论他们在工作中甚至是在组织机构文化方面出现了某种转变。许多服务设计公司提供的服务组合包括为组织机构提供的创意研讨会。

• **通过服务接触点、服务场景、流程和协议实现新的服务体验型**。服务设计师可以设计服务接触点，并且在某些情况下，可以生产出待分配使用的接触点（包括通信材料和数字接口）。一些公司具有在公司内部开发应用程序和生产印刷材料的能力。在其他情况下，服务设计师将提供用于构建和执行服务接触点的规章（规范文档）或推荐其他专业设计人员（建筑师；室内、灯光和产品设计师；界面设计师；插图画家；视频制作者；以及其他应用艺术家）。此类别中其他类型的输出包括描述用户体验和服务接触点，以及后台流程和材料的服务蓝图或流程图（图 6.6）。

6.5
服务设计社区

让我们来看看服务设计背后的人和聚集从业者、研究人员、教师和学生的主要渠道。在过去的 10~15 年里，全球的服务设计社区已经发展成了一个多元化的、丰富的网络，包括设计服务从业者、研究人员、教育工作者、学生以及各行各业的热心客户。一些服务设计公司出现了，许多设计公司也将服务设计作为一项重要的能力。此外，政府办公室和机构、医疗机构、金融机构和其他机构聘请了服务设计师，并在其内部设立了服务设计团队。学校已经培养出几代服务设计师，研究人员一直在研究和编写服务设计工作内容。随着实践和学科的蓬勃发展，出现了很多倡议，一些专业设计社区以非凡的热情和活力开展活动。以下是服务设计社区的主要组织和其他关键资源的简要概述。

服务设计网络（The Service Design Network）

服务设计网络成立于 2004 年，从那时起就成了该领域的主要资源提供者，也定义了服务设计的专业身份。它是以会员制运作的，通过 3 个主要渠道聚集了专业人士、学术机构以及公共和私营部门。《触点》（Touchpoint）是业内评审的专业季刊，国际和国家级会议，以及城市层面的地方分会，汇集了当地从事服务设计的组织。

服务设计大会（ServDes Conference）

服务设计已经发展成了大学和研究中心的正式学科，服务设计大会或服务设计与创新研究小组已成了学术团体，吸引了学术研究人员、从业人员和行业代表。大会是交流服务设计最新知识的场所，并用同行评议系统审查这个领域的学术研究论文。

服务设计即兴挑战赛（Service Design Jam）

这项全球性活动始于 2011 年，每年选在一个周末举行。世界各地的团队要应对相同的服务设计挑战。这个挑战赛是在活动的第一天由核心团队发起的，世界各地的城市自行组织参赛团队，在周末共同应赛。在整个过程中，他们始终秉持着协作精神。服务设计即兴挑战赛是在全球从业者、学生和服务设计爱好者中举办的一项非常成功的赛事（图 6.7）。

图 6.7 柏林的服务设计即兴挑战赛（Service Design Jam Berlin）。

社会创新和可持续性设计（DESIS）网络

该网络最初是设计学校内的实验室网站，于 2009 年启动。社会创新和可持续性设计网络的使命是通过设计增强社会创新，成为驱动可持续变革的潜力。虽然社会创新和可持续性设计网络并不总是对服务设计进行明确而详细的阐述，但它认为社会创新是以新的、可持续的生活方式为基础的，主要是指以服务为基础的举措，如住房、社区支持的农业、社区花园、邻里关怀或时间银行。

服务设计博客圈和社交媒体

由于服务设计是一个实践内容深度交错融合的新学科，因此从业者、学生、研究人员和其他爱好者建立了一个活跃的博客圈，作为知识传播和交流的重要载体。其他基于网络的社区已经通过社交媒体蓬勃发展起来了，例如领英（LinkedIn）群组和推特话题标签。

服务设计公司的简讯

例如 Engine Group、Livework 等公司通过其网站分享他们的设计流程和项目，并发送简讯，介绍工作最新消息。

工具和参考书目列表

如 http://www.servicedesigntools.org/ 等工具网站的数据库有助于在专业人员和学生之间传播不同的设计方法、方式和工具。http://www.servicedesignbooks.org/ 之类的参考书目列表网站一直在汇总与服务设计相关的出版物并提供带有注释的参考书目。

服务设计奖

这类奖项是业内重要的成果评测，展示比较每年设计和实施的最佳项目。服务设计界值得关注的奖项包括核心 77 奖（Core 77 Awards，自 2011 年起设置服务设计类奖项），以及 2015 年创办的服务设计网络的服务设计奖。

服务设计教育领域

从少数设计学校开设一些服务设计课程和研究生课题开始，多年来服务设计教育呈现出快速发展的景象。从本科课程到硕士、博士课程以及高管教育和认证课程，有很多种方法可以学习到世界各地的服务设计。服务设计网络网站（www.service-design-network.org/）上有一个完整的开设服务设计课程的学校目录。

6.6

采访
丹尼拉·桑乔基

丹尼拉·桑乔基是米兰理工大学的副教授，是《为服务进行的设计》（*Designing for Services*）（Gower 出版社）一书的合著者。

能否谈谈您个人对于服务设计构成的理解？

服务设计是一个 20 多年前开始出现的设计实践领域。一开始，它是一个学术研究课题，后来逐渐变得更加依赖于实践驱动。服务创新方法引入了一种来自设计师创新方法的思维模式。这种模式之所以为人所知是因为它非常强调以人为中心，并且是通过协作创造出的设计潮流。因此，它很大程度上是以经验为中心的，但也涉及更多的组织维度。

为什么需要设计师去创建服务？设计师带来的价值是什么？

我认为这是一种能力的混合体，这种能力能够将对人们及其行为的见解转化为具有审美品质的想法和解决方案。服务设计师有能力围绕需求和人们的实际能力进行设计。因此，它以某种方式混合了一种以人为本的方法，而且还能够在有形或可理解的创作方面进行转化。例如，新的服务理念或概念，或与服务进行交互活动所采用的不同方式。对人们和经验的关注不仅会促使服务产生，而且会受到市场、技术和用户体验的驱动。

设计思维与服务设计的关系是什么？

当你想要将管理的概念设计转换到其他领域时，会更多地使用到设计思维。它试图将设计师的一些品质或思维方式概括为不同的内容。例如，如果你希望经理能够更像设计师，那么你就会谈论设计思维，由此可以看到在组织内部引入设计的原因。然而，设计思维与实际设计实践活动会有一些分离，也就是说其他专业人士一直在像设计师那样接受培训。设计思维在很多方面是对设计实践的实际情况的抽象化展示。虽然可能在这个转化过程中会失去很多信息，但它还是可以被当作一种有用的方式，帮助管理人员或营销人员更好地理解设计，可以更好地进行沟通或利用设计思维。

服务设计的核心是对各种社交互动活动进行排序，这需要适应人们的需要和习惯。以用户为中心的设计方法通常对于成功的服务设计项目来说是至关重要的。服务设计在多大程度上是以用户为中心的实践活动呢？

我们不仅以用户为中心，而且是以人性为本或以人为本，因为它更多的是要理解人们的社交活动，而不仅是单纯地只考虑用户本身。换句话来说，它与理解服务提供中所涉及的不同类型的人之间进行的交互活动有关。这就是核心，没有它，就不是服务设计。如果没有对交互活动、行为、习惯和需求进行更加深入的理解，就无法将其定义为设计。

除了在设计过程中包含用户的视角之外，共同创造也是服务设计的基本方面，尤其是对服务设计的意义而言。设计过程中有哪些时刻对于促进产生更好的设计成果来说是至关重要的？

共同创造可能意味着一些不同的东西。把共同创造视为是人们可以进入并参与设计的过程，真的要取决于项目本身了。不同的项目可能需要不同水平的包容性。如果你身处社交类型的项目中，要求工作更能代表不同的群体和个人，那么你需要保证在流程中包含更高水平的内容。如果你在一个组织中，那么可能会遇到不同程度的包容性。我认为包容性和共同创造应该存在于迭代过程的所有阶段。最大的问题是会涉及哪些人，他们为什么会参与其中，以及他们如何参与到项目中。这些问题之所以都很重要，是因为很难给出具有代表性的答案。你对谁能参与其中的决定可能会对你的项目产生重大的影响。

为什么关于系统和组织结构的理解对于进行高效的设计服务来说是至关重要的？设计师如何养成系统化思维习惯？

这实际上取决于服务的种类。服务是在系统或组织机构内进行提供的。如果不了解这些系统是什么，就不可能对服务进行设计。这就像在设计产品时不去正确理解生产过程或材料一样。你可能会设计出一些不可行或太过于昂贵的产品。组织机构同样是服务设计的材料。

关于设计师如何能够更系统地思考的问题，通常来说这是通过研究系统，从而具有驾驭复杂性的能力来完成的。所以它对我来说就像是人类学：如何让自己沉浸在系统中，并能够进入内部对其复杂性、交互等方面进行可视化观察呢？通过了解系统，可以了解不同部分之间的相互关系，因此每当某个地方发生变化时，就会对某人或某事产生影响。这是包容性和参与性概念的基础。

一种做法是让人们沉浸在系统中体验、实践，然后通过可视化方式进行展示。另一种做法比仅从程序角度来看了解得更多。因此，这意味着将这些系统视为机器，了解其运行流程和操作方面的机制，以及这与传统服务交付订单之间的关系。

在设计过程中，有哪些工具可以使人和事物的有形复杂的系统变为可视化展现？

有不同的工具，还有不同的方式能够呈现系统。有些更像是机器，就像蓝图一样；有些是基于热力学或生物学隐喻而出现的，例如，用生态学或环境术语展现系统。

我认为这些工具还取决于设计师的目标或问题。如果设计师处于探索阶段，可能想要了解生态学，就可以使用系统映射工具。如果设计师身处一个限定的空间中，就需要将经验与不同阶段提供的服务联系起来，要用到的工具可能看起来更像是服务蓝图。

在传统设计领域中对想法进行模型设计通常意味着创造一个能展现想法的物质模型。人们可以建立一个模型或进行粗略的模拟，呈现那种经过劳动而获得的产物。要使服务模型化需要更多的方法，通常需要协调材料、人员和社交。模型在服务设计环境中的作用是什么？

方法是考虑什么是有限经验。你可以做些什么来帮助你模拟该服务的体验，并允许人们为你提供有关交互活动的反馈。这是一种快速得出结果的方法。如果你对开发工作模型感兴趣或者正在开发工作模型，这意味着你要了解该技术在组织机构中的运作方式。这需要与客户开展更深入的合作。在这种情况下，你可以创建一些准备投入实践的较小的服务模型，用这些模型来模拟某些流程。

我认为对于学生来说，重要的是将模型作为一种手段，获得对自己提议的服务体验的更深刻的理解。

在过去的十几年中，人们对服务设计产生了浓厚的兴趣。这不仅包括成立新的专业组织机构、举办会议和开展项目，还包括更多来自设计学院的服务设计师。您是如何看待这个领域的成长过程的，您认为它将来的发展方向是什么？

我认为这个行业会更加专业化。服务设计师可能会根据他们擅长的专业领域以不同的方式来开展自己的设计实践活动。你可以在许多设计公司看到这一点，这些公司已经专门在公共部门、社会或行为活动变革以及数字技术领域开展工作了。这一行业可能会更多地与所谓的商业咨询进行整合，但也会进入一个更具创业可能性的领域，创建自己的业务。

我认为服务可能会融入这些新的发展领域中，或者作为一种新的解决方案，更多地融入组织和管理中。我认为这是远离传统服务设计实践的举措，传统服务设计主要关注服务交互活动的设计经验。

6.7
学习重点

关键点

• 设计是通过对希望看到的未来进行的设想，并将新想法转化为现实，确定各种新关系。对这些想法进行可视化展现，与别人沟通，分享这些想法，让这些创意为人们提供福祉。

• 服务设计的核心原则：

（1）服务设计以人为本。

（2）服务设计需要多方参与和共同设计。

（3）服务设计通过服务描述的方式实现沟通。

（4）服务设计包括服务的物质方面。

（5）服务设计具有整体性。

• 服务设计项目的典型性可交付成果分为分析型（访谈、报告），建议型（新战略、流程、做法），试验和学习成果导致组织变革型，通过服务接触点、服务场景、流程和协议实现新的服务体验型。

• 服务设计社区是多样化的，由从业者、研究人员和学生等组成。

问题回顾

• 服务设计的基本定义是什么？

• 服务设计的核心原则是什么？

• 为什么服务设计是以人为本的，而不仅是以用户为中心的？

• 服务设计师通过什么样的可交付成果完成了哪些项目的设计？

• 服务设计项目可以产生什么样的影响？

• 你希望在哪些应用领域里看到更多的服务设计项目？为什么？

活动练习

单独或与团队合作，对服务设计实践的前景进行调查。可能的活动包括：

• 准备一份你所在的城市、地区或国家的服务设计公司的目录。

• 选定、研究某家服务设计公司并分析其项目和设计方法。这家公司完成了哪些项目，客户是谁？它的设计方式和方法是什么？它对服务设计的定义是什么？谁在那里工作，团队成员的技能是什么？

• 制作一部服务设计纪录片。联系服务设计师，亲自或通过电话／Skype 与他／她交谈。如果可以，录像记录。向服务设计师询问有关他／她对服务设计、项目和客户、流程、方法和工具的理解，以及对有关服务设计实践活动的见解等问题。

• 使用推特服务设计话题标签（#servicedesign）描述出所产生的主要对话，其中有没有争议性的话题？选择站在一方的立场进行辩论。

词汇表

• 以用户为中心进行的设计：这种设计方法和理念的出现，是为了确保在新产品和技术的设计中解决终端用户的需求。设计方法包括人类学研究（访谈、观察、跟随）和生成方法（共同创造研讨会和全真模拟模型）。

• 参与式设计和协同设计：通过研讨会、访谈、咨询、会议和对话等形式，在整个设计过程中将人们视为项目合作伙伴的设计方法，最好是采用持续参与和持续对话的方式进行。

• 整体性：在服务中，整体性意味着将服务视为一个整体或系统，由不同的集成组件构成。整体化的服务确保用户能够以统一的方式来体验服务，并且可以无缝集成不同的后台操作。

• 服务描述：视觉叙事或讲故事，如流程图，代表服务随着时间的推移，由用户、员工和其他利益相关者进行体验。

• 物质证据：直接或间接地在服务流程中实现特定体验的构件或服务接触点。它包括品牌元素、标牌、物品，还有颜色和其他感官方面。

推荐阅读

• A. 梅罗尼和 D. 萨吉奥吉《为服务而设计》，高尔出版社 2011 年出版。

• M. 斯迪克多恩和 J. 施耐德《这就是服务设计思维：基础、工具和案例》，BIS 出版社 2010 年出版。

第二部分
服务设计过程

通过优秀项目案例讲解服务设计的过程、方法和工具，
并由这些项目的幕后设计师进行评述

07

开启服务的
设计进程

7.1
导言

在本章中，我们将探讨服务设计是如何开始的。设计概要是服务设计项目开始时的关键部分。但是，由于服务设计的整体性和系统性特征，需要通过相当长的过程重新审视、制定客户的初始服务概要。因此，在服务流程开始时规划出足够的时间和资源，重新评估客户的初始服务概要是至关重要的。本章介绍了项目概要的作用，如何确定其参数，以及如何在客户和设计人员之间进行沟通协商。

服务设计是一个整体的、系统的和战略性的过程。它涉及深度研发、构思、模型设计和提案生成。因此，客户参与服务设计的过程需要一定程度的承诺和支持，服务设计师可以协助。在本章中，我们探讨向客户传达服务设计价值的有效方法（图 7.1）。

除了通俗易懂的设计概要，向客户传达服务设计的价值之外，我们还探讨服务设计过程是如何形成的，这样可以了解构成服务设计方法的各种创意部分和可供分析的部分。

图 7.1 某项目的部分成果：显示不同公交线路图。

7.2
案例研究: 交叉融设计公司（Intersezioni Design Integrated）设计的意大利曼图亚的阿帕姆巴士公司（APAM Bus Company）的项目

阿帕姆巴士公司（APAM Bus Company）是意大利曼图亚的一家公共交通公司，为市内与城市周围区域提供服务。阿帕姆巴士公司首席执行官最初联系了总部位于米兰的产品和服务设计机构交叉融设计公司（Intersezioni Design Integrated），请他们重新设计公司的网站。双方都要关注的是，作为沟通工具的网站竟然崩溃了。

然而，在双方初次会议之后发现网站的问题只是冰山一角。设计团队清楚地知道阿帕姆巴士公司的服务产品和公司的价值观并不一致。因为无效的沟通方式导致大多数用户感觉迷茫，用户体验不一致。只对阿帕姆巴士公司网站重新设计并不能解决公司面临的更严重的问题。因此，设计团队将客户的目标转向更广泛的受众需求，该需求与阿帕姆巴士公司所服务的社区需求相呼应。设计团队成功说服首席执行官彻底改变最初的设计诉求，并开始了一个漫长的调查与发现过程。他们调查的重点是公司如何向终端用户展示服务产品，并与工作人员和内部利益相关者沟通。该网站最终在项目研发 3 年后完成了。

设计过程中有一个漫长的调研阶段，设计团队详细研究了阿帕姆巴士公司的组织机构、员工和服务产品，以及审美喜好和沟通策略。与此同时，设计团队与用户们一起讨论，许多人在阿帕姆巴士公司的服务区域内往来穿行。通过这次调查，设计团队能够详细描述出阿帕姆巴士公司的服务，包括各种服务接触点和视觉展示。这个服务描述过程为确定项目设计准则提供了参考信息。

之后的服务设计过程包括与公司的关键人员开展协调活动，更加深入地了解公司内部的现状。最重要的是，验证和识别设计机会以及设定项目设计准则。只有在这个漫长的发现阶段之后，才会出现真正的设计概要。从这里开始，设计团队能够将长期的学习过程转化为对服务需求和机会的创造性解释，然后将其转变为具体的项目指导。项目设计准则被转化成最终的文件，其中包含了新的品牌标识，在各种沟通接触点应用的计划，以及一系列重新设计的服务条款（图7.2～图7.16）。

图 7.2 ~ 图 7.7 来自组织机构内部研究的图像，包括其员工和用户。

图 7.8、图 7.9 对于现有服务的描述和确定项目初始设计准则。

图 7.10、图 7.11 在协同设计阶段的活动。

图 7.12 ~ 图 7.15 项目设计准则，或"真正"的设计概要，转化成具有设计标准的手册。设计师从研究阶段了解到的所有内容，就像整个组织机构的快照。

图 7.16 支持新服务和改进服务的最终的设计接触点。

07 开启服务的设计进程

7.3
采访
亚力桑德罗·孔弗洛涅尼

亚力桑德罗·孔弗洛涅尼是意大利米兰交叉融设计公司的总监。

交叉融设计公司的阿帕姆巴士公司项目位于意大利的曼图亚地区。这个项目源自客户的一个非常小的设计要求，即设计一个新的网站，然后就发展成了一个受众更广泛的项目，其结果影响到了用户和整个公司。设计师在重新制定项目设计概要中发挥了什么样的作用？

事实上，大多数时候公司并不完全清楚他们需要什么。他们知道自己需要改变一些东西，但不知道是什么以及如何改变。阿帕姆巴士公司的首席执行官与我们通常见到的公共部门经理非常不同，他渴望探索出新的经营想法并愿意促进这些想法实施，实现积极的变革。他们起初拿着常见的设计概要向我们提出网站设计要求。但是，我们很快就明白，新的阿帕姆巴士公司网站并不能满足他们的实际需求。

发现和制定"真正"的设计概要是一个什么样的过程？

我们与阿帕姆巴士公司进行了长时间的对话，以便更好地了解他们真正的需求。在我们的很多设计案例中，客户大多并不清楚他们真正需要什么样的设计。如果看不到设计的价值，则需要一个更长的过程去发现、确定。通过阿帕姆巴士公司提供的信息，我们在工作室提议举办一个头脑风暴研讨会，帮助我们更多地了解该项目所处的大背景。到本次会议结束时，我们向首席执行官表示，只投资网站不会满足他们更大的需求，最终只会白白浪费金钱而无所作为。

您是如何得出初始设计概要需要重新制定这一结论的？

我们意识到阿帕姆巴士公司是一家需要进行深度重组的服务公司，因为当时它能够提供的服务产品已经到处都是，例如，它在市内与城市周围区域的服务经常混合在一起，给用户造成了不必要的困扰，例如用户很难看懂巴士公司的交通标牌，标牌上面也没有传达明确的信息。像意大利的许多上市公司一样，阿帕姆巴士公司并不被当地居民看好。用户对它的看法以及它如何传达其服务内容都需要改变。幸运的是，首席执行官在推动必要的组织机构变革方面投入了大量资金。

从头开始设计更明确的设计概要 / 提案是什么感觉？

我们提出需要用一周时间完成提案，为

180

此，我们收取的费用很少，我们很想拿到这个项目。我们的目标是证明设计的价值，同时也为建立更长的，以研究为驱动的设计过程奠定基础。我们的提案是围绕一个非常切实的结果制定的，最后是以一本提案书的形式展现的。提案书包含两个主要元素：一是新视觉识别的提议，二是一系列新的服务概念，每一个要素都需要一定程度的组织机构变革。我们认为，一本印刷出来的提案书既方便又有形，可以作为一种工具，将创意传达给一个主要由出生于1960—1970年代的人组成的董事会。他们都习惯于这种非常传统的信息交流方式！

您能描述一下提案书中报告的研究过程吗？

我们要求直接对公司展开两个月的综合研究。我们与所有重要的利益相关者会谈，使用了调查问卷和访谈方式。改革路线图开始慢慢呈现出来，并指向可变革的方向。我们在会议中使用简单的幻灯片演示文稿，介绍我们的调查结果、发现的问题以及隐藏的服务需求和机会。这其中还包括对公司以前做过的研究的回顾、评论。然后，我们举办结构化研讨会，以便了解更多的信息并对有关设想进行测试。我们邀请参与者说出他们对公司运作方式的看

法，以便让我们清楚地了解他们是如何看待服务运作的。这是为公司的组织变革制定指导方针的起点。简而言之，我们的方法是先去了解公司、人员和生产链，通过访谈和结构化研讨会与人们互动，然后确定真正的设计概要，综合公司尚未满足的各种需求。

您能详细描述一下有关参与式设计方法的内容吗？人们是如何对您的研究和活动做出反应的？吸引人们并和他们建立信任的过程是什么样的？

阿帕姆巴士公司首席执行官喜欢我们的参与式设计方法，并利用我们举办的活动思索公司的新机会。我们作为设计师很感谢能与公司不同部门的人员合作。大多数公司公共关系部门的员工都非常好，但往往觉得自己像在休眠，不一定能够适应创新。公共关系部门也在设定员工的情绪和关系方面发挥着作用。在第一次会议上，一些员工完全不认可我们的想法。我们的活动被解释为是首席执行官自上而下强制执行的方案。改革的过程是一个缓慢地获得信任的过程；一年后，员工才开始了解我们是谁，并开始喜欢我们的工作方式，变得非常配合。

在确定设计概要的过程中，以及在后面的项目实施阶段中，您是如何解决服务用户端的相关问题的？

引入用户视角是我们整个设计过程中关键的组成部分。这个过程是我们从前往阿帕姆巴士公司的售票处亲自体验了用户的旅程开始的。尽管位于火车总站旁边，但非本地人很难找到他们的售票处。我们注意到视觉和空间动线让用户感到厌烦，例如，门是半封闭的，有无数的标志挡住了窗户，所以乘客看不到里面。在售票处内，乘客区域到处都是陈旧的标识，相反，工作人员所处的办公内部区域非常整洁、美观。这种对比非常清楚地说明了工作人员对自己空间的归属感和关心，而这些空间并没有转移到为乘客服务的区域。结果是糟糕的用户体验，而且用户体验经常是随机的。然后，我们与工作人员讨论了以更好的方式欢迎乘客的意义，以及如何向乘客提供清晰准确的信息，不再让乘客感到困惑。

将您在提案书中提出的概念付诸实践的过程如何？

在召开董事会会议之后，他们给了我们"去做吧"的反馈。然后，我们与首席执行官坐在一起，开始计划在未来3年内实施哪些设定好的事情。我们为概念的实施创建了路线图，并制定了实施成本预算。这种方法很好地匹配了首席执行官的公司改革计划。从经济成本角度来看，分阶段实施是一个很好的选择。我们从新的视觉识别标志开始实施，接下来是推行校车服务。

组织变革的使命是服务设计固有的吗？

我相信，作为一名设计师，你不能简单地接近一家公司，然后说："我有一个想法，我的想法比你多年来一直做的要好。"在我们的项目实施过程中，我们与工作人员不断地对话。我们也不断地与他们协商设计想法，让他们感受到决策力量和主人翁精神，这有助于他们理解这些想法，并开始在他们脑中留下印记，随时想起。这是一个非常美妙的过程。我认为服务设计就是这样的：你需要在公司内部和你正在工作的团队中创建路径。在设计过程中会产生很多有关教育的问题。挑战在于，如何通过这些教育元素向公司传达服务设计的价值。

7.4
案例分析

对于服务概要的定义

　　交叉融设计公司与阿帕姆巴士公司合作的案例，说明了服务设计概要通常是对客户组织和服务需求进行初步研究后的产物。在这个项目中，设计团队只投入了一小部分在巴士公司网站上。在设计团队的研究驱动下，巴士公司的服务概要开始变得越来越明晰，并且需要一个更系统的解决方案。为了得到真正的服务概要，设计团队与公司领导、员工和用户互动，了解他们对阿帕姆巴士公司服务的看法。在合作设计研讨会上，设计团队与阿帕姆巴士公司成员一起描绘了现有的服务，并获得了有关服务设计干预的缺陷和机会的重要见解，从而为新项目的服务概要制定了初步的操作指南。我们都知道，服务设计本质上是具有系统性和协作性特征的。我们从前文可以看到这些系统和协作元素是如何进入项目实施的开始阶段的，服务概要其实是深入的内容研究和想法验证过程的产物。

对于设计师—客户关系的定义

　　如前面的案例研究所示，对于客户来说，他们面临的问题相对片面，这样的情况很常见。他们因为过于接近问题而难以全面地看清整个问题。服务设计因其采用整体性的方法而可以重新确定问题，从而得出具有最大影响价值的提案或服务概要。但是，客户可能还不了解服务设计在发现和解决真正问题时会带来巨大价值，通常有必要对客户开展一些教育活动。这是设计师—客户关系的定义对项目成功至关重要的原因之一。

　　阿帕姆巴士公司的案例突出体现了一些对于定义设计师—客户关系非常有效的策略。交叉融设计公司能够识别出对于制度具有影响力的人，在这个案例中是公司的首席执行官，他支持创新和变革，这为接受设计团队的建议提供了极大的便利。设计团队成功说服客户增加了时间窗口，去制定完整的提案，而不是去推动项目的那些激进的新议程，并使客户接受了将服务设计视为一个过程的价值，从而为建立一个更加翔实的研究和发现阶段奠定了基础。通过让客户承诺实现这些更为适配的目标，团队能够创建出一个空间，以便更好地了解客户组织机构，同时证明了服务设计方法的价值。因此，设计团队最终能够获得客户对于重要但长期的设计过程的支持，以便对阿帕姆巴士公司的服务系统和产品进行大规模的改革完善。

　　重视协同设计研讨会的作用同样重要，可以确定设计师和客户之间的关系。交叉融设计公司从项目一开始就将巴士公司的员工和管理层纳入协作研讨会中，这有助于为集体性服务设计过程奠定基础，客户将为最终成果投入时间和专

7.5
服务设计的
方法和工具

业知识，而不仅仅是他们的预算。在服务设计实施过程中，这些关系是很重要的，因为设计提案可能需要变更组织机构，并要实施很多新的服务规定。

对过程和一系列活动的定义

交叉融设计公司的设计过程将研究和发现与融合思维和创造性综合相结合。从学习思维到创造性思维的转变是服务设计过程从问题设置到问题解决的进步。这个阶段的关键是从理解现实和条件开始运转的，要看到机会和差距，以及提出新的方法来发掘已识别的机会，并克服困难以弥补现有的差距。

在这个总体框架内，交叉融设计公司通过以下一系列阶段／活动在常规服务设计过程中做出设计创新：研究（在组织内部和用户之间）；描述现有的服务；确定初始设计准则；与组织机构共同设计；验证之前的研究和最初的设计准则；确定最终的项目设计准则（"真正"的设计概要），设计开发内容和初始实施过程。在建立典型的服务设计流程的基础上，交叉融设计公司在该项目的设计流程中——回应了客户组织机构的独特条件。

以下内容介绍了帮助设计师在设置服务设计流程中构建项目，确定服务设计概要时用到的关键方法、方式和工具。

绘制服务设计流程图

服务设计过程就像一段旅程。虽然设计机构已经开发并采用了自己的框架和客户参与规则，但每个项目都是独一无二的，都是基于主观因素和变量的，例如客户和设计师之间的信任以及价值观和语言的一致性、设计师理解项目背景的能力以及捕捉组织权术的能力。

也就是说，客户组织机构和设计师之间的常规的共同设计涉及一个协议，该协议列出了各个阶段的实施内容，并描述了项目的预期成果。

服务设计项目通常从研究／发现阶段开始，设计师沉浸在项目中，寻找问题、机会，得出大致想法。下一步是根据研究结果来确定项目参数，并开始构思过程。该过程包括与组织机构及其用户进行的共同设计，包括思考设计出方案，通过早期模型设计进行测试，最后确定一个用于发展和实现的主要理念。

由英国设计委员会以图文形式叙述，被多个服务机构采用的双菱形设计模型，是以两个菱形为基础，每个菱形交替出现，构成一个分散和汇集的阶段。

第一个菱形：

• 发现：在这个阶段，设计人员专注于深入了解问题，深入研究相关人员及其背景和现有的服务。

• 定义：此阶段是将深入的思考判断转向要关注的区域，然后确定设计方向，清楚问题的范围。

第二个菱形：

• 形成：在这个阶段，设计师得出可行的解决方案，形成和测试新的服务概念。

• 交付：此阶段的重点是提供实施的解决方案和操作规范。

双菱形设计模型主要是讲如何从一个开放而分散的形式、支点转变为一个清晰的综合体。在双菱形的第一部分中，发现过程会出现一系列的机会和缺陷，这有助于指导定义过程。发现过程基于对设计想法进行的创造性探索，可以利用已识别出的机会和缺陷。通过思考这些想法，得出真正的设计概要。从这里开始，流程中一个新的分支开始通过模型设计和与工作人员、用户进行的共同设计，将这些想法发展成为强大的概念。这个过程应该形成一个主要的概念，引导双菱形设计进程的最后一步成为最终解决方案的实施过程。

双菱形设计模型的改良版本提供了每个菱形所包含活动的更多细节。在这个模型中，第一个发现阶段从客户的设计概要开始，即通过初步和再次研究挖掘、扩展，然后将研究结果、分析结果综合成主题思想、机会区，确定第一个菱形设计结束时的最终设计概要。第二个菱形从构思活动开始，下半部分专门用于模型设计和想法测试循环，直到确定最终的解决方案。

这些模型是非常有用的工具，可以帮助设计师创建设计流程，并作为与客户和其他项目利益相关者协商时可共享的工具。这些最终都可以用于完成合同框架，确定项目的重要节点。然而，每个项目的独特情况将决定实际执行的设计过程。

以下图像提供了服务设计师采用的不同设计过程的示例（图 7.17～图 7.21）。

图 7.17 展现过程的双菱形设计模型。仅在研究（发现）和分析（定义）后确定项目概要。

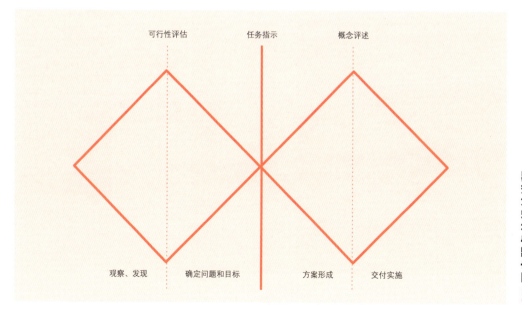

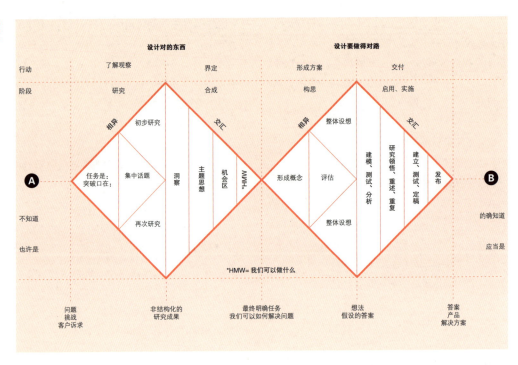

图 7.18 丹·奈斯勒改良的双菱形设计模型。请注意，两个菱形之间的最终概要被建议改为 HMW（我们可以做什么）。HMW 是提示问题，有助于清晰地表达项目概要涉及的主要问题。

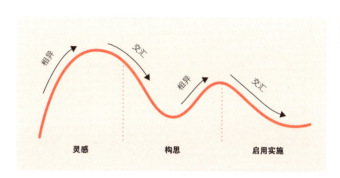

图 7.19 爱迪欧创新设计公司的以人为中心的设计（HCD）过程。这个过程建立在交替的相异和交汇运动的基础之上，但基本上提出了 3 个主要的阶段：灵感（研究和学习）、构思（理解学到的东西、识别机会和提出想法）和启用实施（通过模型设计和项目开发实施将想法变为现实）。

在用户体验和软件开发的背景下，过程便捷化成为一种项目管理方法。过程便捷化逻辑是由于项目开发和测试的短周期性，在每个项目的最后阶段，最终版设计概念像测试版一样开始启动。服务产品根据用户的反馈相应地调整、发展，并开始新的循环过程。在这种情况下，最终的实现过程和模型设计几乎无法相互识别。同样，精益方法已经被初创科技公司大量地采用，它主要基于建模—测评—研习反馈的循环过程，从想法开始，快速构建出产品，并尽快推出最简可行产品（MVP）。最简可行产品是新产品的第一个版本，可以通过最少的投资和精力去实施。一旦开始快速启动，它将让真正的用户验证产品。根据用户的反馈，开始新的周期来改进初始版本产品。

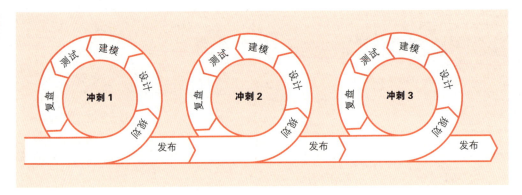

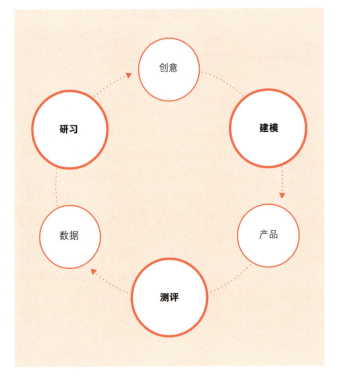

图 7.20、图 7.21 精益方法和过程便捷化在 UX／交互设计和软件开发项目中更为常见，但也可为服务设计师提供有用的参考。

确定服务设计概要

如何确定服务设计概要？怎样才能制定出一个好的服务设计概要？

专注于最终产品开发的设计师可能会将该设计概要视为由经理和产品开发人员制定的一组固定的技术、商业参数。相比之下，服务设计师倾向于从更宽泛的角度思考设计概要，并会考虑到客户的整体业务战略。根据定义，服务设计是一种战略性的设计。因此，服务设计概要是进行战略思考过程的一部分。

爱迪欧创新设计公司的蒂姆·布朗 2009 年通过提出与科学假设的类比来反思服务设计概要。他认为，科学假设不是固定的指令集或是预定的算法，服务设计概要不应该是一个一成不变的文件，而应该是一个灵活的文件，它提供一个带有约束和基准的初始框架，同时允许创意的发展。因此，服务设计概要需要与设计团队的研究过程一起发展，并结合研究结果和早期创意见解。

交叉融设计公司的阿帕姆巴士公司案例演示了当设计人员开始检查所有出现问题的部分，并检测组织机构及其用户的迫切需求时，如何让客户最初的设计诉求成为可解决问题的、真正的设计概要。客户组织应向设计师提供足够的信息使

项目启动，例如英国设计委员会建议客户提供公司背景、项目目标、目标受众和项目管理等细节内容。一个重要的考虑因素是允许设计师对其组织机构内部展开全面的访问、了解，以便他们能够更深入地了解组织机构的当前情况——不仅是对某个服务产品，还包括公司文化和价值观。

从公司和设计师之间的知识共享方面来看，设计概要应该成为设计师和客户组织共同制定、完善，必要时修订的文件。

设计师—客户关系如何建立和发展，还需要考虑设计概要的概念。根据圣·乔治等人的一项研究：（2015 年）题为《设计服务创新与发展的最终报告》分析了几个服务设计机构的工作和设计流程，发现了 3 种主要的服务设计项目类型：

（1）通过有限和明确的可交付成果关注有特定需求的项目。

（2）专注于通过革新和创新方法改变组织机构流程和系统的项目。

（3）项目的重点是改变组织机构的整个工作方式和其文化。

目标有可能会，也可能不会在初始设计概要

中明确表达出来；在某些情况下，它们可能会因时间的推移而不断演变的设计师—客户关系而出现。因此，虽然设计概要是确定客户组织和服务设计师之间整体参与的核心，但是它也可能因设计过程本身而被重新确立。根据同一项研究，客户组织机构和服务设计师之间的互动根据图7.22中的频谱显示而有所不同。该频谱仅考虑了传统的咨询模型。然而，各种组织机构都在不断地创建自己的内部服务设计团队或创新实验室。在这些情况下，设计师与委托人之间的接触可能会受到一整套不同参数的影响。

传统设计概要或创意概要包含的一些特定元素有：

（1）项目概述：基本项目信息、目标、可衡量的目标。

（2）可交付成果：服务接触点、渠道和媒体的种类。

（3）公司背景：组织机构服务流程概述和竞争格局分析。

（4）主要受众：他们是谁，以及对他们的了解程度。

（5）信息和价值观：组织机构试图传递给受众的内容。

（6）论调：一般会反映受众的特征。

（7）预算和时间表。

（8）附加信息：特别是关于客户和设计师之间的互动活动的制度和清晰度的描述，包括进行了多少次修订、会议、演示、共同设计会议，为访问后勤员工和其他部门提供便利。

（信息来源：改编自《项目概要工具包》职工的创意概要部分，http://project-brief.casual.pm/。）

同时进行	协作	融合
设计师会收到一份重点简报，并独立于客户组织内部的创新流程进行项目开发。设计师交付设计成果（新的服务），客户独立评估	设计师主导整个过程，但通过合作设计和不断的交流与客户密切合作。设计概要是开放式的，其最终结果不如客户学习的过程重要，因为客户的主要兴趣是改变他们的运作方式	设计师和客户之间的协作程度甚至更高，可以共享任务和活动。本案例中的设计概要是相当开放的，因为客户感兴趣的是通过整合服务设计方法、工具来改变其运作方式

图 7.22 客户组织机构和服务设计师之间互动类型的频谱。

虽然这些基本元素可能会在平面设计项目中直接对应呈现，但是当它们被带入服务设计项目时，可能需要进行一些调整，因为服务设计涉及的范围和目标是多样化的。

不同的项目类型将产生不同类型项目设计概要。总部位于伦敦的，最早成立的服务设计咨询公司 Engine Group，介绍其执行的项目类型为以下 5 个类型。请注意每个项目类型引导出设计概要的不同侧重点（图 7.23）。

项目类型	设计概要的侧重点
服务研究，包括用户研究／人种志、服务审查和服务预测	在这种情况下，项目的目标和可测量的对象是对服务情境的对比分析，以及对用户群体的分析。可交付成果可能包括角色、研究报告和建议、现有服务的流程图（审查）
服务愿景、战略和规划，包括协同设计过程、产生设计想法和早期模型	在这种情况下，项目的目标和可测量的对象与战略和愿景有关。可交付成果可能包括概念的可视化和早期模型、演示文稿。预测、明确协同设计会议和其他协作活动的目标可能是很重要的
服务和客户流程设计，跨不同渠道和接触点的服务流程开发和后端系统定义	在这种情况下，项目的目标和可测量的对象与对新用户体验流程以及后端系统和工作人员角色的全面理解，即明确的服务概念相关。可交付成果可能包括详细的用户体验流程、最终接触点模型（例如工作界面和应用程序、模型）、描述待开发／获得的后端系统的报告
规范和实施支持，包括试验和全面推出的完整规范蓝图、员工指导方针、为客户和其内部团队打造的品牌和可视化沟通工具	在这种情况下，项目的目标和可测量的对象与对新用户体验流程以及后端系统和工作人员角色的全面理解，即明确的服务概念相关。可交付成果可能包括详细的用户体验流程、最终接触点模型（例如工作界面和应用程序、模型）、描述待开发／获得的后端系统的报告
培训与发展，专注于为客户发展国际服务设计能力的学习项目	在这种情况下，项目的目标和可测量的对象与了解工作人员的需要和能力以及设置课程有关。可交付成果可能包括课程实施（培训课程、课程、讲座、工作坊）、工具、模板和指导方针，供以后内部独立使用

图 7.23 Engine Group 的项目类型介绍中的设计概要侧重点。

7.6
学习重点

活动

• 使用项目计划模板作为起点，策划服务设计项目的过程。首先描述一下项目初始概要、涉及的工作范围和 / 或假设，然后确定每个阶段的活动、方法和可供交付的预期成果。思考完成每项任务需要的资源。确定项目时间表，估算作为服务设计师完成项目需要的成本（图 7.24）。

推荐阅读

• M.C. 曼海丝、G. 瓦尔瓦凯斯和 T. 万兹因 2010 年发表的文章《整合双菱形设计过程和 SECI 螺旋的知识创造过程》，摘自《接触点：服务设计》[期刊, 2（2）, 28-31]。参见 https: // www.service-design-network.org/touchpoint/ touchpoint-2-2-business-impact-of-service-design/designing-services-as-a-knowledge-creation-process-integrating-the-double-diamond-process-and-the-seci-c2adspiral。

• D. 圣乔治和 A. 普伦蒂维尔编著的《服务设计：关键问题和新方向》，布鲁姆斯伯里出版社 2017 年出版。

项目规划模板

<table>
<tr><td colspan="4">

开始

描述项目初始概要或工作假设

</td></tr>
<tr>
<td> **1. 发现**</td>
<td> **2. 协同设计**</td>
<td> **3. 样本**</td>
<td> **4. 实施**</td>
</tr>
<tr>
<td>记述能影响发现阶段研究的问题（你需要学习什么）和你将采用的研究方法（如访谈、观察）</td>
<td>考虑整个协同设计过程，需要与客户建立什么样的关系（例如，并行和协作）。描述协同设计活动（研讨会、会议）</td>
<td>设想可能的模型活动，并考虑迭代开发、测试和细化每个新服务模型的需要。思考如何与用户和客户组织人员互动</td>
<td>思考可行的、可持续的服务部署所需的基础设施，包括支持流程。确定可能的反馈策略，以帮助客户随着时间的推移改进服务</td>
</tr>
<tr>
<td>预期成果
如系统地图、用户理解力、引用和故事、先例、设计主题和需求列表</td>
<td>预期成果
如共同创建会议、服务概念的初始汇集</td>
<td>预期成果
比如服务模型、实物和数字化的接触点、服务蓝图</td>
<td>预期成果
如准备推出的服务模型（实物和数字化的接触点）、最终的服务蓝图、试点测试路线图、员工培训材料包</td>
</tr>
<tr>
<td>时间和资源
考虑完成此阶段需要多长时间，涉及的团队的组成和量化资源</td>
<td>时间和资源
考虑完成此阶段需要多长时间，涉及的团队的组成和量化资源</td>
<td>时间和资源
考虑完成此阶段需要多长时间，涉及的团队的组成和量化资源</td>
<td>时间和资源
考虑完成此阶段需要多长时间，涉及的团队的组成和量化资源</td>
</tr>
<tr><td colspan="4">

项目时间表

为每个阶段分配周 / 月

</td></tr>
</table>

图 7.24 项目计划模板。

08
研究和分析

8.1
导言

研究可能是确定服务设计项目有效性和成功与否的最为关键的因素。设计师要了解他们要解决的问题和项目背景，这是开启服务设计进程的基础。

本章介绍了服务设计规划和实施研究的过程。制定合理的研究方法的关键在于要找出针对特定问题的、正确方法的技能。我们讨论了适用于项目内容情境的各种工具和方法，在服务设计中，这些内容和情境都可能会遇到。同时还可以了解人种志研究在服务设计中的作用。

本章介绍了如何使用不同类型的发现方法完成设计研究过程，以及如何分析和理解研究结果。除了学习关键的研究工具和方法之外，本章还介绍了如何将通过研究获得的知识转化为可操作的设计，进而完成设计干预输入。

整个研究过程可以解释为寻找问题（拜访并观察用户群体，了解他们面临的真正问题）和问题框架（确定问题的主要方面，如参数、模式和主题）。

在这样的发现过程结束时，服务设计师应该能以足够的信心分析问题的构成，以便进入服务设计过程的下一阶段（头脑风暴和概念生成）。要始终牢记自己正在研究服务，而不是用所有相关知识来构建研究方法，这一点是非常关键的，其重要性可能是压倒性的。研究需要关注特定服务，即项目的"对象"，旨在发现特定的事物，例如模式、用户细分、服务痛点和未发现的服务需求。研究思维是一种专注的好奇心，当我们进入项目开发的其他阶段时，即使在实施阶段，这种研究思维也不会消失。

8.2
案例研究：
InWithForward 公司设计的本拿比启动者项目

InWithForward 公司是一个涵盖多学科的社会企业集团，其运作方式类似变革实验室，在澳大利亚、加拿大和荷兰自行发起社会服务项目。本拿比启动者项目主要研究城市中孤立化的边缘人群，包括人们的心理健康和残疾人问题，以及如何针对这些问题改善社会服务。该项目的问题主要集中在加拿大不列颠哥伦比亚省温哥华大都会区的本拿比市。

该项目在初始研究阶段的资金、资源是由 InWithForward 公司自己提供的，项目合作伙伴提供实物支持。模型设计和试点服务阶段是由多个组织机构和资助者共同完成的，包括不列颠哥伦比亚省的政府社会服务机构。

启动该项目的核心问题是："我们如何帮助人们不仅在社区中生活，而且作为社区的一部分能够蓬勃发展？尤其对于残疾人等群体来说，经常被排除在外是否与社会脱节？"

现有的研究表明，越来越多的人死于孤独，而不是吸烟，尤其对残疾人、移民、低收入人群和老年人来说，孤独是很大的威胁。城市生活常常导致人们不了解同一街道上的邻居，与他人没有联系，也没有日常生活需要的安全基础。

InWithForward 公司在当地社区租了公寓，在那里居住了 10 周，开展沉浸式的研究活动。在此期间，团队成员找到了一些出于不同原因而经历过被社会孤立的居民。团队研究的基础是与这些居民闲聊，建立私人关系，彼此信任，以便能够从居民的角度去认识这个世界，确定他们生活中的主要服务痛点。团队研究的目的是了解人而不是提供社会服务的组织。团队还使用了提示卡，从目标用户那里了解到经过深思熟虑形成的见解，这些来自实际生活的见解可能与心理学和行为研究的一些理论框架不相符（图 8.1 ～图 8.3）。

这种研究方法的主要成果是确定了 6 类细分用户，并为其重新设计了支持和服务系统（图8.4）。

此外该团队与服务提供商合作，在这些组织机构内部进行了一系列的跟随活动，观察和了解组织机构如何看待当前的服务系统。团队通过这种方法发现组织机构希望能够识别用户的特点，而不仅仅是问题、需求和系统缺陷，他们关注的规划过程往往忽略了终端用户的特点，而正是这些特点能够有利于为终端用户提供更好的服务。

研究得出的观点是在多个会议中融合的，由此确定了设计原则，并将其作为构思和模型设计的基础。该团队提出了 5 个主要的概念，每个概念都回应一个或多个细分用户和一系列的建议。

库多兹（Kudoz）是现在正在试点的两个主要项目之一，这是一个进行匹配运作的系统，连接了城市及其周边地区正在寻找各种活动的人群，以及有兴趣增加生活体验的人群（图 8.5 ~ 图8.11）。

图 8.1 ~ 图 8.3　（对页图）研究团队使用提示卡和其他交互工具进行人类学研究、访谈和对话。

图 8.4　6 类推动支持和服务系统再设计的人群。

未充分发挥作用的人
那些有专业知识、技能、兴趣和好奇心的人，或者因为不了解而婉拒的人。

茫然无措的人
没有获取新想法和新经验来源的人，或者是那些有想法但没有资源去实施的人。

不满抱怨的人
总爱讲困难和阻碍的人，以及那些总是表达无聊不满的人。他们需要别人帮助确定什么是可以改变的。

潜在者
一直处在自我提升轨道上，直到某个事件或过渡点将其击倒的人，大多是 20 多岁的小伙子，他们失去了目标感和地位感。

讨好取悦者
他们通常不知道自己想要什么。无论是家人还是专业人士的话或期待，他们都会采纳。

爱挑战的人
正向的离经叛道
这些人把周围的一切都看作是一种资源。无论他们遇到的是专业人士，还是看到的电视节目，都是他们学习和尝试新事物的素材。

202

图 8.5 ~ 图 8.8 团队正在进行数据分析，举办汇报会。

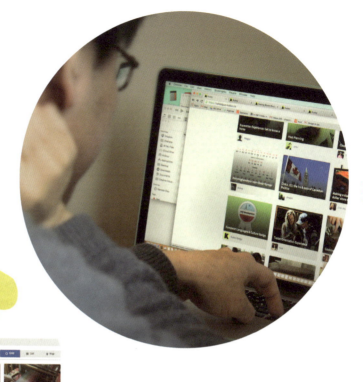

图 8.9 ～ 图 8.11 库多兹（Kudoz）试点项目的服务
接触点（网络自媒体移动应用 zine、网站、游戏）。

8.3

采访
InWithForward公司萨拉·舒尔曼

本拿比启动者项目的研究包括长时间高度沉浸式的实地调查工作。这种沉浸式的研究在实践中具体是什么样的？

对我们而言，重要的是与人们建立有意义的联系，以便他们能够用开放的心态说出自己真正想要的东西，这是获得他们真实想法的关键。我们想要设计的是人们的生活，而不仅仅是一个互动点。要做到这一点，我们真的需要了解整个人的生活状态和日常生活节奏。在这个项目中，我们搬到本拿比市，住在一个公共住宅区内，在我们试图了解和建立关系的空间内进行了人种志研究。

人种志研究要在人群中花费大量时间，通过了解他们的背景，从他们的角度去理解世界。这项研究还可用于识别出人们的话语、行为、想法以及他们的感受脱节的状态。

我们的人种志工作实际上是非结构化观察的混合体观察，与当地的居民一起闲逛，在一整天的相处过程中跟随他们，通常这样做一次就要花费几天时间。除此之外，在更多的提示性对话中我们会引入投射性谈话工具，以收集他们对事物的反应。

您在本拿比启动者项目的研究阶段使用了除人种志研究之外的其他研究方法吗？

在本拿比启动者项目的研究中，我们使用了一系列的故事，这些故事是源于我们在其他项目中遇到的人，我们过去常常从与我们合作的人那里获得一些见解。我们还使用了能够起到创建或支持作用的不同类型的服务卡。在这个项目中，我们有一套40个虚构的服务卡、支持卡和网络卡。在完成这项工作的10年之后，我们实际上拥有了大量的真实故事。故事中的人物不是虚构的角色。这些都是我们的真实经验和研究基础。人物角色的设定都是基于真实的人物，可以说作为人种志学者和设计研究人员，我们可以在自己与合作对象之间创造出丰富的对话。

我们使用的一个特定工具是细分。我们与参与人种志实地调查工作的所有人一起制作贴纸。然后，我们会专用一个房间，从我们读到的文章中，从我们遇到的人写的贴纸中选取 10 个最喜欢的想法，然后我们对一些话题开始辩论，话题包括：这些人都能安排在哪里？为什么我们将他们归入那些类别？以及这样安排背后的逻辑是什么？我们认为我们不知道会出现什么模式或出现什么样有趣的事情。

您能描述一下如何分析和整合通过研究过程获得的想法吗？

我们先是从现场获取所有的观察信息、照片、视频和其他材料，并用这些材料来编写新闻报道。然后，我们会利用这些材料创建图片报道，合成视频或播客。在进行分析之前，我们希望先将这些内容反馈给那里的人们看看。这是一种更为道德的方法，通常会增加新层面的数据，或者形成三角互证。

然后，我们开始生成一系列主题和"假设"语句。我们的目标是寻找机会让人们的生活有所改变。"如果某个事物在他们的环境中发生了变化怎么办？""如果他们遇到这样的事情会怎么办？""如果过去曾经有过不同的干预或不同的互动该怎么办？"我们所做的是在这些"假设"中同时查看过去、现在和未来。

我们使用了很多社会科学理论，也就是从这里开始，我们从原本作为研究人员和设计师的工作转向尝试在工作中融入大量的社会科学研究内容，特别是围绕着人们的行为改变，以及我们所知道的实际上有助于改变他们想什么、说什么、感受什么，以及做什

么而展开的。

您能否详细地说明一下如何将社会科学理论融入您的工作中？

在我们的工作中，我们从著作和期刊中汲取各种社会科学理论，并通过我们从实地工作中发现的真实的故事来运用这些理论。例如，我们扪心自问："若耻辱是理解这个故事的框架，那它会告诉我们什么？我们在这样的框架下会开发出什么样的解决方案？"

我们用五六种不同的理论来做这件事，这样我们就可以根据所有这些不同的理论模型产生一系列的想法。我们尝试以某种方式在视觉上分享它背后的故事。我认为阅读诸如长篇文字材料和学术文章以及学习如何从中提取信息，是非常具有创造性的技能，是创造力的源泉。你可以将其视为一种头脑风暴工具。

所以说，写作和阅读对您的研究过程而言是非常重要的？

通常我们做的第一件事情就是参与到写作过程中。更具体地来说，为我们遇到的人写下叙事长篇。我们努力尝试直接引用他们的原话，用他们说话的方式或纠正自己的方式来为他们发声，以便通过写作展现他们的真实经历。能够对信息进行可视化展示，并且使用照片和其他媒体分享正在发生的事情对一些人来说是非常重要的事情，但是学

习如何写就一个能以真实的方式来获取某人声音的伟大篇章同样是很重要的事情。这也是能够养成真正优秀的分析技能的原因，尤其是当你不得不将一个观点、一句有凝聚力的陈述，或者将正在发生的相关事情放在一起，且不会因某个可爱的画面迷失的时候。

InWithForward 公司使用来自不同地方的方法和理论，强调其服务设计项目中的多学科方法。您能谈谈多学科在服务设计研究中的作用吗？

就本拿比启动者项目而言，我们有一个由 6 人组成的初始团队，其中包括我自己，一位训练有素的社会学家，两位服务设计师，一位平面设计师和两位来自现有服务系统的借调人员，其中一位借调人员具有社区发展的背景，另一位借调人员具有人力资源和管理背景。所以，我们融合了所有这些不同的东西。

对我们而言，至少有一半的团队成员来自现有的服务系统并与我们进行全职合作，这一点是非常重要的。设计师通常很擅长通过不同的方式去经历这样一个过程，但往往缺乏亲身经历的历史背景或哲学背景。我们需要这种深度的、专业的知识。这就是为什么我们阅读不同学科的文章，并希望与在某个特定领域工作了 10 年、20 年、30 年的人一起工作。他们具有值得借鉴、参考的历史知识。他们知道什么是经过尝试的，什么是没有用的。与此同时，我们会尝试采用新的方法，这就像尝试一种非常有趣的舞步。我

们对已有的服务系统持批评的态度，我们要求两位借调人员对他们过去所做的工作持批判的眼光。我们强调，我们需要更新的、替代性的做事方式，同时能够了解那样做所需要的技术难易度。

在本拿比启动者项目中，您处理的是非常敏感的问题，如社会孤立、贫困、残疾等，这使您与弱势群体相接触。服务设计师和研究人员在做这类工作时必须要考虑哪些道德方面的因素？

进行道德考量总是非常棘手的，因为我们试图获得关于人的真实状况和数据，有时候，当你透露太多的意图或你正在做的事情时，人们会改变他们的行为。我们以轻松的方式推进工作，与人们建立联系，经过他们口头同意后开始对话。我们确定与谁合作，解释我们组织机构所做的工作，然后口头请求，在获得允许后再开始对话。随着接触越来越深入，我们提出了一种同意书形式，解释了我们计划如何使用这些数据，并且我们真心希望与他们分享这些故事背后的内容。在我们的同意书上有许多选项，人们可以选择"我不想公开我的名字"或"我希望你改变所有位置细节信息"等。我们试着给人们很多的选择，以决定我们如何在故事中代表他们。在本拿比启动者项目中，我们以非常清晰的语言提供了许多不同版本的同意书，并对我们正在做的事情以图示说明。服务提供者经常会在生活中碰到犹疑不决的人，我们也让他们尝试用这样的方式去解释。

8.4
案例研究分析

让我们来看看可以从本拿比启动者项目中提取的主要知识点。

确定主要的调查内容

本拿比启动者项目首先要解决一个涉及面广且不道德的问题。在这种情况下，InWithForward 公司设计了一个核心问题来指导之后的工作："我们怎样才能帮助人们不仅在社区中生活，还能够作为社区的一部分而蓬勃发展？"这涉及广泛的调查，并且设计师的部分工作是在情况不明，甚至矛盾重重的环境下进行的。随着与调查相关的人员和社区的接触越来越多，我们可以看到关键问题，以及针对问题进行思考的关注点：社区、支持和包容。这些确保调查具有特定的目标，是有效的好方法。通过将最初的问题与关注特定的群体（在本拿比启动者项目中指的是残疾人）相结合，设计团队明确了调查研究的对象。

全景分析

在给定的项目中，设计师可能会发现自己研究的主题已经被其他从业者或学者探索过了。这些已有的知识可以为设计师的工作提供基础信息。对报告、白皮书、学术出版物、统计报告、调查和市场研究结果等二级数据进行全景分析，以及对显示行为趋势的"大数据"进行分析，可以帮助设计师在项目设计过程期间获得需要的相关历史和背景知识。本拿比启动者项目是一个很好的例子，说明全景分析能够识别出那些可以为研究和设计提供有用信息的材料。

除了在研究初始阶段的问题框架之外，全景分析的结果也用于本拿比启动者项目，以帮助团队在实地工作中完善已获得的想法。该团队利用外部理论来"测试"他们在与个人和服务提供者合作中学到的东西。在服务设计中，从外部学者和其他专业领域中吸取经验可以提高效率，以支持、质疑或提升完善我们收集的意见和产生的想法。

通过参与进行的观察

在本拿比启动者项目设计期间，团队的研究中有相当大的一部分是在社会住房开发领域和服务提供者中进行的。该团队不仅研究了潜在用户或实地考察，还住在他们想要了解的社区中，从而将他们想要了解的宏大的事物带入实际生活中。他们采用了一系列的观察方法，例如情境访

8.5
服务设计的
方法和工具

谈、纪实性研究和带有参与式风格的人种志研究方法。通过这种方式沉浸其中，团队与被调查对象建立了基于信任的关系，从而获得了更多的接触、了解的机会。在花时间和建立关系时，团队能够获得一定程度的访问权限，这对于理解当前的服务系统及其改进方式来说是非常宝贵的。这一过程的结果是 InWithForward 公司在试图解决问题时能够更有同理心，秉持以人为本的观点。

除了与当地居民共同居住的时间之外，该团队还专门与服务提供者会谈，并跟随观察他们的服务过程。通过与服务提供者交谈并在日常实践中检查他们的组织机构，该团队能够确定服务提供者希望实现的目标以及与他们正在做的事情之间的差距。人们和组织机构所说的内容，以及他们在实践中所做的事情之间的差异可以给设计团队提供非常有洞察力的见解，并有助于产生设计想法和概念。

该团队采用了思想聚集，确定主题及模式等技术来进行数据分析，并从中提取了指导项目进一步发展的原则定义，这些原则有助于弥合研究和构思过程。

以下是服务设计研究中使用的关键方法和工具。

研究方案和策略

每个项目都需要一个特定的研究策略，人种志是服务设计研究的重要组成部分。从更广泛的角度来看，根据《人种志入门》（*An Ethnography Primer*），设计人种志研究的过程基于以下 6 个步骤（图 8.12）。

第一步是确定问题，要确定研究策略，其中包括明确界定所涉及的主要问题；这在实践中转化为对主要研究问题的界定。通常来说，最初的研究问题可能有些不切实际，但是随着研究深入会不断发展变化。因此，应在整个项目进行过程中定期修订要研究的问题。

1	2	3	4	5	6
确定问题	寻人	想想用什么方法	收集数据	综合数据，解释差距和机会	分享见解和建议
确定具体问题	寻找能对这些问题提供批判性见解的人	确定观察和与受访者互动的方法和材料	通过实地工作，包括观察、访谈、非正式互动和调查	整理数据，找出模型、主题并将其阐释为设计原则、代表典型用户的人物角色，并列出干预的机会	创建可视化的叙述，以告知客户、合作组织、用户群体和其他利益相关者

第二步是寻人，找到可以帮助自己理解问题的关键人物。他们可能是用户、提供商、经理或专家。第三步是想想用什么方法。本拿比启动者项目采用的是完全沉浸式的研究方法。第四步是收集数据。就本拿比启动者项目而言，完全沉浸式的方法使用了观察、内容访谈技术等工具。第五步和第六步代表了从分析思维模式向创造性思维模式的转变。第五步是综合数据，解释差距和机会。它可能需要整个团队通过一些长时间的会议，对结果如何转化为设计原则和识别设计干预机会进行一些批判性的分析。第六步是分享见解和建议通过视觉呈现的方式与更大的受众群体沟通，以获得更多的见解和机会。为项目利益相关者提供信息，并让他们决定下一步要做什么。

图 8.12 根据《人种志入门》的 6 个步骤来设计人种志研究过程。

图 8.13 研究工具包中的材料示例。

确定研究策略的关键是为每项任务分配好时间和资源（由谁去做，预计需要多少时间完成，是否需要旅行等问题），找出那些对于了解相关情况至关重要的人物，和他们就给定的背景和情况（与关键人物接触，建立信任，并就相关的活动达成一致）进行沟通和协调。研究团队应该仔细考虑研究计划及其材料的准备工作（图 8.13）。

全景分析

全景分析涉及二级数据、专家意见、理论框架和先例。二级数据包括报告、白皮书、学术论文、统计报告、调查和市场研究结果，以及显示行为趋势的"大数据"分析结果。行为思想或历史分析等理论框架有助于为研究阶段及以后的阶段提供合理的架构。非利益相关者且直接参与项目的该领域专家可能拥有重要的信息，这些信息可以帮助设计师获得重要的见解和观点。同样有用的包括：对类似设计方案的分析，对在相同领域或类似案例研究中运营的其他组织的分析，以及可能告知当前情况的举措。

没有项目是从零开始的。通常来说，项目提案建立在先前计划的成功或失败的基础之上。在着手解决新的问题后，服务设计团队首先要尝试了解各种观点，了解与内容相关的主要指标、历史、条件和以前的经验。但是，在这个过程中了解项目的全景并不是一个被设限的任务。通过重新审视研究问题和项目目标，这个发现的过程会在整个项目开发过程中持续进行。

二级数据的来源可能难以统计清楚。研究中心数据、人口普查数据以及政府和其他官方文件是最可靠的数据来源。阅读报告、理论文本和其他书面资料，并将那些重要的信息和框架整理起来的做法很重要，但这不一定是设计师的必做任务。先前的分析通常是通过包含描述性的信息和带有视觉效果的案例研究来完成的。

观察

观察技术包括在给定环境中对现象进行仔细的观察和系统的记录，包括人、构件、环境、事件、行为和交互活动。

观察技术用于揭示行为模式或实际流动，从而揭示出更广泛的关系（人与人、人与物、人与环境之间）和某些交互活动背后的动机。一般认为，人们所说的自己做的事情可能并不完全符合实际，因为人们倾向于把自己的行为理想化。观察对于揭示出更广泛的文化和社会背景来说是至关重要的。

在使用纪实技术时，研究人员应作为一个不引人注意且未被注意的观察者来观察这些活动，以避免人们在意识到被观察后去改变他们的行为。

与任何观察活动一样，采用合乎道德的观察方法是很关键的。尊重是最重要的，不要去评判别人，要保持同情心。善解人意的心态包括尊重他人的行为，中和你自己的反应，避免过快地去评判所看到的现象。

AEIOU（活动 Activities， 环境 Environment，互动 Interactions，物件 Objects，用户 Users）

框架根据以下内容来帮助构建观察活动（图 8.14 ~ 图 8.16 ）：

•活动：人们做了什么，以及完成某件事情的方式。

•环境：维度、比例、材料、光线、氛围、服务场景。

•互动：人和人、人和物、人和环境。

•物件：人工制品/服务接触点，实物的和数字化的、静态的和移动的。

•用户：人们的行为、情感、动机、价值观、关系、需求。

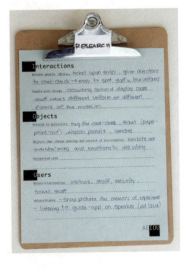

图 8.14 ~ 图 8.16 AEIOU 框架，用于支持观察活动。

图 8.17 布鲁克林公共图书馆市民服务行为描述草图。

213

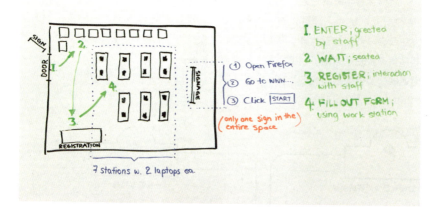

行为描述是一种以地点为中心的观察方法。研究人员观察并制作草图，注意人们如何在空间中移动，寻找与空间相关的模式，注意人们如何进出以及他们做了什么（图 8.17）。

访谈

与人交谈，对人们进行密切观察并将之作为了解他们的经历的有效方法，观察他们是如何经历一些事情的，了解他们做了什么，如何做的，以及他们为什么要这样做。研究活动还有助于研究人员了解用户和员工的日常生活及其社会文化背景。

设计师倾向于使用定性而非定量的研究方法。通常用于获取定量数据的问卷和调查等方法可能极难进行构建并正确实施，存在着产生无效和有偏见结果的风险。因此，不鼓励设计人员使用定量数据和投入时间去调查。如果量化数据是必要的，最好使用预先验证的调查，并使研究能够适应最符合项目利益的调查。

214

设计师信赖的最佳方法是建立在亲自访谈基础上的定性研究方法。内容访谈通常是开放式的，一般由研究人员提前准备的几个访谈要点来引导对话过程。情境访谈的主要思想是花时间与访谈对象就自己的"领域"（例如，家庭、工作场所、社区）中的人一起揭示参与者的行为、动机和价值观。通过这种方式，研究人员可以在更深的人性层面上去获取参与者的全部故事。带着同情心并积极倾听是访谈的基本方法。同情心包括首先倾听并试图理解她或他的情绪和认知模式。换句话来说，就是思考这个人的感受和为什么会有这样的感受。这样一来，研究人员可以像穿着别人的鞋子走路那样，尝试预测她或他在未来的情况下是如何思考和反应的（图8.18）。

与之相关的技术是跟随技术。在跟随过程中，研究人员深深地植根于用户和员工的生活中。研究人员实际上会陪伴参与者开展活动，随时拍摄或拍照。

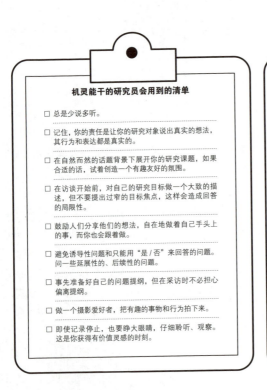

机灵能干的研究员会用到的清单

☐ 总是少说多听。

☐ 记住，你的责任是让你的研究对象说出真实的想法，其行为和表达都是真实的。

☐ 在自然而然的话题背景下展开你的研究课题，如果合适的话，试着创造一个有趣友好的氛围。

☐ 在访谈开始前，对自己的研究目标做一个大致的描述，但不要提出过窄的目标焦点，这样会造成回答的局限性。

☐ 鼓励人们分享他们的想法，自在地做着自己手头上的事，而你也会跟着做。

☐ 避免诱导性问题和只能用"是/否"来回答的问题。问一些延展性的、后续性的问题。

☐ 事先准备好自己的问题提纲，但在采访时不必担心偏离提纲。

☐ 做一个摄影爱好者，把有趣的事物和行为拍下来。

☐ 即使记录停止，也要睁大眼睛，仔细聆听、观察。这是你获得有价值灵感的时刻。

一些基本问题

☐ 您能详细介绍一下您的工作、职责、日常活动吗？

☐ 您能告诉我们一些背景资料吗？这一切是怎么开始的？

☐ 当时的情况是怎么样的？

☐ 对您来说谁是举足轻重的人，如演员、伙伴等？为什么呢？

☐ 您认为最重要的实践或最好的方法是什么？

☐ 为什么恰好是这些？

☐ 不利的方面或者最大的挑战是什么？

☐ 哪些因素能让它更容易一些，为什么？

☐ 如果您有机会的话，您会改变什么？为什么？

☐ 现在您会坚持什么不变？为什么？

☐ 您如何看待形势的发展？为什么？

☐ 您还有什么想说的，或者我还没有问到而您认为我应该知道的吗？

跟随研究对象可以帮助研究人员了解当前服务的使用方式，揭示出可能存在的差距和改进机会。这是一个直接跟踪用户体验的机会。在实践中，跟随能够以静音／移除模式和参与模式进行，在陪伴活动中，研究人员可以询问被观察者问题，或者与他们对话。

自我记录

参与者的自我记录包括接受服务的用户使用日志，以及一次性相机等工具。这是用图像或文字来获取参与者的行为、想法和感受。通常会向参与者简要地介绍如何使用日志和相机，记录什么样的内容以及怎样使用。今天，通过社交媒体与用户联系，远程创建所有自我记录的内容是相对容易的。用户招募工作对于这类研究来说是至关重要的。设计研究人员会使用大型免费分类广告网站，例如，克雷格列表（Craigslist）等网站来招募用户进行研究。

人种志研究实践需要研究人员成为服务使用者，实地亲身体验服务，一般利用移动技术来对体验过程进行记录。当设计研究团队希望在整个服务的交互过程中获得服务的第一手体验资料时，可以使用此项技术。这项技术也可以帮助服务提供商通过终端用户的视角体验他们提供的服务。在对服务竞争对手进行基准测试时，这项技术也很有用。

研究人员直观地记录了他们使用智能手机或相机获取图像、音频和视频的经历。有时候他们仍然使用一次性相机，因为这是可供分配的实用工具，而如 GoPro 的可穿戴式相机可以无须双手操作拍摄。Days 和随历（ExperienceFellow）等应用程序都是非常有用的移动人种志研究工具。

虽然服务设计界普遍使用"service safari"（服务体验行）这一术语，但我们建议使用"移动人种志"（mobile ethnography）这一术语，因为"service safari"可能会对那些提供或使用你正在研究的服务的人产生轻微的不尊重感。人应该时刻受到尊重，并时刻以尊重待他人；他们不是被外部凝视的对象，而是他们生活中的自主代理人。

图 8.18 （对页图）内容访谈的研究清单和基本问题。

行程图、服务蓝图和系统图

行程图、服务蓝图和系统图是进行合成和分析的工具。

行程图（也称为客户行程图或体验图）是主要的服务设计工具之一，因为它们迎合了服务设计的基于时间和体验的本质。设计服务需要考虑按序行动和随着时间的推移对创意进行描述。行程图基本上是一个视觉时间轴，能够以图形的方式记录一系列的服务约定和交互活动，并显示多个服务接触点和渠道。它通过服务来获取用户的整个路径（图8.19）。

行程图本质上是一个以用户为中心的工具，始终是用户视角的观点——他们所看到的、感受到的和体验到的。行程图试图捕捉人们行为背后的动机和因果效应。它既可以用作研究工具，也可以用作现有服务或是构思的工具帮助生成新的服务序列和功能。

常见的技术趋向于用更人性化的方法，而不单纯是以技术的方法在采访中获取图像、轶事、照片和话语引用，这不只是获得图表和流程图。行程图通过在研究期间观察到的信息而变得丰富，这些信息来自人们在不同时刻体验服务的情绪的可视化展现。在行程图中捕捉情绪并非是所有的服务设计师都会使用的方法。虽然这种方法可以在整个服务过程中捕捉一位特定人物的情绪，但可能很难对情绪和感知做出一般性的假设。

该工具可以用于设计项目开发的不同阶段：在研究阶段，按原样获取服务并识别服务痛点和其他关键时刻；或者在生成阶段，为不同的用户群进行新的可能的服务流程可视化展现（图8.20、图8.21）。

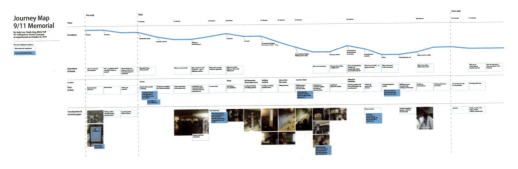

图8.19 9·11博物馆游客体验的行程图。请注意，通过图表顶部的粗线来表示游客的情绪变化。图中表现的情绪反映了一个人的特定情绪。

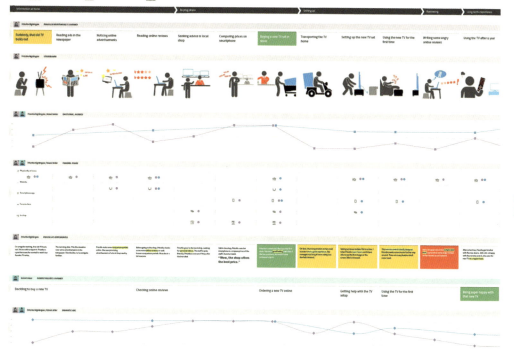

图 8.20 随历（ExperienceFellow）行程图，是带有移动应用程序的在线工具包的一部分。该行程图可以进行立体描绘，包含使用智能手机拍摄照片的功能。

图 8.21 作为 HOME–STAT 项目的一部分，这是纽约市长经济机会办公室服务设计工作室在美国任意一座城市进行的最全面的街头无家可归者的外展研究工作，记录了无家可归者从街道到家庭的行程。

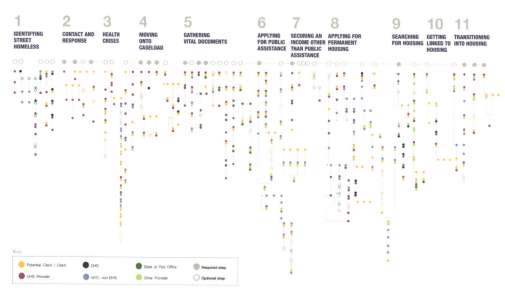

服务蓝图是典型的服务设计工具。与侧重于用户视角的用户行程图不同，服务蓝图的唯一价值是显示与服务提供商的后勤和运营相关的用户操作指南。服务蓝图分解了所有服务参与者（用户、员工、一线人员和后台以及支持系统），并区分了服务提供的前台和后台部分。

制定服务蓝图的目的可能各有不同。当前状态的服务蓝图主要用作研究和分析工具，以对现有的服务交付进行描绘。未来状态的服务蓝图可以用作构思工具。服务蓝图的主要组成元素包括由 4 条线分隔的 5 个通道构成：

• 顶部的第一通道显示了服务接触点，由服务接口线所决定。可以通过真实的图片来书写、绘制或显示服务接触点。

• 紧邻交互线上方的第二通道获取了用户的操作过程。

• 紧邻交互线下方的第三通道获取了前台工作人员的活动过程。

• 第四通道获取了后台员工在可见线后面隐藏的操作过程。

• 位于内部交互线下方底部的第五通道显示了服务交付中涉及的支持系统或分包商的操作过程。

在横轴上，可以在服务交付的典型阶段中对服务蓝图进行分段。例如，在酒店场景中，各个阶段将是：预订酒店，到达和登记入住，结算时间，以及结账。

当前状态的服务蓝图始于访谈；用户、员工和管理层的观察或体验研究；将所有收集的数据转移到蓝图草案中。蓝图草案可与项目的利益相关者共享，并作为集体评判工具，以确定差距、服务痛点、模式和改进的机会。相反，未来状态的服务蓝图可以成为共同创造的工具，能够帮助项目团队决定处理服务的特定部分或阶段，并为新的服务接触点和体验提供建议、路线图和概念（图 8.22、图 8.23）。

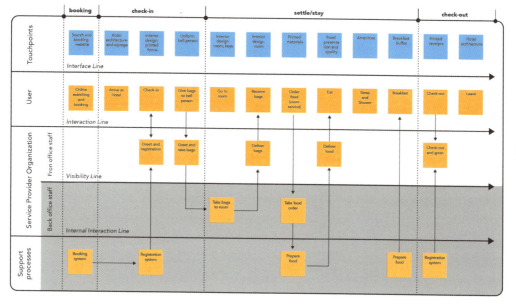

图 8.22 传统酒店的服务蓝图。此服务蓝图的元素从上到下沿着第一通道：启用服务的接触点（文本、图画或图片）。第二通道：用户的活动。第三通道：前台工作人员直接与用户进行的互动行为。第四通道：后台员工的行为，用户是看不到的。第五通道：分包商和支持系统的活动。

图 8.23 房屋中介服务平台爱彼迎的服务蓝图示例。服务蓝图应该作为灵活的、可供定制的工具来使用，反映每项服务的特点和特征。例如，基于平台的爱彼迎的服务蓝图需要一种不同于传统服务蓝图的方法。爱彼迎有两种类型的用户角色（租客和房东），平台对他们的交互过程进行协调，直到他们能够面对面进行交流，因此将接触点通道放置在房东和租客通道之间可能会更有用。同样重要的是要注意，在线和离线交互活动之间的差异将改变传统蓝图使用的"可见线"或"交互线"等概念的使用方式。

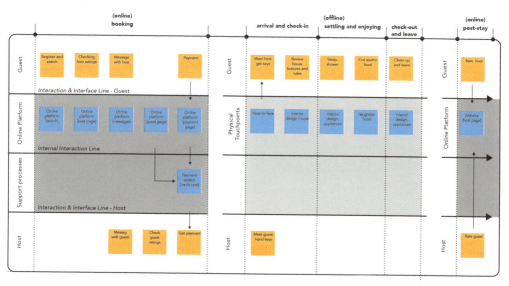

系统图（也称为利益相关者图）是从主要的服务提供组织的角度来看给予（服务）系统的主要参与者的示意图。参与者由周围的组织机构和组织机构内部成员组成，包括用户、员工、部门和外部提供者。通常，系统图使用象形图或其他视觉展示方式，线和箭头连接了不同的参与者，代表了不同参与者之间的不同关系和流动（信息、财务、物质或劳动）。利益相关者图或系统图有助于识别服务系统的边界、核心服务性能以及不同类型的流程（图 8.24）。

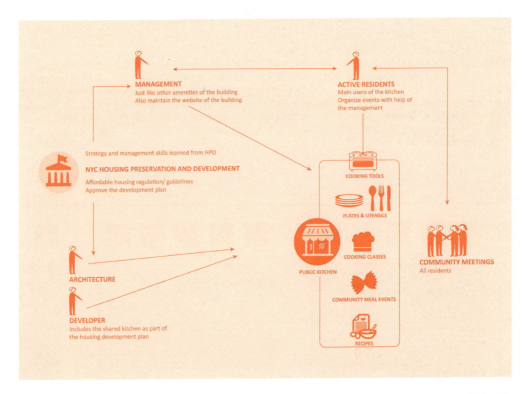

图 8.24 公共厨房系统图示例。

设计主题、原则和需求清单

研究活动产生了丰富的数据，需要对这些数据进行解释和分析，以便能够让这些分析成果为服务设计项目后续步骤中的决策过程提供信息。对于所涉及的研究团队的项目来说，重要的是共享研究材料，以便使所有的团队成员都能获得相同的对事物的认知水平。

设计项目现阶段的一项关键技术是通过对分享研究成果进行的练习，以确定经常性模式和关键主题来寻找设计主题。爱迪欧创新设计公司的《设计以人为本实地指南》（2015 年版）描述了"下载你所了解的事情"的技巧，不同的研究人员轮流下载他们从现场学到的东西，而且每个人都分享了他们的笔记（图 8.25）。

从这一点开始，团队可以通过识别模式，用户组面临的一致问题以及其他有意义的见解来开始寻找主题。这些主题可以帮助团队从典型的研究阶段的学习思维转变为更具开创性的思维模式，通过这种思维方式可能就开始出现针对现有服务的某项内容进行干预的想法。

图 8.25 在本拿比启动者项目的案例研究中进行了下载和聚类练习后出现的主题集群示例。

这项技术包括查看下载活动中的注释，选择最引人注目的故事、见解或引语，并将这些注释转移到新的板块上，以便将它们分组到具有适配性的集群中。当研究团队成员开始浏览他们的研究材料（例如故事、见解或引语）并将它们分到相似元素组时，就形成了同类集群。这项活动是很重要的，因为研究人会从他们的研究中收集很长的问题清单，而按元素集群可以帮助他们理解大量的信息。

形成同类集群在很大程度上是一个直观的、主观的过程，可能会涉及几个轮次。技巧很简单，使用便利贴、记笔记，最好是在活动挂图或白板上完成。计划两个多小时的会议。使用便利贴是很常见的，因为它们可以进行很多次的重新排列。

通常，不同的故事和观察会触及相似和反复出现的主题。在第一轮共享之后，应该更容易识别数据中的共性，例如常见主题、重复模式、不断出现的问题或具有一致性的约束条件。

一旦形成集群，研究团队就可以开始优先考虑其他问题，了解是否存在需要进一步研究所涵盖的知识差距，并开始确定重要的主题，然后将其转化为可操作的设计机制，通过从典型的研究阶段的学习思维转变为更具开创性的思维方式的转化过程，可以提供新的服务理念或对现有服务进行干预。

基于这些主题，设计团队可以确定设计原则和指导设计生成阶段的需求列表。爱迪欧创新设计公司的《设计以人为本实地指南》（2015年版）将设计原则定义为支撑主题的核心原则，基本上是将其作为构思过程的"护栏"，以保持想法的集中性。设计原则可能包括对用户选择进行严格约束，例如，关注家庭而不是单个用户或特定模式。设计原则是高级别的设计指示，而不仅仅是细节级别的设计理念（例如，徽标必须是蓝色的）。

需求列表基本上详细说明了设计概念中需要遵守的一些条件，例如用户的技术能力、特定要求或来自客户的约束（例如，最终产品的成本）（图8.26）。

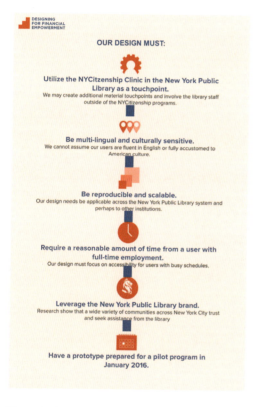

图 8.26 设计需求列表的样本。初步研究涉及按不同主题对典型的过程进行的访谈、观察和描绘。

8.6
学习重点

活动

实地设计人种志

• 结对开展工作，计划参观当地的博物馆，在那里互相观察或对彼此进行跟随。确定自己的研究方法和研究工具包（例如，笔记本和彩色笔，使用智能手机拍照和视频录制）开始研究工作。从远处开始自己的研究：观察你队友的行为，并记录他或她对这段经历的反应。请记录与博物馆员工、其他访客以及整个服务基础设施进行的具体互动活动。

• 接下来要变得更具有互动性：仔细询问你的队友为什么做了这件事情而不是另一件。哪些时刻是特别令人愉快或具有挑战性的？尽量不要做任何判断，只是倾听。在你和别人一起度过的这段时间里和这段时间之后，记笔记，附上照片，并转录与服务互动活动有关的具有纪念意义的话语，引用资料。在拍摄照片或录制包含其他人的视频之前，请务必先征得他们的同意。

• 对你通过观察和访谈收集到的数据进行综合整理。使用旅行导图模板创建用户的行程图（图8.27）。

• 对你的研究发现进行排序，生成一系列的见解：你观察到的服务中有哪些难点或完全缺失的内容？若对服务进行改进，可以进一步放大哪些积极的时刻？使用这些见解来确定设计原则和／或需求列表，以便为将来的设计创造提供信息。

推荐阅读

• N. 雷米斯《资本自适之路团队》2016年发表，引自《服务蓝图指南之自适之路》。

• C. 克劳奇和 J. 皮尔斯《在设计中研究》，2012年由布鲁姆斯伯里学术出版社出版。

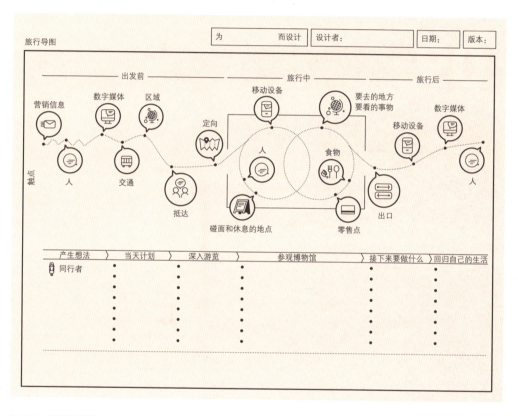

图 8.27 旅行导图模板。

09
产生服务
设计理念

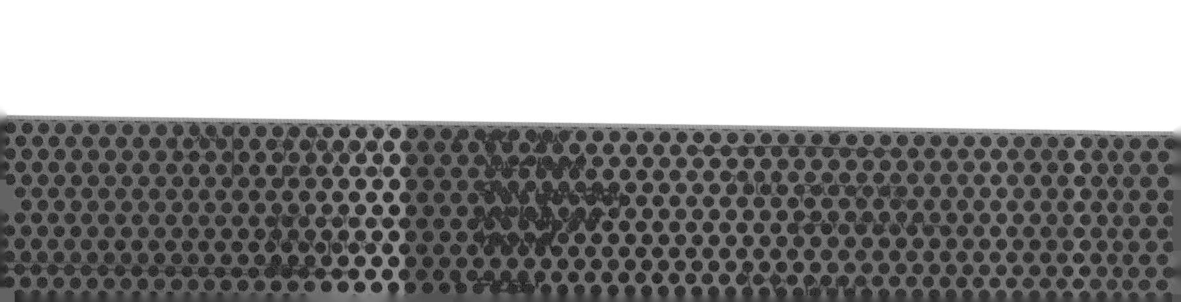

9.1
导言

在本章中，我们将探讨服务设计过程的一个关键方面：开发和创造新的服务理念。要有想法可能是一项难以捉摸的任务：新想法从何而来？如何将创造力应用到具体的开发过程中？

其中一个主要的挑战是从研究成果和见解转变为可操作的概念的过程。本章将讲解如何在完成所有研究和分析之后进入创造思维模式。研究与概念生成之间的关键转变正在从学习思维转向发明和探索更好的未来。

本章以 Reboot 公司的项目为例，探讨了协同设计对于服务设计过程的重要性。之后，我们将回顾用于激发创意生成和概念构思的典型方法和方式，以及捕捉想法并将其发展为可操作性概念的技术。

9.2
案例研究：Reboot 公司的"我的声音"项目设计

Reboot 公司是一家致力于包容性发展和负责任治理的具有社会影响力的公司。

"我的声音"（My Voice）项目解决了尼日利亚农村地区患者与医疗诊所之间缺乏反馈渠道的问题。患者常常遭遇诊所关闭、医疗条件供应不足和医疗滥用；诊所日常面对的难题包括停电，医疗资源供应、设备和员工的短缺。政府和政策制定者无法获得诊所问题监测的实时数据，这会影响其行动能力。

为了解决这一复杂问题，Reboot 公司与世界银行援助的尼日利亚国家健康投资项目以及尼日利亚政府合作开发了"我的声音"项目平台（图 9.1 ~图 9.12）。

"我的声音"项目可以为公民提供反馈平台，在患者和诊所员工之间建立新的沟通渠道，其最终的目标是提高服务质量。"我的声音"项目监控了医疗保健的生态系统，并向公民管理人员、当地政府、政策制定者和国际捐赠者报告了公民的意见。

"我的声音"项目实际由 SMS 调查构成，患者在去初级保健诊所后，会发送 SMS 调查给患者，这项调查会询问他们接受的诊疗质量等问题。收集的数据通过实时更新的网站界面通知给医疗保健计划主管、决策者和政府医务人员。政府工作人员会向诊所负责人通知反馈，这样他们就可以采取相应的行动。

该项目面临的挑战包括：患者的识字率低，患者对反馈系统持怀疑态度，这与从前那些效果较差的类似服务有关。此外，诊所工作人员不喜欢该系统对其职业生涯可能产生的影响。设计团队面临的一个挑战是如何让当地政府购买这个服务系统，这对项目成败至关重要，但毕竟政府没有强烈的动机去使用一个反映其服务差的系统。

Reboot 公司在当地建立了一个临时的工作室，雇用和培训当地研究人员，并参与了一个沉浸式的人类学研究进程。这项研究包含了多个与当地人、诊所工作人员、政策制定者和政府项目经理进行的设计研讨会和多轮咨询。通过不断的研究和测试开发，该项服务的最终版本由以下部分组成：SMS 技术；用于监控的网站仪表板；品牌、沟通和宣传材料；以及使用患者反馈信息的员工用户指南和相关培训。

在 11 个初级卫生保健机构进行的为期 9 周的试点取得了成功。Reboot 公司下一步将"我的声音"项目扩展到尼日利亚的其他地区。

图 9.1 "我的声音"项目的功能方案。

9.2 案例研究：Reboot 公司的"我的声音"项目设计

图 9.2 SMS 调查界面。

图 9.3 创意生成板。

图 9.4 ~ 图 9.7 与各种项目利益相关者进行的共同设计会议。

图9.8 ~ 图9.10　最终沟通接触点。

图9.11、图9.12　用户测试和员工培训课程。

9.3

采访
Reboot团队

依索·吉迪欧弗是该项目的项目协调员，负责管理参与该项目工作的利益相关方。Reboot 公司的联合创始人兼负责人潘西亚·李担任该项目的技术顾问和首席设计师。Reboot 公司尼日利亚办事处的区域经理亚当·塔尔斯玛是项目经理。

从研究阶段到创意生成的过渡是怎样进行的？

研究是产生这些想法的基础。关于尼日利亚农村居民是怎么想的，以及他们能够获得的技术和医疗保健的机会，都没有太多可用的信息。鉴于移动通信的广泛渗透性，世界银行迫切希望能够利用移动电话作为该项目的关键通信渠道，但这样做还存在一些重大的开放性问题，包括技术的可行性和语言的选择。例如，就语言选择而言，我们发现虽然该地区的大多数人都说豪萨语（Hausa），但大多数人都不能像英语语言学校教的那样去阅读或写作。因此，我们需要一个坚实的研究基础来产生可行的想法。

研究、创意生成和设计是一个连续的、沉浸式的过程。我们把研究和设计团队设在瓦姆巴（Wamba）地区，即设计目标所在地。这是非常重要的，它使我们能够深入人种志研究，与当地居民建立起真正深厚的关系。由于我们的团队住在那里（不仅是为了短期研究），我们不仅能够了解到当地人的信仰和活动，还可以在生活实践中实时地观察他们。这样做还证明我们的团队对当地人、卫生官员和政府高级管理人员的承诺决心，我们不只是为了在那里进行几天或几周的咨询，我们真的在整个设计过程中与那里参与其中的人员肩并肩地一起工作。

我们很快就了解到当地人对医疗保健系统持有一些非常合理的抱怨。这让我们想是否有办法设计出工具，收集当地居民的反馈信息——如通过问题设计，这样做是否也有利于一线服务工作者和政策制定者？因此，这项研究使我们产生了两个创意生成轨迹。一个侧重于当地居民（社区用户）以及他们如何输入反馈信息。另一个侧重于政府行为者（机构用户）以及如何激励他们支持构建反馈系统，并利用这套系统来改善公共服务。

您是否在项目中采用了一些特定的框架来推动这些创意的产生？

我们使用了两个框架：一个是世界银行的社会责任框架，这个框架描述了从当地居民到政策制定者和实施者的系统性的直接反馈，如何帮助设计团队改进项目设计，并对资源进行重新分配以实现这些目标。

另一个是我们开发的内部制度整合框架。这个框架主要是关于当政府在不涉及政治或法律责任时，居民反馈信息如何能够产生政治利益。我们在这个框架中描绘了服务提供链中所有涉及的政府层面的工作人员：从诊所的护士到位于尼日利亚阿布贾（Abuja）的负责国家健康计划管理的官员。对于每一层的参与者，我们都需要了解他们的动机（个人和专业）、他们的限制（个人和专业）、他们的日常处理过程（正式和非正式）。

我们与服务交付链上每个层面的人一起进行了研究，了解这些因素，然后综合用户角色来指导服务系统的设计。我们还试图找出那些特定的个人，出于某个或别的原因，他们可以在政府机构层面内来支持这一新进程。

每当向政府介绍一些新东西时，你必须首先与那些能促进进程的人合作。这样做有助于尽可能地减少采用新事物时遇到的各种障碍。最好的方法是构建并将新事物集成到现有的服务流程中——这样就只需要求人们对当前的工作进行渐进式的更改就可以了。该框架帮助我们生成了旨在利用现有系统中要点的想法和概念。

您的团队在"我的声音"项目的创意阶段采用了哪些有用的工具或方法？

在创意产生过程中我们使用的关键工具之一是流程描述，它有助于识别和理解机构的杠杆点（建立在我们的机构集成框架之上）。一旦我们了解了动机、限制和现有的流程，我们就需要确定具体的机构切入点。

例如，我们确定了一位国家级的计划管理者，他希望向国家政策制定者和国际捐助者展示项目的成功方面，以便在其所在州内扩展该计划。这是一个很好的动机驱动的例子：如果这些居民反馈倡议的项目可以帮助管理员实现他的政治抱负，那么可能他就有动力去支持这个项目。为了实现他的目标，我们需要了解如何制定计划扩展决策方案。因此，我们绘制了整个决策流程，确定了特定工具和之前使用过的工具（例如季度执行会议）。然后，我们能够设计出居民反馈计划的成果，吸引

该管理者参与其中，并能将这个项目轻松地整合到现有的服务工具和系统中。

一个关键工具是模型设计，我们不仅将其应用于设计中，还应用于利益相关方参与的活动中。一旦我们有了一些想法，我们就会去开发模型，包括服务产品和流程，以便向政府同行展示。例如，我们展示了政府报告仪表板的设计，以及如何处理具有挑战性的反馈。

我们会说："嘿，如果我们让居民投入初级卫生服务的 X、Y 或 Z 方面，这些都是有可能会回复给你有用的东西的。"政府利益相关者会回答："哦，这确实非常有用。"并告诉我们如何调整以使它们变得更为有用。实际上最终可行的解决方案与我们的早期模型设计是非常接近的，因为我们在机构研究和利益相关方参与方面做了非常细致的工作。这种模型设计还可以成为另一个利益相关者参与的工具，赢得他们对最终服务产品的研发进程和所有权方面的支持。

您如何利用那些通常永远不会彼此接触的多元化的利益相关者——官员、政界人士、医疗保健提供者、居民——并将他们聚集在一起创造出新的想法？

首先，重要的是要考虑这样做是否可行以及何时将人们聚集在一起去创造出新的想法。"共同创造"现在已经成了一个流行词，但只有在某些场景下才会有意义，即使这样，也必须仔细设计交互活动。不幸的是，他们通常没有这样做，我们已经看到太多的共同创造活动最终是以灾难性的结果收场的。

如果你把那些通常不会彼此接触的人聚集在了一起，那么每个人都应该首先将彼此视为具有共同价值观和目标的人。我们有一种方法是让人们围绕共同主题来讲故事，并建立同理心。在瓦姆巴地区，我们选择提示让人们围绕着愿望或挑战而团结起来，例如，"医疗保健系统之前什么时候真的让你感到很失望？"这个问题引出了很多悲伤的故事，但这些故事帮助我们找出约束着我们的希望和恐惧。

尽管如此，将不同的利益相关者聚集在一起仍然面临着巨大的挑战——需要考虑权力的作用，当我们这些"局外人"出现时，社会压力和政治压力会对当地居民的行为产生影响，也会对研讨会的参与机制产生影响。如果当时的情况无法解决这些问题，我们是不会尝试将人们聚集在一起的。这就像无论你构建多少同理心，你都无法抹去人们的所有（心理）包袱。

在这些情况下，我们进行了异步共同设计。我们通过"我的声音"项目做了很多这样的事情。在研究、设计和模型设计制作方面分别分组：当地居民组、病房发展委员会组、传统领导人员组、一线工作人员组、设施管理人员组和政策制定者组。当他们还没有准备好时，我们是不会只为了满足寻找所谓的共同创造之光而试图强迫他们待在同一个房间的。

　　您是否可以在非常具体的文化背景下谈谈创意产生过程中遇到的各种挑战，这些背景与您自己的文化背景有很大的不同吗？

　　挑战的一个重要部分是你必须愿意打破自己原有的进程，或者根本就不去遵循惯例。你必须具备适应能力，尤其是在从事公共政策制定工作时。这需要很谦逊的态度。

　　我们作为设计师要深入了解有哪些特定的流程要遵循，这将引导出特定的结果。在正式的研究过程中，你并不总是知道如何去询问那些自己不知道的内容。

　　例如，一个研讨会的会议进程可能必须要完全颠倒过来。参加我们可能熟悉的那类研讨会时，需要的是西方富裕国家用到的专业技能——以一定的速度推进，要求每个人使用报事贴（Post-it），然后就可以获得结果。这样的研讨会程序在一些地区使用起来可能是非常不顺利的，特别是如果你在有很多非政府组织活动的地方开展工作的话。人们常常对一次干预保持高度怀疑的态度。你可能是过去3年来第10个想要改善社区的人。

　　若是模型存在着巨大问题，那么我们不会采用所有的方式参与其中，最重要的是，穷人和边缘化群体已经明显失去了权利。使用他们可能难以参与的某种设计方法，并且不考虑如何更好地给他们授权，帮助他们获取专业知识，可能会进一步削弱其力量。花时间以当地人自己的节奏与他们进行交谈，并采用多种方式来尊重和赞美他们的知识，这是很重要的工作方法。这可能需要将自己的工作进程转变为他们的想法。

9.4
案例研究分析

在"我的声音"项目中，设计团队面临的挑战是：通过研究与多个利益相关者互动活动收集而来的大量背景知识，并将研究结果转化为新的服务概念。他们的构思过程通常涉及由复杂的内容约束引起的各种挑战。该团队根据协商研讨会，以及与利益相关者进行的多轮磋商和用户测试部署了共同设计流程。特别要提的是，他们与当地居民、病房发展委员会、当地领导人、一线工作人员、设施管理人员和政策制定者分别进行了异步共同设计会议和各种咨询活动。鉴于研讨会之前普遍存在的不同利益相关者群体之间的历史动态变化，他们选择这种方法来避免处理那些可能变得具有挑战性的互动活动。该团队认为这是创造新的长期想法的最佳方法。

与许多服务设计项目一样，新想法和可能性的创造性探索是基于相当有限的空间进行的。然而，新想法和好的创意确实不断地出现并呈现蓬勃发展的趋势。对于许多人来说，秘诀在于要不断地平衡创造性冲刺和与关键人物之间的合作，同时允许产生内向型灵感（例如，先前在相同背景下进行的干预）和外向型灵感（例如，类似的案例来自不同的背景和行业）。

构思阶段通常是从研究和发现阶段获取结果的，设计师用这些结果宣布具有创造性的综合成果，例如新概念。这不是一个线性的过程，但正如第 7 章所讨论的那样，与客户的关系和合同让设计团队有必要将项目构建为线性阶段和按顺序可交付的成果。

构思的两个主要挑战首先是如何平衡创造力与可行性以及项目约束性等问题，其次是如何管理应该作为共同设计者和传播者而参与到创作过程中的那些人。没有哪两个项目在应对这些挑战方面是相同的，并且像往常一样，在设计过程中也不存在先入为主的公式能决定如何产生好的想法。

9.5
服务设计的方法和工具

这里提供了一些典型的服务设计方法和工具，用于将研究结果转变为创意、工具和技术，以产生想法并将其发展为概念。

弥合研究和构思

服务设计过程中的一个关键是从了解当前的情况转向想象出一个优选的未来。这是设计过程中的关键时刻，设计团队可以计划一个或多个部分来完成此过程，尽管在整个项目开发过程的几个时刻都可以对此进行重新审视。

从业者以不同的方式描述这一时刻：例如，调整或弥合（研究）分析和（创造性）综合之间的差距。桥接的本质是捕获到目前为止的所有主要学习成果，明确机会领域，同时允许创造性思维模式的加入。挑战是具有双重性的：一方面，你需要获取与项目相关的最重要的问题和约束条件，并通过研究揭示这些问题和约束条件；另一方面，你需要将创造力引入这些特定问题中，而不是一开始就让那些想法自由流动。

一些设计师建议将研究中出现的主要模式和主题综合成一个主要的故事，使用人物角色描述他们的行程和情感状态。这个故事可以用作头脑风暴讨论时的主要问题。

一种方法是使用"我们可以做什么"（HMW，How Might We）的问题来帮助制定最终的项目设计概要。"我们可以做什么"的问题可以专注于改善已经确定的问题（"我们怎样才能减少排队？"），并将其与特定角色的观点（有小孩的母亲）联系起来，避免引发那些可能会导致过于偏狭或泛泛的答案的问题。

如何构建这样一个关键的时刻呢？可以考虑与团队成员、项目利益相关者和该领域的专家一起来规划。让项目材料在你周围随处可见可能会有所帮助，例如打印引文、图像和其他材料并将它们固定在墙上。

除了"我们可以做什么"的问题和利用故事之外，你还可以考虑进行引导性的对话，在对话中使用混合证据和直觉，试着获取语言表述，这些获取的语句可能有助于制定最终或修订的设计概要（参见第7章）以及有待进一步发展的早期想法。

生成想法和概念：头脑风暴会议和共同设计研讨会

头脑风暴会议旨在鼓励自由的创意流程，而不是要求其具有立即可执行性。根据爱迪欧创新设计公司的《设计以人为本实地指南》，典型的头脑风暴会议应遵循 7 个基本规则（图 9.13、图 9.14）：

• 规则 1：延迟判断。在让他们将想法进一步提炼之前应避免停止其思索，并且所有参与者都应该觉得自己可以做出贡献（而不是被他人吓倒）。

• 规则 2：鼓励疯狂的想法。如果不受当前的技术、材料等条件的限制，那么这些想法可能会引导出理想的未来情景。

• 规则 3：建立在他人的想法之上。使用"是的，而且……"代替"但是"。

• 规则 4：专注于主题。继续讨论最初的头脑风暴问题，保留试图完成的目标。

• 规则 5：一次进行一个对话。在共享会话中，所有参与者都能全神贯注至关重要，因为它可以带来更多具有创造性飞跃的可能性。

• 规则 6：进行视觉展示。快速草图可以更有效地传达想法。

• 规则 7：寻求数量。快速记下想法是一种创造性的技术，可以在做出判断之前捕捉具有创造性的见解。在某些情况下，一小时的会话可以产生多达 100 个想法。

图 9.13、图 9.14 头脑风暴会议。

可以通过各种激励性手段来展示头脑风暴会议。要特别指出的是，会议应该首先审查研究结果，包括设计原则、主题、角色或所有预案。

头脑风暴会议通常从识别问题开始。会议组织者需要确定规则（每项任务的时间，个人参与还是集体参与）。会议可以从设定的时间和个人生成的想法数量开始，这由主持人确定。例如，10分钟内的10个想法。参与者在便利贴上写下和／或绘制出每个想法。

在最初的个人实践之后，组织集体审查这些想法是很有意义的，分类聚拢相似的想法，然后投票选出最有希望的想法。然后，团队可以将所选择的想法进一步开发，增加标题和副标题，绘制主要接触点，并使用故事板来描述主要的交互活动。头脑风暴会议最终可能会将一个或多个想法发展为粗略的概念，然后进行主要接触点的初始可视化展示或快速地进行模型设计，列出其特征，并对相关的主要交互活动及其意义进行可视化展示和注释。

在头脑风暴会议之后，设计团队将与客户、利益相关者和用户组召开进一步的开发会议，并进行模型设计和测试／审核。

头脑风暴和其他类型的共同设计研讨会是主要利益相关者根据参与者的不同专业知识和观点共同产生新想法，并在他们之间建立信任的机会。这是对知识进行有效使用的关键时刻，因为对于许多复杂的项目来说，通常互不联系的不同人群可能掌握着大量的不同信息。

共同设计和参与式设计实践的历史可以追溯到20世纪60年代。在服务设计中，共同设计研讨会是设计过程的基础部分，因为它们汇集了可能参与特定服务的不同人群。由于服务设计项目往往很复杂，因此研讨会参与者是从组织的不同部分以及服务提供组织机构外部招募的。

以下是典型的召开共同设计研讨会的一些指导原则（图9.15～图9.18）。

在会议召开之前：

• 邀请不同领域具有不同方面服务专业知识的参与者。

• 细致地向受邀参与者传达会议的想法。创意工作坊为许多人创造了非凡的时刻，这是一种回归童年的感觉，许多人都曾与创作过程联系在一起。在某些情况下，组织层次结构和各种约束条件可能会使思想自由交流变得困难或几乎不可能。出于这个原因，研讨会需要创造一个既令人兴奋又需要认真对待的环境。

242

• 确保领导团队事先研究，并通过这个过程来确定问题、机会或主题。每个主题可以生成一组特定的挑战，这些挑战可以根据受影响的主要利益相关者（例如，居民、服务提供者、志愿者或城市）来进行分组。团队应使用视觉材料（例如卡片、表格）展示预先确定的挑战，以便轻松地将其传达给其他参与者。

• 提前准备一套激励材料，例如类似的案例，或从处理类似问题的其他案例研究中获得的想法。这些工具有助于创造不同的思维并激发出新的见解。

• 头脑风暴会议的时间要超过一般会议的持续时间，通常为半天或 3~4 小时。仔细考虑开会的空间，它应该是一个沉浸式的空间，有足够的设备、设施和氛围。选择中性空间而不是常规的会议室。

• 提前准备材料（绘图辅助工具、工作表），选择合适的工具（美术用品、贴纸、笔、卡片等）。

• 通过安排食物和咖啡改善参与者的体验。

在头脑风暴会议召开期间：

• 从一般介绍开始。用热身活动帮助人们保持舒适的心情。

• 由主持人介绍游戏的规则：研讨会的目标、总体议程和将用到的工具。

• 将参与者划分为预先安排好的小组，进行两到三轮的思考。每一轮都专注于一个主要挑战，并包括个人和集体的创意。

• 让每个团队选择使用预先打印好的工作表或画布，并把在这个会议中生成的想法进行可视化展示。团队还可以使用可能有助于参与者对创作过程和可视化感到满意的材料，例如预制人像、模板或乐高玩具。

• 主持人进入集体会议的最后一轮，以便让每个团队都可以分享其想法和见解，并可以阐明最终的集体结论，对会议结论进行最后的润色。

• 让团队成员一起分析构思会议的结果，并将形成包含各种想法目录的报告，从中可以选择一些想法进一步地开发和试点实施。

• 最后，考虑到在一个会话中永远不可能完成所有的事情，甚至可能有时候并不希望项目所有利益相关者都待在同一个房间里。例如，在尼日利亚的 Reboot 团队决定与不同的利益相关者团体进行单独（异步）的会议，作为避免发生冲突的最佳策略。合作并不容易，举行集体会议可能并不总是最好的解决方案。

图 9.15 研讨会议程示例。

图 9.16 预定义主题示例。

图 9.17、图 9.18 构思会议的材料示例：绘图辅助工具，如卡片、人物模型和工作表。

创意辅助：2×2图表、类似问题和案例研究

设计师通常被认为是从事创意工作的专业人士。相比之下，对于那些没有接受过设计师培训的人来说，一般可能认为他们没有创造力并且在创意会议中会感到不安。因此，作为这些会议的推动者，设计师需要让其他人更容易进入创造性过程中，并以包容和支持的方式来进行适当的安排。

有些工具和技术可以在鼓励人们产生创造力方面起到辅助作用：有的能够带来类比和隐喻效果，刺激会议参与者产生不同的心理联想；有的能够构建和描绘，帮助指导创意流向所需的方向；还有一些工具通过不同的媒体和感官刺激改变单纯的线性思维。

头脑风暴会议通常可以从一些结构化思维中受益。如2×2图表（也称为极性映射）之类的工具通常用于辅助复杂性分析，并将思考指向特定的方向，以便探索出替代的服务方案（图9.19、图9.20）。

在设计实践中，2×2图表由垂直轴和水平轴组成，两轴交叉确定出4个象限。每个轴代表了服务维度变化的可能性，例如行为、社会、环境或技术。每个分支代表该维度的相反特征，例如，风险承担与风险规避或主动与被动（行为性方面）；数字与模拟或高科技与低技术（技术性方面）；个人与集体或公共与私人（社会性方面）；外部与内部或补救与预防（环境性方面）。

当你对两个相关的轴进行组合时，就定义出了4个区域／象限，这样做可以帮助头脑风暴会议重新配置针对当前服务的替代方案。该图还可以用作对会议生成结果进行评估的工具。

图 9.19　（对页图）在头脑风暴／生成会议期间使用2×2图表作为工具的步骤。

图 9.20　（对页图）使用2×2图作为评估和分析头脑风暴会议结果的工具的步骤。

步骤 1：有哪些对立状态

个人 ←——————→ 集体	
公共 ←——————→ 私人	
主动 ←——————→ 被动	
赋能 ←——————→ 释放	
低技术 ←——————→ 高科技	
短期 ←——————→ 长期	
外部 ←——————→ 内部	
快 ←——————→ 慢	
免费加入 ←——————→ 会员制	

从对所有研究材料集中研究开始，确定那些可能导致现有体系发生改变的对立状态（研究那些与项目现状和目标相关／一致的对立状态）。

步骤 2：两个对立状态的结合

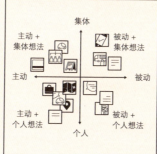

两个极端的对立状态可以确定出新的前景乐观的领域，可以引导解决方案的生成。在研究这 4 个领域／象限的过程中集思广益形成尝试性（初步）的想法／场景。

步骤 3：创造性地集思广益

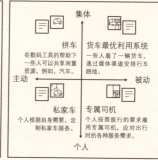

初步的想法经过整合，形成最终的方案概念，并以标题、短文和图像的形式对概念进行描述。

步骤 1：创造性会话

检查、思考所有研究资料。典型的头脑风暴会议（集思广益）。以标准格式（简单的图形＋标语）介绍试行方案。

步骤 2：聚集整合

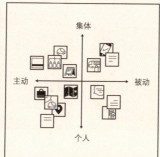

根据初步方案的主要特点收集整理出试行方案。这些可能是当前产品和服务的变体所涉及的变化，可以通过极性（跨越两个最具特征的极性）呈现。

步骤 3：特征描述

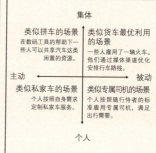

描述了两极对立状态产生 4 个区域（象限）的特征。它们构成了可选场景的核心场景。在大多数情况下，4 个区域之一描述的是当前的产品和服务体系，其他 3 个为可选场景。

09 产生服务设计理念

在项目进行期间，我们倾向于将自己沉浸在问题区域，收集可以直接或间接地告知和激励我们的故事、案例和想法。这些类似或相似的故事可以帮助我们建立联系，探索功能，思考那些可以成为新服务概念解决方案的元素。

纽约项目中使用的机会卡专注于新的税务申报服务，其功能类似于可以释放出想象力的故事，并将意想不到的元素或方面带入创意产生的过程中。

下面的机会卡提到了咖啡连锁店、国际邮轮公司、食品卡车和城市马拉松（图 9.21 ～图

9.24）。他们提出的问题是："这 4 个不同地方 / 背景的（服务）要素哪些可以为新的税务申报服务提供信息？例如咖啡连锁店的品牌认知度、国际邮轮的封闭环境、食品卡车的友好性和城市马拉松运动员的竞争性驱动力。"

或者，对与项目在同一问题区域的故事和案例进行的案例研究，可以通过具体的例子来说明如何在不同的背景下解决类似的问题。

案例研究最常见的方法是根据相同的基本结构对数据进行整理，以便能够快速地查看和进行比较（图 9.25 ～图 9.28）。

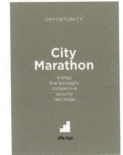

图 9.21 ～图 9.24 机会卡，帕森斯社会创新和可持续发展设计实验室设计的财务授权项目。

MyChart.com

MyChart is an app that connects patients with their medical records and their doctor's office.

Beyond providing reminders about preventive healthcare, MyChart offers an online messaging service for patients to contact their medical practitioners quickly without going into the office. This system allows all patients to feel like they have a prioritized, friendly relationship with their doctor.

Can financial empowerment coaches connect with LPRs in a quick, informal way, meeting them where they're at?

"MyChart Frequently Asked Questions." MyChart. Epic Systems Corporation, 2013. Web. 11 Oct. 2015.

Mission Asset Fund

Mission Asset Fund offers peer lending circle programs in 5 states (including Chhaya in Jackson Heights).

The lending circles are based on common cross-cultural practices of communal savings, such as a tanda, sou-sou, or huis. Unlike informal lending groups, Mission Asset Fund reports payments to national credit bureaus, thus helping participants to establish and build credit.

Could we formalize informal structures that immigrants already trust to improve their financial situation?

"Lending Circles." Mission Asset Fund. 11 Oct. 2015. Web. http://missionassetfund.org/

Saathi Women's Financial Empowerment Group (Chhaya)

At Chhaya's monthly gathering, South Asian women learn financial skills.

By catering to a niche group of immigrants with similar backgrounds and needs, the program creates a support system and boosts confidence among the participants. Also focusing on access, food is provided, metrocards are provided, and women are welcome to bring their children.

How can a financial empowerment program remove barriers to access and participation?

Gurung, Tshering. Personal Interview. 2 Oct. 2015.

Real Estate Investment Cooperative

This cooperative attempts to secure permanently affordable space for public use in New York by gathering members who pay time and money towards investing in buildings around the city.

By creating a low-cost way to invest in space, members are able to build up their financial situation while keeping costs low.

Could we address financial issues on a community level rather than an individual level?

Real Estate Investment Cooperative. 12 Oct. 2015. Web. http://nycreic.com/

图 9.25 ～ 图 9.28 为一个研究金融赋权服务的项目收集而来的案例研究。

通过创作和展示讲好故事

虽然照片、行程图、故事板和绘图是服务设计过程中必不可少的视觉工具，但它们往往无法捕捉到人们生活和经历的所有方面，以及日常生活中那些细致入微的细节。

因为服务设计是一门研究人类互动的学科，所以它需要可供选择的展现形式，这一点是通过实施的方式和更细致的故事讲述来实现的。现场演示的方式在设计服务项目实施是不可或缺的，可以通过新的重要表现形式，即视频，通过表演、人物设定等方式展示。

由于构思生成和服务设计过程的其他部分具有协作的性质，仅使用二维表现形式是不够的。故事和叙事是知识交流和发展的流通媒介。

当用故事讲述和人物设定来帮助我们设计新服务时，我们同时"发明"了新服务并通过制作其构件和人们的使用情况"实现"了新服务。换句话来说，它是模型设计或早期模型设计。有关模型制作的更多信息，请参阅第 10 章。

伊丽莎白·桑德斯是一名研究员、执行设计师，也是工具制作网站（MakeTools.com）的创始人，该公司专门从事富有远见的预设计研究。该公司的活动涉及不同形式的参与式设计、协作设计和共同创造，以及设计思维生成。伊丽莎白的工作将研究、构思和模型设计联系起来，并将其描述为设计过程的"模糊前端"，在这个过程中，对研究和创作过程进行区分是徒劳的。在这个观点中，"模糊前端"应该作为一个经过共同设计、创造的活动来处理的，直接涉及用户和其他利益相关者（图 9.29）。

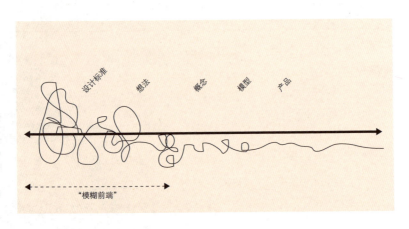

图 9.29 桑德斯和斯太普尔斯 2012 年描述的设计过程的"模糊前端"。

生成工具和工具包有助于激发人们的创造性思维，拥有更明智的洞察力。实际上，这些工具和工具包可能由不同的对象组构成，具体取决于创意会话的目标。例如，认知工具包可能用基本形状，如箭头、螺旋形或圆形，帮助参与者提炼出概念和关系。情感工具包包含笑脸或悲伤的表情，帮助参与者绘制出体验到的情感方面的经历；带有图片的展示板，可以触发情感或记忆并引发出新的联想；乐高玩具和其他构造工具包，可以帮助参与者对物体和空间进行模型化展示；各种边角废料和工艺材料，可以用于原型和模型制作；摩比游戏（Playmobils）和其他玩偶，可以用作故事讲述的辅助工具（图 9.30 ～ 图 9.32 ）。

经典类型的生成工具包中的材料包括：
- 图片
- 单词卡
- 符号图形
- 卡通式表情（表情符号）
- 木偶和娃娃
- 三维图形
- 边角废料
- 乐高玩具、其他小雕像、积木

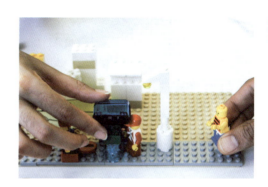

图 9.30 ~ 图 9.32 生成工具和工具包的示例：乐高玩具，图片边角废料和工艺材料。

桌面演练是一种生成工具包，专门出现在服务设计从业者的工作过程中，其想法是通过播放与其交互的顺序来创建服务故事。这个工具包可以帮助团队设想服务的全貌，并能够尝试从不同方面设计服务。表演角色还有助于预测关键性的互动活动以及人们在完成这些互动活动时可能会感受到的内容，并能够确定关键的接触点。

该方法包括了演练本身以及互动活动拍摄，这样获得的图像可用于制作故事展示板（图9.33、图9.34）。

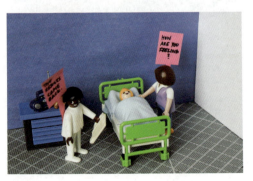

服务设定是帮助设计师预测人们在服务交互活动过程中会如何表现和反应的工具。把服务体验进行展现有助于测试行为假设并能预测拒绝、缺乏激励和其他缺陷等反应。不同的演练方式可能会导致不同的结果。通过使用这个工具就可以看到一些不同的结果。

身体风暴是使用道具和场景预设来展现服务交互活动的体验。使用这种方法，参与者能够接触到第一手的服务原型，可以比通过从外部观察它（例如，阅读故事板或角色表）更加生动地分析这些服务的想法（图9.35）。

焦点小组指的是以戏剧演示为核心的焦点小组，其演员在终端用户坐在观众席时使用各种道具。就像在焦点小组中一样，这些终端用户将与设计师对话，以便对他们所看到的内容做出反应，但在这种情况下，现场表演往往比焦点小组更具有吸引力，因为它会引发更多的情绪反应。

图 9.33、图 9.34 桌面演练故事展示板的场景示例。

论坛式演练多用于政府服务项目设计，能展示出明显的冲突或问题亟待解决的迫切感。正式的表演会暂停，然后邀请观众讨论他们刚刚看到的内容，并鼓励他们提出解决方法和策略。之后进行第二次表演，这次表演请参与的观众自己来演示拟议的策略。

图9.35 解释服务的身体风暴示例。设计师，同时也是演员可以体现出人（用户、服务提供者或其他服务利益相关者）或整个组织和系统。

活动练习

共同设计研讨会

• 团队合作：选择你可以参加的服务，例如学生服务、牙医服务或大学食堂里的各种服务。准备当前服务的个人用户行程图。确定可以改善的服务痛点，你会将这些痛点用于你的共同设计研讨会。

• 开始计划与同学们一起进行约 2 个小时的共同设计研讨会。以下是一些指导方针，可以让你更为轻松地开始进行研讨会的设计：

（1）在 10 分钟内思考、制作研讨会活动的粗略时间表草图。为每个活动定义并设计材料、工作表或画布，为启动你召开的共同设计研讨会做好准备。

（2）计划完成后，邀请同事参加你的创意生成会议，并以 3 人一组的形式组织会议。

（3）提示：不要忘记团队的后勤保障！根据会议参与者的需求，针对团队的工作流程，预先安排好设施用具和材料是至关重要的。

• 会议议程从集体和个人的头脑风暴开始，生成一组初始的创意。将它们收集在准备好的工作表上。让每个小组讨论这些创意，把它们聚合在一起形成创意集群。

• 参与者可以投票选出最有趣的想法，给它起一个吸引人的名字，并开始定义其关键的互动和服务接触点，包括物质基础设施和数字接触点。团队可以绘制故事板插图（4~6 个面板），在这些故事插图中突出显示新服务，尤其是交互活动和服务接触点。

• 一旦这些创意可以进行可视化展示，就是开始行动的时候！编写脚本并分配角色。制作服务接触点的大致模型。团队可以选择使用现场演示，例如身体风暴，或采用乐高人物模型进行桌面演练。

使用模板（工作室画布）作为个人独创工作室画布的起点（图 9.36）。

推荐阅读

• E.P. 蒙特高玛丽和 C. 伍博肯《外推工厂操作员手册 1.0 版》，包括 11 个未来建模工具。独立出版平台 CreateSpace2016 年发表。

• IDEO.org《设计以人为本实地指南》（第11 版）。爱迪欧创新设计公司 2015 年发表。

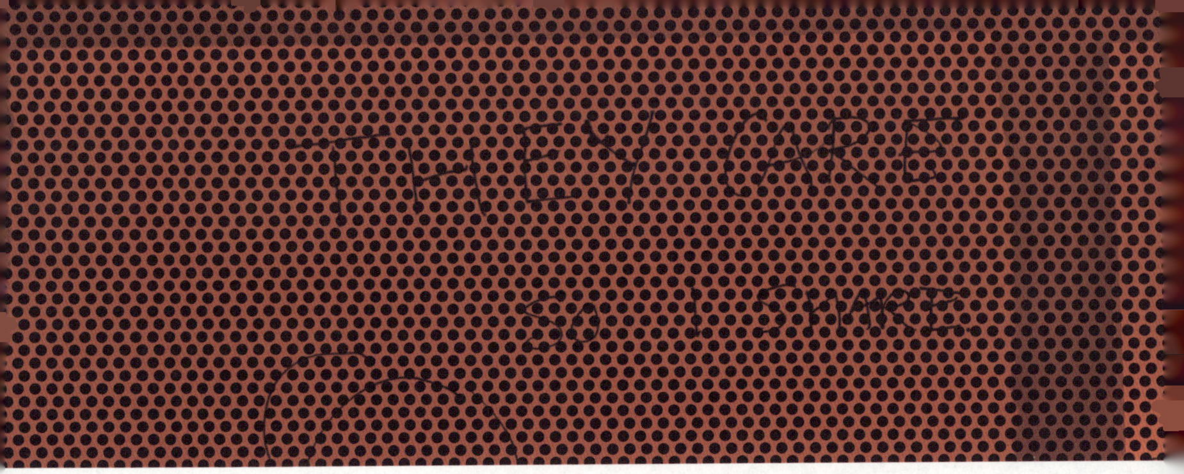
THEY CARE

图 9.36 工作室画布模板。

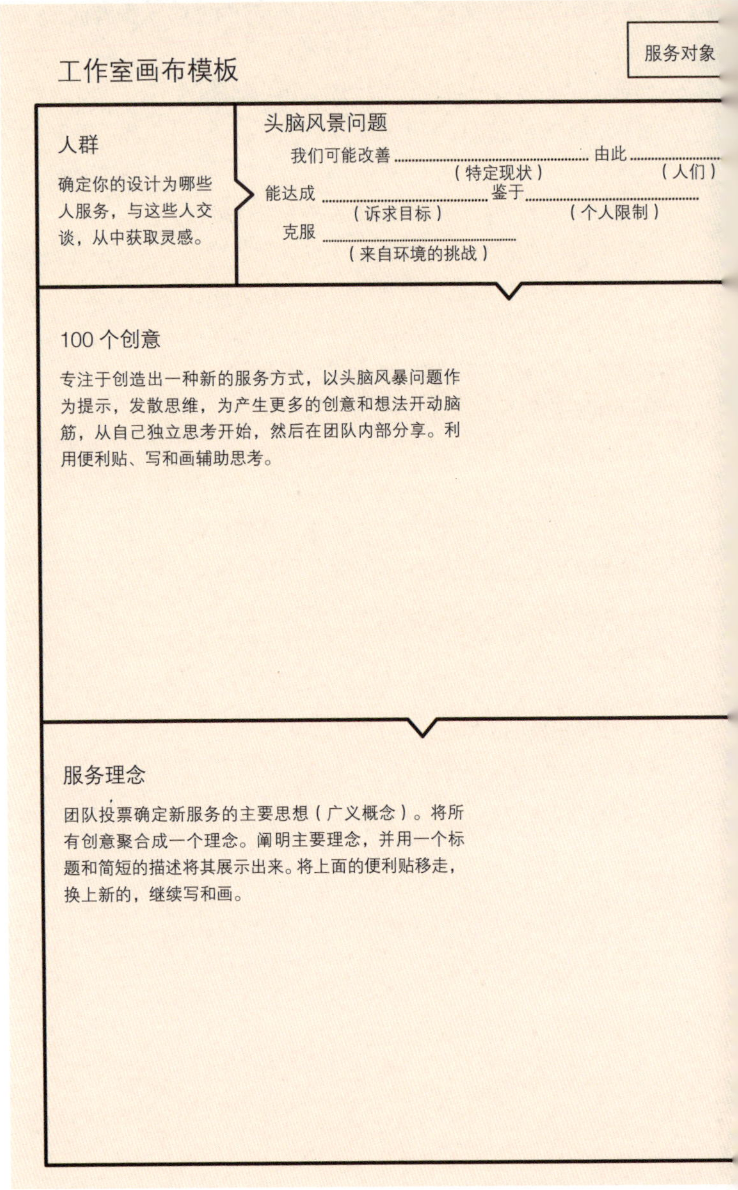
工作室画布模板
服务对象
人群
确定你的设计为哪些人服务，与这些人交谈，从中获取灵感。
头脑风景问题
我们可能改善……（特定现状）由此……（人们）
能达成……（诉求目标）鉴于……（个人限制）
克服……（来自环境的挑战）
100 个创意
专注于创造出一种新的服务方式，以头脑风暴问题作为提示，发散思维，为产生更多的创意和想法开动脑筋，从自己独立思考开始，然后在团队内部分享。利用便利贴、写和画辅助思考。
服务理念
团队投票确定新服务的主要思想（广义概念）。将所有创意聚合成一个理念。阐明主要理念，并用一个标题和简短的描述将其展示出来。将上面的便利贴移走，换上新的，继续写和画。

	设计者:		日期:	版本:

事板

讲述主要的互动情景，提炼服务理念。书写并画
个故事板，展示主要时刻。

演示！

事板为脚本演示，或者利用乐高玩具进行桌面演
将服务接触点勾勒出来，并形成服务产品的模型。

10

原型、测试、迭代

10.1
导言

原型设计是设计活动的关键，也是学习和制定决策的基本过程。它既是研究工具，也是设计开发工具。这是一个可以用高度写实的方式来测试和改进设计概念的过程。当设计团队创建了粗略的和不怎么精细的服务概念来对未来的服务进行更新换代时，原型设计的制作过程可以为设计师在团队迈向最终产品时提供决策辅助信息。原型设计会让设计团队了解到哪些做法是有效的，哪些是无效的，以及哪些方面是可以进行改进的。

原型设计在每个设计领域可以采用不同的展现形式：例如，工业设计师的原型设计是去了解和决定产品的材料、颜色、特征、功能和组件及其生产过程。视觉设计师的原型设计是去了解和决定信息和美学选择，及其可用性和符号学特征。建筑师和室内设计师的原型设计是去了解空间、流动、材料和建筑方面。对于界面设计人员来说，原型设计完全取决于其可访问性和可用性、流程以及信息架构。

对于服务设计人员来说，我们的产品主要包括基于时间的体验及相关部分。因此，我们的原型设计可能包含来自其他设计领域各个方面的组合，并将它们协调为一个单一的、连贯的实体，并随着时间的推移以不同的介质和形式融入我们的生活中。这个过程可能是通过实际物体、空间、对话、通信、标牌，或是数字接口来实现的。在进行服务原型设计时，我们关注的是创建各种组成要素，以及确定服务体验的机会，以便可以使我们了解到这些元素是如何进行实时交互活动的。

将原型设计视为一种理解工具对我们来说是很有帮助的。这也有助于我们去了解人们体验这些服务时的感觉，以及整个体验过程的细节。与绘图一样，原型设计是一种帮助塑造创造性思维的工具，因为它有助于实现那些尚不存在的可讲述的崭新事物。

在本章中，我们将探讨原型设计在服务设计中的作用。我们探索了进行原型设计制作的关键方法以及它们如何为创意决策过程提供信息。考虑到可以在实际的物理空间中进行服务设置，并以数字方式或两者兼有的方式进行展示，我们会针对不同类型的传递渠道去看待不同的原型设计方法。

此外，我们还讨论了将用户和员工纳入原型设计中的方法，以及对这些活动进行管理的有效策略。

10.2
案例研究：
海伦的 YTA 药房项目设计

YTA 是芬兰最大的药房连锁店，它与服务设计公司海伦设计团队取得联系，请团队为其遍布全国的 120 多家药店设计一个新的服务概念。该公司面临的困境与服务模式有关，该服务模式主要依赖销售处方药。当政府新出台的政策导致药品利润率急剧下降并且政府补贴减少时，处方药的销售模式就过时了。在新的服务模式中，客户能够选择比昂贵的名牌药品更便宜的平价药品。

海伦设计团队的第一步是对市场进行战略性分析，包括：分析趋势；对顾客进行跟随调查；对芬兰各地的专家、不同类型的客户和药剂师进行采访；以及其他类型的定性和定量研究。这项研究的结果通报给了创意构思部门。最初的原型设计演变成了链条式的新概念的发展过程。新概念提出了从简单地将药物销售转变为使用整体方法对人们的健康提供支持这一更广泛的概念。在服务实践中，新方法包括向客户提供建议，提供与人们的福祉和积极生活方式相关的服务和产品，而不仅仅只是销售药品。

这种方法意味着药房的客户体验发生了彻底的变化，这不仅严重影响到了药房的物理环境，也影响到了人们进行沟通的各个方面。海伦设计团队提出了一个方案，包括药房内部全面重新设计、新的沟通要素以及提升客户体验的新方法。

在整个设计开发阶段，设计团队采用了现场原型和全尺寸纸板模型进行展示。设计师在他们的工作室中使用纸板家具，分角色扮演员工和客户，模拟处方药交易事件，完成了现场原型展示。实际的原型设计制作对于深入了解新设施的任何实际要求来说都是至关重要的。它还有助于理解客户与药剂师之间进行互动活动的细微差别，以及这些互动活动所需的物理环境，例如，它揭示出了人们对于隐私的需求，客户在与药剂师谈论自己的需求时不希望被其他人听到。在设计开发阶段，这种洞察力促使团队在桌子上方安装了一个扬声器系统，这个系统只在服务区周围发出响声，但在桌子正上方创建了一个安静的区域，以便使客户身处的服务区内没有噪声。但是，若退后 1 米，音响系统就会开始播放音乐。

实际的服务原型设计制作是项目开发的核心，并在试验阶段为战略决策提供有效信息。海伦设计团队为试点药房设计了新的服务模式，其中包括室内设计元素、定制的工作站，这些都可以与客户进行新的互动活动。成功的项目使新方法和新服务模式得以具体呈现。该项目最终获得了多个设计奖项（图 10.1 ~图 10.16）。

其他服务方案也可以在原型设计制作阶段产生，并可以在芬兰境内其他地区轻松地调整。

10.2 案例研究：海伦的 YTA 药房项目设计

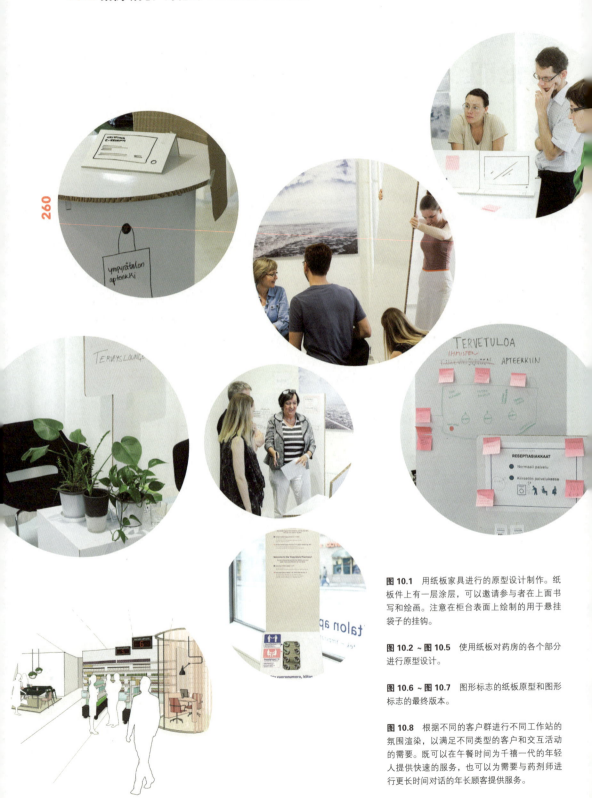

图 10.1 用纸板家具进行的原型设计制作。纸板件上有一层涂层，可以邀请参与者在上面书写和绘画。注意在柜台表面上绘制的用于悬挂袋子的挂钩。

图 10.2 ～ 图 10.5 使用纸板对药房的各个部分进行原型设计。

图 10.6 ～ 图 10.7 图形标志的纸板原型和图形标志的最终版本。

图 10.8 根据不同的客户群进行不同工作站的氛围渲染，以满足不同类型的客户和交互活动的需要。既可以在午餐时间为千禧一代的年轻人提供快速的服务，也可以为需要与药剂师进行更长时间对话的年长顾客提供服务。

图 10.9 ～ 图 10.11　在芬兰各个药房中对新概念构思进行的实时原型设计。

图 10.12 ～ 图 10.16　试点药房配备了新的内部设施、家具和通信系统。请注意紫色计数器上的白色钩子，这是从现场原型制作中获得的直接灵感。

10 原型、测试、迭代

10.3

采访
约哈·孔克韦斯特

约哈·孔克韦斯特是海伦设计团队的首席服务设计师和设计总监，也是阿尔托大学的客座讲师。

在 YTA 药房项目设计期间，您是如何决定进入原型制作阶段的？

我们发现，当顾客拿着他们的处方等待服务时，这对他们来说是一个被动接受的时间段。他们坐在药房的一个角落里依次等候。一旦到达处方台，他们就会得到服务并获得处方药。

对于药剂师而言，这是一个他们可以了解许多客户需求的时间。然而，他们无法与客户待在一起并向他们展示产品或服务。药剂师被困在了这张桌子的后面。

不同类型的客户混合在一起是我们注意到的另一件事情。大致看来，一些客户有很多时间，他们也想与药店员工更多地交谈。通常，这是年龄比较大的客户群。当然，有很多年轻客户更倾向于得到更快捷的服务。我们决定去掉之前的设置并创建两列药房服务台。

这引发了额外的隐私问题。我们如何以保护人们隐私的方式来设计安全区呢？仅使用自动计算机辅助设计软件或进行空间设计渲染是难以达到这样的设计目标的。隐私真

的是需要亲自体验的东西。我们发现有必要以某种方式来尝试、实践，并提出这些交互活动所需的交互环境和实际环境的类型。

您能否谈一谈如何将原型设计用作该项目的研究工具？

设计也是一项需要非常多的实际物质的活动。在设计过程中，我们总是需要用到某些物质方面的东西。我们总是为自己的团队创造一个空间，在那里我们可以在墙上提供所有信息。提出想法本身就是一个非常实际的过程。

实际的纸板原型设计是其自然的延伸。一旦我们开始获得早期想法并将它们形成概念，我们就会在某个点进入一个阶段，在这个阶段中我们必须对这些交互活动、各种环境和可允许参与互动的对象进行原型设计。

举个例子，处方台的设计。我们有一个设置站立式处方台的想法，药房工作人员能以不同的角度与客户会面，而非通常的面对面接触。但是，除非经过亲自尝试，否则你不会知道这种体验是什么样的感觉。我们决定做一些这样的处方台。

在我们的办公室里有一个多功能的画廊空间，在那里我们可以进行原型制作，或者做一些类似的事情或者东西，所以我们能够以非常粗略的方式模拟药房的一部分。我们在那里造了 3 个处方台，这样就可以验证它们的可行性。然后，我们模拟在处方台附近发生的事情。我们那里有一些物品，设计师可以扮演客户实际体验。

很快我们就意识到，如果你正在与 2 个人一起整理药品，那么圆形的桌子并不是一个非常好的选择。物品很容易从桌子上掉下去，而且让人觉得有点笨拙。你不知道自己的确切位置，所以我们将圆桌改为三角桌。它形成了一个自然空间，在这个空间里包括所有的药品、所需的纸质用品以及计算机等相关用具。

我们也注意到这样做时，三角形处方台的一侧会暴露出来。我们很快就在这一侧放置了一块纸板，创造了一个更为私密的环境。

通过实际操作，设计师可以非常自然地意识到这些事情。只在电脑上设计是很难了解到这些信息的。

您已经提到过在工作室空间中设置了一些原型材料。您是否在不同时间与不同的"用户"之间进行一些特定的设计活动？

这样做是以事件本身为基础的，我们总是与员工一起进行原型制作。必要时，我们也会请客户加入，一起进行制作。在药房设计项目中，我们可以自己制作隐私原型。我们不需要让客户参与其中。

员工是如何参与到这个阶段中的？这个融合的过程实际上是什么样子的？

在原型设计和用户测试期间，员工参加了一个培训会议，会上我们会问："这个概念意味着什么，我们如何得到这些最终解决方案，它们将会是什么样的新想法？"

然后我们邀请他们创建客户的行程。我们已经将最初的客户行程作为模板进行了布局，但我们希望他们能够通过更为详细的交互活动来填写这个模板，因为他们都是相关专家。

我们将他们分成小组，探讨人们进入药房时会发生什么事情，排队时会发生什么事情，在处理处方期间会发生什么事情，服务交互活动结束时又会发生什么事情。

他们勾勒出交互活动的草图并进行了尝试。

我们想向他们就整个模型进行说明。这也是他们如何将服务理念内化并产生主人翁意识的过程。

您是如何促进和收集原型实验的反馈信息的？您是否有具体方法或实践方式将了解到的信息用于未来的设计决策过程中，并为此提供帮助？

我们总是用照片来记录原型设计，而有人总是用笔记录。此外，我们使用的材料有一个可以擦除的涂层，你可以擦掉涂层上的信息。你也可以把便利贴粘贴在上面。这是另一种记录方式。我们也可能会在墙上画一个界面或标志。

这不仅是为了获取反馈信息，而且，我们在进行原型设计时，实际上对环境和对象进行了共同设计。

我认为在运用原型制作工具时能够邀请人们参与其中是非常重要的做法。原型设计应该是一种希望产生变化并且看起来不太完整的东西。这就是为什么在原型设计中我们总是使用人们可以撕开、绘制、更改或调整的材料，用到的材料应和人们习惯处理的材料相似。这不仅是邀请人们进行评论，它实际上更像是邀请人们去做一些事情。

这个项目中您是如何找到一个点能让您对设计结果感到满意并不断前行的？

整个设计过程是一个创建假设的过程。我们测试、验证并迭代该假设，直到我们越来越确定。但是，我不相信有一个特定点的想法，实际上没有一个带有一些指标的特定点可以给你的问题提供一个明确的答案。你必须一步一步地继续前进。在某些时候，我们与自己的客户达成一致，我们已经准备好向前迈进了。

真正的协作设计过程的一部分应该包括一线员工和用户的参与，也包括委托项目的领导者。但是，领导者渴望参与到测试和原型制作的所有阶段，这可能会妨碍参与其中的一线员工。设计师应该如何对这种协作机制进行运作，以保证共同设计参与者之间的平衡？

这与设计师如何掌握权力有关。我们有能力让客户在投资方面做出重大的决定。我们必须设计那些一线人员能够做出的东西，甚至可能是他们想要做的事情。我们还必须设计一些能够为我们投资的组织机构带来好处的东西。尽管如此，我认为能够让设计师理解如何向别人传达他们的想法是非常重要的。其中一部分是对服务的背景有着丰富的感同身受的经验和理性的理解。你只有与各种利益相关者合作，通过谈话、倾听、观察，才能实现这一目标。这是获得这种理解的唯一途径。

10.4
案例研究分析

从 YTA 药房项目的原型设计方法中学到的主要经验和教训是什么？通过采用全真模拟的原型设计，海伦设计团队能够使想法变得更为切实可行，以更好地了解客户和员工，并最终帮助他们做出明智的决定。原型设计提供了第一个让想法变得生动的过程，这在服务中是非常关键的，因为这在很大程度上取决于用身体和感官来体验事物，包括声音和时间、身体运动。因此，人们的情绪状态和需要的方式仅通过绘图表示是无法实现的。它还以亲自体验的方式让员工参与其中，使他们能够以二维表征无法实现的方式来掌握新概念。

对事物进行原型设计需要正确地规划，这不仅需要材料道具和支持，还包括协同设计出服务将如何实际发生，以及将如何对整个会话过程进行记录。例如，制作出的构件不要看起来太完整，以免令参与者觉得他们不应该去触摸它们，这一点就很重要。相反，要使用那些可以让参与者撕开、绘制、更改或调整的材料。

虽然原型制作有助于人们做出决定，但我们不应该期待一切都会变得非常清晰。没有什么办法能确定决策是正确的，但客户和设计师应该一直认为他们有足够的信心去继续推进一个概念的实施。

以下是海伦设计团队在 YTA 药房项目中使用原型设计的几种具体的方法。

物质道具

虽然服务可以被认为主要是关于有序的社交互动和交换活动，但服务空间几乎总是由一系列有助于使服务系统正常工作的物质构件形成的。在 YTA 药房的例子中，办公桌、桌子和物理空间对于创建一个私密的服务来说是至关重要的，同时也便于人们在整个零售空间中移动。海伦设计团队使用纸板原型之类的物质道具作为研究工具，用于理解如何从物质和情感的角度产生这种服务交互活动的动态过程。通过使用处方台等未经抛光的简易道具，团队能够快速地了解到哪些设计决策最适合他们的预期结果。对于 YTA 药房项目来说，设计团队知道服务以及填充它的实体设施需要满足那些具有不同需求的客户。实现这一目标的关键在于通过使用粗糙的、不那么干净的纸板道具制作原型而获得的体验。实物道具提供了关于未来服务可能是什么样的理论。道具简易、粗糙，但是它们非常强大，足以暗示一种服务叙事方式，这种有形的方式足以引起人们去想象，而且这个过程仍然可以不断地接受新的见解、想法和修正意见。YTA 药房项目的最终结果形成了直接的产品，这个产品是通过物质道具原型制作过程中获得的见解而来的。

10.5
服务设计的
方法和工具

参与式原型循环（Participatory Prototype Cycles，PPC）

YTA 药房项目突出了参与式原型服务设计概念的价值。海伦设计团队工作室中的多功能画廊为制作真人大小的实体原型提供了空间。随着时间的推移，随着工作人员、客户和设计团队之间的合作中出现的新想法，这些原型也在不断地改变。将多个利益相关者纳入各种原型制作活动中，可以清楚地划定出项目生命周期中的空间，以便制定和体现出未来的服务环境。这些过程都是很有价值的，不仅对于测试而言，对于其中通过让非设计人员的参与而不断产生的改进想法也是如此。参与 YTA 药房项目的设计过程也是一个学习的过程，这个过程是基于一些事物的相互作用而产生的，包括在制作物质道具的同时制定服务体验，由团队对这些体验进行描述和评价，然后将这些见解纳入未来的服务迭代设计中。

本节提供了服务设计原型中使用的关键方式、方法和工具。我们现在将按照以下提纲来对它们进行研究。

物质原型

纸板原型制作和物质道具是海伦设计团队使用的关键技术，如 YTA 药房项目研究所示。在另一个项目中，海伦设计团队（当时称为麦思德团队）使用剧院舞台和模拟医院不同环境的纸板家具制作了医院地板。这种原型制作的主要优点在于，它通过参与性创造了感同身受的学习环境。让用户和员工参与到角色扮演中，因此患者的体验可以由护士或其他工作人员来进行模拟（图10.17）。

我们通过物质道具能够感受到这些体验从而帮助我们预测未来，这些物质道具也能够触发故事讲述。建议使用低成本和低技术的道具和元素而不是成品，因为当这些作品看起来不像最终产品时，人们才会更好地参与其中。

图 10.17 海伦设计团队纸板原型制作的例子。这是一个在黑色剧院中设置的纸板医院。

例如，演示可以循环发生，以便持续改进和测试不同的交互方法，伊丽莎白·桑德斯将参与式原型循环描述为基于制作、讲述和执行之间相互作用的共同对原型进行处理的框架。它通过实验和实施的方式实现了构件的开发，因为它可以从参与者那里获取隐性知识，这在服务设计中是非常必要的（图 10.18）。

数字交互活动原型设计：简易和高度还原

在大多数情况下，服务设计人员不一定是设计数字接口、平台或系统的人，特别是他们的后端，例如仍然需要编写代码的程序员在后台对他们的设计工作进行支持，即便是这种编写代码的能力已经变得越来越普遍了。但最有可能的是，服务设计人员将参与数字接口、平台或系统的前端或用户部分的设计。出于这个原因，我们将只考虑那些没有代码的原型（用于数字交互活动）。

对于服务设计而言，必不可少的数字交互活动的核心方面涉及定义它们所实现的结果（例如，订阅、预订、购买、咨询），以及它们通过其视觉和美学外观将这些功能传达给用户的程度

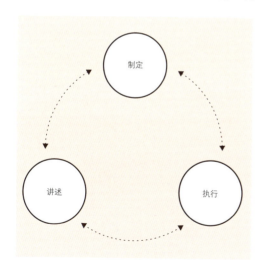

（例如，它们的外观和使用感受）和可用性（例如，它们是否很直观且易于使用，它们的顺序和连贯性）。

因此，服务设计人员的主要作用是能够对服务中包含的交互活动进行定义，在这些互动活动中需要发生什么，他们能够做什么，以及数字平台、系统或界面与用户互动时是如何表现的。

数字原型制作过程首先要考虑所需要的交互性质及其提供的内容，是订阅、预订、购买还是咨询？它是在移动或静止模式下发生的，还是在两种模式下都能发生的？这些互动的主要预期结果是什么？无论是网站还是移动应用程序，哪个是最好的媒介？它需要什么样的用户界面（UI）？什么样的美学效果会更有意义？是否涉及传感和连接等？

在选择数字原型技术时，需要考虑以下几点。首先，问一下这个原型设计的真正意图是什么。这一点可能会因之后丢弃的演示工具或具有可在最终产品中重复使用的编码的实际部分而有所不同。其次，问问那个原型是为谁而设计的？是否要进行用户测试，是否需要共享，还是需要以协作的方式来完成？此时你需要做出简易的还是高度还原的原型？最后，你对原型设计工具有多熟悉？你是否能够进行编码工作？你能承受多少时间、精力和资源花费在编码工作上？

图 10.18 伊丽莎白·桑德斯的参与式原型循环框架。

许多人赞成使用纸质原型技术开始这一过程，因为它们可以快速地探索所需的交互活动，而且这是一个很好的协作工具，易于进行共同创造和团队合作。它至今仍然是一种流行的多用途工具，任何人都能够做到。它也是一个很好的易于共存和共享的协作工具。它允许对所需的交互活动进行任何类型的探索。

用于纸质原型制作的传统的套件包括纸张、透明胶片、索引卡、便利贴以及纸板或泡沫板等材料，便于对设施进行原型设计。有几个可供下载的工具包，其中包含用于用户界面元素的模块和模板，以及用于拍摄纸质原型并快速将其转换为交互式屏幕展示的软件（图10.19、图10.20）。

无论是手工绘制还是使用预制材料，纸质原型设计本质上都是一种仅关注信息架构和交互序列的简易的、非美学的技术。

首先定义一些元素，然后按照交互活动的顺序演练。其中一个主要的考虑因素是要了解状态的变化，例如，单击按钮可打开新屏幕或选中复选框或选择选项。这里的问题是，用户将如何知道事情已经发生了，以及他们如何返回到前一步或前进到下一步？这种想法需要通过在纸质原型中的书写或使用透明胶片来回进行实验，其目的是模拟交互活动并确定播放序列和转换序列。

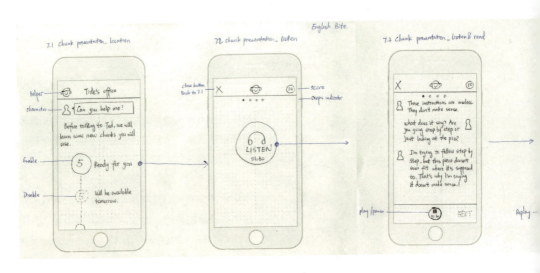

图 10.19 使用模板的手写纸质原型。

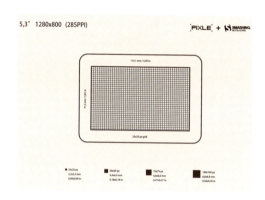

图 **10.20**　由皮克斯乐（Pixle）设计的纸质原型模板。在这个案例中，模板可以帮助你确定触摸平板电脑屏的点按区域。

大多数服务设计师只关注概念化。他们没有进一步去开发高保真原型并进行用户测试，这更像是用户体验设计师所关注的焦点。然而，让服务设计人员去了解高保真原型设计的基础知识可能会很重要，因为他们可能会发现自己将会与用户体验设计师合作。

数字原型制作的一个关键方面是加快验证的过程。用户体验设计师更喜欢在早期设计流程中展示和测试某些内容，以避免出现这样的风险，即在已经完成很多工作时才冒着重做整个流程的风险，提供给利益相关者或指导用户进行测试。

某些软件可以生成浏览、屏幕显示和序列，或者可以将内容快速地发布到网络上。其他软件允许将 InDesign 页面直接转换为移动应用程序。如图像处理软件 Photoshop、素描绘画类的软件 Sketch 或终端协作设计平台 UXPin 等，这些都是在网站和移动应用程序的更为复杂的界面设计和高保真模型中非常流行的设计软件。它们在预制或定制元素方面各不相同，有些提供了全面的元素可供选择。这些包括线框、客户界面元素和图案、过渡标志、可点击元素、背景、图标和符号，还包括点按、滑动和缩放等手势。

对于原型设计过程而言，在早期阶段与用户一起对设计概念进行测试，而不仅仅是在单个阶段进行测试，这一点是非常关键的。设计师应始终将原型设计视为顺序循环。另一个关键的考虑因素是要计划好测试的整个过程：从找到合适的人员开始，到测试阶段，再到规划用户测试会话如何展开、如何调解、如何记录，以及之后如何对结果进行分析和转换，是将此转化为一个新的原型设计周期，还是最终开始实施。

一些现有的用户体验软件可帮助你构建测试会话并从这些会话中收集证据。例如，现有的软件允许记录用户的点击和面部反应并生成可以共享的视频。在这个阶段，设计出的原型应该能够完全进行交互活动或非常接近你可以与用户、客户端和后端开发人员进行的实际沟通状况。

最后，考虑如何在原型制作过程中进行协作是很重要的，这里的协作不仅指的是要与开发人员合作，还要与其他设计师、团队、客户等项目利益相关者协作。通常，实时协作是必要的，例如，你需要考虑使用可在屏幕上编写注释来对原型进行解释的工具（图10.21）。

建议你在选择这些工具之前，先在线搜索最新的工具，比较它们的功能，因为这些工具通常更新升级速度快，也会快速递被替换。

图 10.21 财务授权设计：税务时间项目，致力于为纽约市民提供免费的税务服务，使低收入家庭能够更有效和便利地完成报税等事务。由纽约市消费者事务部金融赋权办公室、花旗社区发展办公室、经济机会中心、帕森斯社会创新和可持续发展设计实验室、纽约市长推进基金会和纽约市食品银行共同合作完成。

模拟服务体验

众所周知，服务体验会受到服务"软方面"的极大影响，包括人机交互活动以及物质方面的服务。事实上，服务的实际场景，包括空间、家具、灯光、声音、气味和标志，能够影响人类的互动活动和感知能力。用于原型制作服务体验的混合技术引入了视频、声音和光以及实物和数字道具，是尽可能接近实际情况的模拟服务场景的方式。

芬兰拉普兰大学的服务创新角实验室以用户体验技术辅助原型设计。服务创新角实验室背后的理念是通过将服务场景的不同元素与现场演示和故事讲述相结合，来模拟服务体验。实验室设备可快速地实现原型设计（图10.22～图10.25）。

服务创新角实验室包括一个中央服务平台，按照一定的角度放置的两个屏幕，以及能够投影出模拟服务需要的场景的后置投影仪。扬声器、实物道具制作空间、数字工具和配件以及可以轻松地将手绘界面内容传输到移动设备的交互式屏幕，进一步增强了这一服务空间的全真模拟性。在实验室中，工作人员策略性地放置了摄像机，以便捕获舞台上的动作并对所制作的场景进行分析。

图10.22 芬兰拉普兰大学服务创新角实验室。

该实验室可以供设计团队使用，他们首先创建描述服务场景的初始图，做好幕后和道具的各种材料的准备工作，展现模拟服务场景，最后编辑视频。这个过程可以循环重复，因此可以开发出不同的服务叙述用于决策过程。由此产生的视频在保真度方面有所不同，但它们始终是非常有用的工具，用于理解人们的情感和决策过程，并对服务主张的可行性进行评估。

除了实物空间和设备外，实验室的一个关键方面是共同创作的故事讲述环节，其中可能包括员工、用户和其他项目利益相关者。

图 10.23 ~ 图 10.25　芬兰拉普兰
大学服务创新角实验室实景。

活动

为你的医疗保健生态系统建立一个新的互动原型。

• 调查和分析你的整个健康生态系统。描述服务提供商以及你与他们进行的不同的交互活动。你可能会想到预约医生，在药房排队等候，或者你的健身房会员资格等信息。与每个服务提供商联系，绘制出实物和数字服务接触点及其他通信渠道，思索与他们进行尽可能多的交互活动。

• 选择一个可以改进的交互活动。确定一个新的服务接触点——实物接触点、数字接触点或者是两者的组合（例如，网站、移动应用程序、信息屏幕、交互式信息亭、新的房间布局、标识系统），这将引发新的交互活动。

• 创建一个物质构件的三维展示和数字接触点的纸质展示模型。使用纸板、纺织品、现有的家具和其他日常物品来模拟实际服务场景。通过文字脚本来明确新的实物构件以及用户的行程。

• 交互活动原型设定完成之后，与几个参与者举行原型制定会议，在会议上讨论每个人在服务中扮演的角色，以便对预想的交互活动和新接触点是否适用进行测试（图 10.26）。

• 举行汇总发布会议，明确主要内容和想法，并用这些新想法分析出下一次交互活动原型可能进行的迭代更新。特别是要讨论如何修改服务接触点，并修正新的交互活动的概念。

推荐阅读

• E.B. 桑德斯和 P.J. 斯泰普尔斯《欢聚工具箱：设计前端生成研究》，BIS 出版社 2012 年出版。

• L. 瓦伦丁《原型：21 世纪的设计与工艺》，布鲁姆斯伯里出版社 2013 年出版。

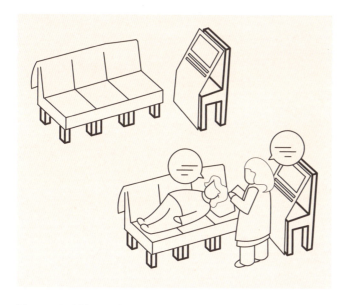

图 10.26 交互活动原型设定。

11

项目实施
和评估

11.1
导言

本章探讨了从服务概念到实施新服务的转变。你将了解到试行对推出的新服务或重新设计的服务的作用，以及如何明确业务内容并将其集成到最终的服务中。除了了解服务实施过程之外，我们还讨论了各种形式的服务评估。如何实时地或在后续的服务过程中将用户反馈合并到服务中；如何安排好足够的服务人员以保持持续的反馈。最后，我们会探讨那些能影响评估的策略。

试行阶段和早期实施阶段可能要求将服务设计人员融入组织中以推进实施过程，例如，对服务接触点的实施过程进行加速或在试点执行测试事务。此外，组织机构可以满怀热情地参与到开发和构思过程中，并有可能喜欢写在纸上的新概念，但他们在承诺采用新的服务条款之前可能会更加谨慎，因为会涉及针对使用全新级别的各项资源的承诺。从设计师的角度来看，从对新服务进行概念化定义到真正实施往往是漫长而曲折的过程，一般很少与创新技能有关，而是涉及更多的谈判，以及返工次数增加，重新设计等问题。

要仔细考虑各项服务的商业影响，其可行性和可持续性是项目实施的关键。这包括要考虑能使服务推出并确保成功所需的各种资源。在这个过程中，要多次重新进行这种评估，并且采用的评估方式可能会随着实际变化而发生相当大的改变。在服务进行中或实施后的整合阶段，评估框架有助于我们在不同的时间段内从不同的角度理解服务的效果。

我们可以通过现场原型全真模拟和试行来减少不确定性，这些试验平台是为了在投入大量时间和资源之前，能够确保服务理念的执行原则和特征，能够与之前所涉及的人员和组织机构产生共鸣。反馈策略对于确保服务能够始终响应紧急需求和适应服务环境的变化而言是至关重要的。通过这种方式，我们可以将服务评估视为一种连续的、共同的创造形式。

11.2
案例研究：
2012年伦敦奥运会项目设计

奥运会是一个具有很多风险的大型活动。2012年伦敦夏季奥运会涉及10000多名参加奥运会和4000多名参加残奥会的运动员，他们在36个奥运会比赛项目和21个残奥会项目中展开激烈的竞争。这届奥运会大约涉及170个不同比赛场地，这些都是奥运会比赛的一部分，其中包括体育场馆、交通枢纽、训练场地和认证场所，6周内，这些场地有超过1100万观众、27万多名工作人员。伦敦奥运会总费用为135.4亿美元。

举办类似活动的风险是无比巨大的。这类临时性的活动所需要的投资金额各不相同，甚至可能会与当地居民的需求产生冲突。因此，举办奥运会投入的资金风险非常大。伦敦奥运会和残奥会组织委员会（伦敦奥组委）的领导层从一开始就认定伦敦奥运会应该关注观众的体验。随着主要的基础设施已经确定，一些原有的和新的场地已经就绪，组织者发现参与者将在烈日或雨中用整个观赛行程40%以上的时间排队等待，这与当初组委会要为观众提供一次伟大体验的承诺大相径庭。

伦敦奥组委在大多数预算和计划已经确定的相对较晚的阶段才引入体验设计团队。他们必须迅速地采取行动，制定出大量的及时反馈策略。考虑到观众的流动性和他们的观赛行程，体验设计团队首先考察了新旧场地，制作了风险登记表，以勾勒出可能出现大问题的地方。从那里开始，他们试图通过设计一个服务策略，通过积极的场馆运作来预测问题。"表现活跃的观众"的想法是他们的策略核心。让观众在正确的时间以平和的心态到达正确的地方是必不可少的，因为表现活跃的观众才是表现出色的观众。表现出色的观众也为广播公司和运动员提供了合适的画面和氛围，他们也更加热衷于在场馆消费，如租借品、食品和饮料，这是此类活动重要的收入来源之一。除了表现活跃的观众外，还需要表现出色的工作人员。因此，设计师的主要关注人员流动和各种排队等待（图11.1～图11.6）。

由于安全检查和体育场空间有限，若是观众想要准时到达座位区，就需要提前到达比赛场馆。打印门票是主要的初始服务接触点，可以用于传达相关重要通知，例如建议到达的时间。然而，由于观众至少在奥运会开幕前6个月就购买了门票，因此服务设计团队成员担心大多数观众不会及时地检查这些信息，会存在观众到达体育场馆的时间太过于接近赛事开始的时间，从而陷入排队等待的困境中这类风险。设计团队成员用不同的渠道来确保这些信息能够准时传达给观众们：短信、实时关注赛事的网站，甚至还有通过邮政系统发送的纸质信件（图11.7、图11.8）。

图 11.1 ～ 图 11.3 观众走向举办赛事的体育
场馆；水球赛事举办地入口处的观众。

图 11.4 体育场的标牌。

图 11.5 与奥运火炬合影的机会。

图 11.6 有关体育竞技规则和规定的展示。

282

11 项目实施和评估

284

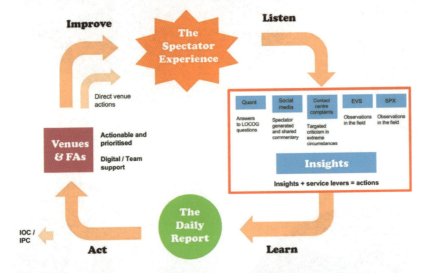

图 **11.7** 观众体验管理的"持续改进引擎"，显示出不同的反馈源并生成每日报告，在这个报告中会提示将要举行的各种活动和优先注意的事项。

图 **11.8** 观众观赛行程的描述考虑到了行程规划，到达比赛场地、在场地内部以及比赛结束后的各项行程。

伦敦奥运会服务设计团队制定了一整套策略来减少排队等待时间。有一个想法被称为"魔幻时刻"，这是一个摄影拍照的机会，观众可以拿着真正的奥运火炬拍照留影。为排队的观众提供娱乐的演职人员出现在了排队场所的几个地方，这些演职人员通过无线电广播可以根据赛会工作人员的要求到达特定的排队队列中演出。为防止人们在某个地方停留过久阻挡队伍的流动，有乐队会排队进入停车场并开始演奏，这样人们就会非常自然地跟随他们——这是从迪斯尼世界游乐园学来的一个技巧。为儿童准备的各项活动由体育场馆周围的志愿者和其他工作人员自由创作实施，这样就减少了在某些关键点观众过度拥挤的风险。与此同时会举办与体育相关的展览，以便向观众介绍特定体育项目的规则和规定。在伦敦奥运会期间营造出的氛围就像是节日一样，在城镇周围也设有很多的服务接触点。

该项目团队意识到，无论计划和准备做得多好，都无法保证在如此规模的项目中做到一切正常，特别是在奥运会开始的时候。他们的方法是不断地提升观众的体验，监控每天的情况并实施改进措施。所需数据主要来自问卷调查、社交媒体上的反馈以及一线员工的真实看法，所有这些都会汇总并生成每日报告，揭示出哪些做法是有效的，哪些是无效的。每日进行改进的方法是至关重要的，因为正如团队领导人亚历克斯·尼斯贝特所说："每天，甚至是伦敦奥运会的最后一天，都将成为很多人的第一印象，也是他们的第一次体验。"

他们通过使用问卷中的定量数据来询问不同场地的操作问题和热点问题，并将之生成电子表格。他们从中了解了基本的信息，如食物和饮料的获取方式出现了问题，餐饮的质量差或者厕所的清洁不及时。每日制作的报告以幻灯片的形式分发给各利益相关方，然后这些利益相关方可以采取行动改善状况。

他们还通过询问参与者"如何用一个词总结一下您的体验？"生成每天都在变化的文字云来收集定性数据。这种方法被证明是监测一般观众情感的晴雨表。社交媒体也受到了关注，但团队成员不会在社交媒体上直接与观众对话。这些来源提供了大量的反馈信息，并且在观众的帮助下，这些信息对于伦敦奥组委持续改进工作来说是至关重要的。

从这些反馈中，赛事主办方改善了供水设施，例如，通过建立更多的清洁饮水站并动员该国所有的喷泉供应商参与建造。在奥运会结束后的几周时间里，也就是残奥会开始前的时段，整个组织机构的人员都感到很舒适，创造出更多细致入微的美好体验。

11.3

采访
亚历克斯·尼斯贝特

亚历克斯·尼斯贝特是伦敦 Livework 设计工作室的设计主管。他是 SDN 管理团队的成员，并承担 SDN 活动委员会的领导工作。亚历克斯是伦敦奥组委（LOCOG）和伦敦残奥会组委会观众体验项目的经理。

您能否简要介绍一下您参与的 2012 年伦敦奥运会和残奥会观众体验项目设计的性质？

伦敦奥组委是第一个专门进行观众体验设计，为观众提供美好体验的奥运会组委会。之前没有哪个主办城市真正考虑过观众的体验，也没有想到过观众会感受到伦敦奥运会这种级别的体验。概括来讲，我们的主要工作是为观众体验客户群编写规则书。我们在奥运会前就观察了观众在去观看比赛前的行程。例如，人们去看比赛时如何找到比赛场馆的位置，如何选择以及怎样去购买观赛门票。我们明确要做的是专注于场地层面的体验。如果你是持票人将会遇到什么情况？在你观看比赛的当天会发生什么事情？这就是重点所在，也是改善观众体验的重点方面。

您能举一个关注观众体验的例子吗？

观众需要在比赛开始前近 3 个小时前往比赛场馆。研究人员告诉我们，他们可能会用高达 40％的观赛时间去排队等候。这是因为安保、比赛行程方面的安排，或者是因为必须要走很长的路才能到达他们的座位。这就需要对他们做一些引导，多做一些准备工作。例如，"如果我在比赛开始前 2 个小时到达场地，我将要做什么？"当你在场馆附近等待，我们要做的是通过提供一些娱乐和一些引导活动来帮助他们了解比赛场馆，以及他们正在观看的事物。我们的目标是让观众以正常的心态在正确的时间到达正确的地方。如果观众心态平和，他们才更有可能在观赛时有鼓掌的心情和意愿。这就是广播公司想要看到的。他们想为运动员提供完美的参赛氛围。此外，赞助企业还希望观众在促销商品和餐饮方面花钱。我们将这样的观众称为表现活跃的观众。

您是如何将所有必要的时刻与人们通常的行为方式进行匹配的？您计划要做的事情与比赛结束时最终必须做的事情之间的关系如何？是否会有紧张的感觉？

大多数企业使用服务设计是为了实现客户体验最大化，从而产生巨大的商业影响力。有趣的是，对奥运会这个项目，我们总是专注于防止负面影响，这可以让你得出上述同样的结论，但却是从不同的角度看待的。我们有一个持续改进循环的计划，这样做是因为我们知道在第一天、第二天或第三天都可能会出问题，因此设计师必须审查并且持续审查，以便在已知情况的基础之上再次创建服务。我们的观众体验团队的策划基础是："你如何减少某些因素影响，但是却能够以一种激发、促进、吸引并激励观众的方式达成目标？"我们的团队专注于解决问题，要以人们喜欢的方式来完成这一过程。这是我们在服务设计中面临的重大挑战之一，"我如何帮助企业得到他们想要的东西（产生价值、加快流程），这样做对患者、乘客或观众来说也是非常有用并可取的。这种二元性是我们所了解的服务的真正价值所在。"

关于弥合商业利益、观众体验，以及对正在运行的大型系统做出实时响应的想法，是否有特定的实践活动可以对奥运会召开期间出现的这些情况进行评估？

我会说要实现这个想法就要去倾听观众的心声，了解他们，采取行动，然后改善他们的体验。当然第二天你还会做同样的事情：倾听、观察、了解、行动。对我来说，这是一个迭代循环的过程。你可以在已经了解到的事情的基础上去创建、测试，并观察效果如何。这包括倾听和观察公众的行为。我们做了研究，以了解观众在比赛前的想法和感受，然后我们就用很多时间研究他们的计划和想法。我们发现他们有一些尚未满足的需求。我们在奥运会期间持续迭代循环，改进服务。每项运动都进行了一场完整的竞赛测试活动，这些都是在伦敦奥运会前一年左右的时间进行的，这也帮助我们确定了改进观众体验的措施。

您在多个利益相关者和运营渠道的复杂系统中工作时是如何运行这些服务接触点的？

我们自身具有多项能力。第一个要素是组织良好的机构。每个奥运会项目都有一个非常清晰的各个功能区的剧本，如果你愿意的话，可以把它当作一个支持复杂系统的用户指南。观众体验团队得到了国际奥委会的大力支持，他们完全相信我们正在做的事情，并且100％地支持我们。管理复杂的大型活动以及在严苛的情况下工作的团队经验也很重要，因此你可以期待能够有非常高水平的合作伙伴，很明显这在本质上就是一项团队活动。

您是否有一些特定的服务范例可以和大家分享一下？

票务系统可能是一个很好的例子。它的运行前提是我们不想在赛场里出现任何空座位。在之前的奥运会和其他比赛中，电视摄像机俯拍时会看到体育场座位出现"半空"的情况。伦敦奥组委不希望出现这样的情况，因此用彩票的概念来避免这种情况。你可以根据自己的喜好登录系统参与抽签，但你不知道能抽到什么票。这意味着很有可能每张门票都会被买走，但这也确实给观众能看什么比赛留下了不确定性。例如，你想看100米的决赛，但抽到的却是举重的门票。这是否导致，"哦，我很失望。我是否该试一下去换票呢？我讨厌看举重比赛吗？我会出现在举重赛场的观众席上，但我对举重一无所知"。我们意识到观众可能会经历些什么，并希望将可能的失望变成积极的探索过程或灵感，"这看起来很有趣。也许我想尝试一下去看看。"

我们所做的包括围绕举重这个主题做了很多知识普及活动，例如"这就是举重。这里有一个关于举重的历史，不同的托举、抓举和重量等级比赛的展览"。

我们试图提供有助于了解这项运动的各种信息，以便当观众坐在赛场座位上时，他知道如何欣赏，怎样评判什么是精彩的比赛。在比赛期间，我拍摄了许多人物照片和他们正在做的事情。这里有一张观众在我们设计的展台前驻足的照片。这个展台上有一张运动员把杠铃举过头顶的照片。她的双手举在空中，并且有位观众站在这张展览的照片前正在模仿运动员的动作，并让他的搭档来给他拍照片。我们创造的是一个让人们了解这项运动的机会，同时他们排队等待比赛开始以及拍照留念的机会都会成为持久的回忆。这一切都有助于创造一种更加有活力的氛围，这是举重运动员和广播公司所喜爱的场景。

您提出了机构买入的问题。您能就此深入解释一下吗？这是必须要进行游说的东西吗？

确实要做一些事情。首先，要能够简洁地表达愿景。我们为观众行程中的某些点以及这些支持场地运营的方式创建了研究主题。我需要能够简洁地表达我们提出的事物的价值和益处。还要考虑资金的问题。我们可以得到多少预算？我们需要在这里花费多少钱？降低风险的成本是多少？我们真的需要这个东西吗，或者我们可以在没有它的情况下摆脱这些问题吗？换句话说，能够使事物看起来具体或有形是一个我们学到的非常有价值的经验，因为你可以说："相信我，我们需要这样做。"观众将会在比赛日平均花费40％的时间去排队等待。我们需要给他们安排其他可做的事情。人们会想要停下来在奥林匹克体育场自拍，这就是一个关键点。真正的说服力是当我们能够把事情变得更为切实可行时。我们所做的降低风险和建立全面的商业案例所用的语言是领导层能够理解的。一旦我们意识到自己的目标以及我们将如何实现这些目标，设计师就会把所有的事情都视为一种风险，要规避或减轻，而不仅是一种需要改进的经验。我们在用他们的语言交谈时会显得很无情，以便能够达到成功买入的目的。

作为服务设计师，您是如何协调与不同的角色进行对话的？您始终需要与来自如奥组委、大型企业、体育联合会、安保、运输服务部门的各种人员交流并获得批准？

我们使用的沟通模式集中在建立团队、创造对话机会方面，这样可以共享关注点、概念、想法以及改善方法等信息，每个人都可以参与其中并达成共同的意见，然后形成工作组完善细节。我们的机构中有很多委员承担协同工作。我们所做的大多是进入服务的场景，将观众的声音融入现有的框架中。我发现自己要与体育联合会、技术部门、广播公司、建筑公司，以及来自许多不同机构的人员交流。服务设计告诉我的是，你可以前一分钟与胆固醇高的病人交谈，后一分钟与政府或某个航空公司的人，或者与更习惯租用自卸车的人交谈。服务设计师必须习惯于与许多不同的参与者对话，了解他们在提供服务时可能扮演的角色，以及他们在为用户提供良好体验方面所起的作用。

最后一个问题是关于如何开始的。您是如何开始这种大型规模的项目设计的？

显然，奥运会的规模很大。你必须把它分解成各种小而易于管理的模块，这是我们必须要做的，因为我们是一个小团队。同样重要的是考虑你将在哪里发挥最大的影响力。在这方面，我们的完美基础（Brilliant Basics）和魔法时刻（Magic Moments）理念就显得非常强大。要保证掌握正确的基础知识，确保人们的饮水需求，确保观众知道他们必须坐下来看比赛的时间，确保人们知道去哪里，确保如果有人遇到麻烦，可以让他得到帮助。这些都是基础知识。魔法时刻包括和吉祥物、奥运火炬拍照，能够获得运动员的签名，这些都是非常真实的体验，也是真正能够实现的。打破表层现象，了解什么是有用的，什么是非常有用的，什么是有价值的，什么是非常有价值的，然后开始享受这个过程的每一分钟。

11.4
案例研究分析

路线图

由于奥运会这类大型活动的复杂性，设计团队围绕降低风险的概念构思了他们的大部分想法。奥组委通过潜在风险的视觉记录看到了每个设计的决策过程。为了实现服务理念，观众体验设计团队在事件发生之前就创建了风险登记图。这些登记图以精确和切实可行的方式说明了每个设计决策的工作方式，以及如何实现促进观众的流动，避免麻烦和拥堵等更大的目标。设计团队和奥组委之间的这些沟通模式是服务理念能够实现的重要工具。

反馈策略

在这个案例研究中，服务的成功实施和持续加强有赖于关注人们体验的有效反馈策略。该策略具体实施时需要一定程度的响应能力，在你对正在运行的工作和需要改进的内容有所了解时，才可以对服务进行有效的改进。就伦敦奥运会这个项目而言，通过持续改进循环的措施收集到了观众体验的实时信息，这有助于团队敏锐地采取行动。在这里，我们看到实施和评估是如何融合到一个持续的"做—了解—改进"的过程中，这一过程由各种来源（即观众、员工）的反馈信息

指导。收集反馈的工具也是多方面的，利用各种定性和定量的信息流（问卷调查、社交媒体、员工反馈），最终这些信息都体现在每日报告中。这些报告令各种利益相关者的见解更易于互相交流（使用幻灯片）。这种评估和沟通实践有助于指导决策，并对服务体验的各个方面进行改进。

明确的价值主张

伦敦奥运会这个设计案例突出了明确的价值主张在成功实施新服务设计中的重要性。价值主张的核心是完美基础（Brilliant Basics）和魔法时刻（Magic Moments）的理念。每个想法的重点都是直截了当的，将积极的体验与高效、愉悦和丰富的服务联系在一起（例如，可管理的队列、易于找到的饮用水、信息丰富的展览、对自拍机会的策略性设计和儿童活动）。

除了具体的观众体验之外，设计团队还能将他们的想法转化为一个全面的商业案例，以便用他们自己的语言与利益相关者进行战略性沟通。除了改善观众的体验外，设计团队还要在风险缓解方面加强思考、设计。设计团队由此才能提高人们对他们的想法的认可和采纳程度。

11.5
服务设计的方法和工具

以下的方法和工具提供了设计项目实施示例，这些已经实施的项目演示了如何桥接创意生成阶段和原型设计过程，包括使用试点和路线图将业务建模集成到服务设计的过程中，如何整合反馈策略，以及如何在服务中思考、评估等。

试点和路线图

试点是对服务设计进行真正的、小规模控制的实施过程。试点过程涉及实际场所中真正的人员，包括员工和接受服务的用户。试点是桥接原型和缩放实现的关键方法。它们能测试新的服务概念及其接触点，收集哪些做法是有效的，哪些做法是无效的等信息。

虽然现场原型通常是在现实条件下进行的一次性高保真测试，但试点包括几轮，并会持续数周或数月。通过每轮测试改进，试点实现了可预设服务特点的演进。在涉及多个渠道和接触点的项目中，试点会更有用，因为可以在不同的时刻以不同的速度测试不同的接触点和渠道，这样就更易于对整体协调过程进行管理。因此，动员同一组织的不同部分，规划试点后勤的工作也是至关重要的。

为了进入试点阶段，服务设计团队已经与客户组织进行了多轮审核和修改确认，获得了管理层决策者和领导者的支持，并与一线员工和用户完成了初步测试和咨询。准备好进行测试的服务设计的概念通常包括设置一系列准备部署的接触点，并辅以规范材料，例如服务蓝图和其他描述性材料，其中可能包括解释性材料及说明其使用方式的书面文件。

一旦这些材料获得批准，就需要确定试点的位置，将涉及的人带入项目实践中。为试点建立明确的评估目标并确立比较基线，这些都是非常重要的工作。

- 主要项目目标（定量）：通过将试点数据与其他站点的数据进行比较，确定试点是否会对接受新服务的用户数量产生影响。

- 辅助项目目标（定性）：确定试点是否有助于用户了解服务的新的增值项。

- 确定可以对试点做出哪些方面的改变（如果有的话）：增加用户数量；提高他们对新产品对其个人生活和需求影响的理解。

设计团队应与项目利益相关方协商，确定问题的关键和可供衡量的细节。下一步是制定和审查计划的细节，描述跨时间的活动和角色。该计划应包括对参与者和协调人的定期登记评估。设计团队应该在整个试点过程中对设计进行小的改进和修改。

路线图是在试点阶段完成后制作的文件，这些路线图描述了如何将新服务推广到更广泛的实践过程中。它可能涉及1年（或更长）的时间安排以描绘出各项活动和关键节点。将要实施的行动流划分为不同的轨道的做法可能更为容易实现，整个过程可以从不久的将来（1个月之后）开始一直延续到接下来的几个月中。另外一种策略是重建，即从一年后的最终目标开始，从后面一直重建到现在，思考在这个过程期间所需的步骤和关键节点。建议将路线图与资源评估配对，并评估在整个路线图中工作人员所起的作用（图11.9）。

商业影响：商业模型画布

商业模型画布是一种工具，可以帮助设计者分解复杂的商业元素，能够帮助人们理解其可行性并模拟概念是如何作为商品业务而产生意义的，以及可持续性。根据商业模型画布的创建者奥斯特瓦德和皮尼厄的说法，"商业模型描述了组织机构是如何创造、交付和获取价值的基本原理。"对于新的服务概念而言，它可以帮助设计师和组织机构针对新服务制定出商业案例，而且能够以参与的方式进行使用。

画布的核心是价值主张：服务对其客户/用户的益处，以及它是如何为他们创造定量（价格、速度）或定性（体验、审美）价值的。事实上，价值主张是服务的核心和意义，也是其业务发展的起点。服务要传递出一种价值，让潜在的客户认为其成本是值得投入的，无论和以下要素是否相关。

- 合作伙伴：包括供应商、战略联盟以及外包或共享基础设施的提供商。

- 关键资源：无论是实体（如实体空间）、金融、现金、信贷、知识产权（包括品牌、专有知识）、合作伙伴或数据库，还是人（与所有相关人员及其技能相关）。

- 为完成服务功能需要进行的所有活动，包括建立新服务的生产活动（例如，设计和建立新的物理空间，设计网络平台，生成信息材料），维护其常规活动功能和持续的故障排除与改进（例如，材料管理、信息材料分发、培训和知识管理），以及与开发维护平台和网络相关的事务（例如，易趣网或PayPal，它们将客户和第三方联系了起来）。

接下来的问题是，新服务价值的主张是否适用于特定客户群体：你希望自己的服务涉及哪些人群？是否完成了服务工作，即解决了这些特定

时间范围	服务设计团队	客户服务组织 核心管理团队	客户服务 组织分部	客户服务 组织分部
第一个月	• 为用户创建一个预估表 / 调查问卷，并在服务之前 完成。 • 为用户创建一个服务后表 / 调查问卷，并在服务之后 完成。 • 为提供服务的工作人员创 建评估表 / 问卷。 • 为评估表 / 问卷管理安排 时间。	• 合作商讨、分析表格的内 容和构成，并反馈意见。 • 与分部保持联系，并制定 工作时间表。	• 为服务设计团队安排管理 评估数据时间。	• 咨询评估、设计和流程。 • 对表格内容和构成反馈意 见。
第二个月	• 管理第一轮评估表格。 • 由其他数据部门的工作人 员对表格结果进行汇编。 • 分析数据和调查结果，提 出试行方案的修改建议， 改进试行方案。	• 如有需要，为评估表管理 工作提供后勤保障和支 持。 • 与分部保持联系，收集数 据。	• 收集和提供数据。 • 完成评估表。	• 咨询量性和质性数据。 • 分析最佳实施方案。
第三个月	• 根据第一轮评估结果调整 试行方案。 • 为第二轮评估调整评估管 理方案。 • 分析第二轮评估结果。	• 合作决定如何调整试行方 案。 • 与分部就方案调整和第二 轮评估日程安排保持联 系。	• 为服务设计团队安排管理 评估数据的时间。 • 收集和提供数据。 • 完成评估表。	• 对调整方案提出反馈意 见。
第四个月	• 根据第二轮的结果调整试 行方案。 • 为第三轮评估调整评估管 理方案。 • 分析第三轮评估结果。	• 合作决定如何调整试行方 案。 • 与分部就方案调整和第三 轮评估日程安排保持联 系。	• 为服务设计团队安排管理 评估数据的时间。 • 收集和提供数据。 • 完成评估表。	• 对调整方案提出反馈意 见。
第五个月	• 实用信息数据最终总结实 用信息数据。	• 对如何实施做出决定。	• 为服务设计团队安排管理 评估数据的时间。 • 收集和提供数据。 • 完成评估表。	• 咨询传递有用信息的最佳 方案。

图 11.9 服务设计项目中为期 5 个月的试点计划示例。试点可能需要与用户、员工以及第三方专家和顾问进行多轮测试和咨询。

客户 / 用户群的问题？是否使用正确的渠道与他们进行了沟通？实体或数字渠道是否适合这些受众？在整个服务过程中，是否建立了合适的客户关系？这些客户关系是否得到了大家的支持？他们需要私人定制协助还是自助服务？

商业模型画布虽然灵活，但仅以财务方面为中心。其他价值观和模型无法通过此工具获得，例如，社会和环境方面。社交商业模型画布借鉴了商业模型画布的结构，并使其适应以社会价值主张为核心的企业，例如，非营利组织甚至是具有社会使命的营利组织（图 11.10、图 11.11）。

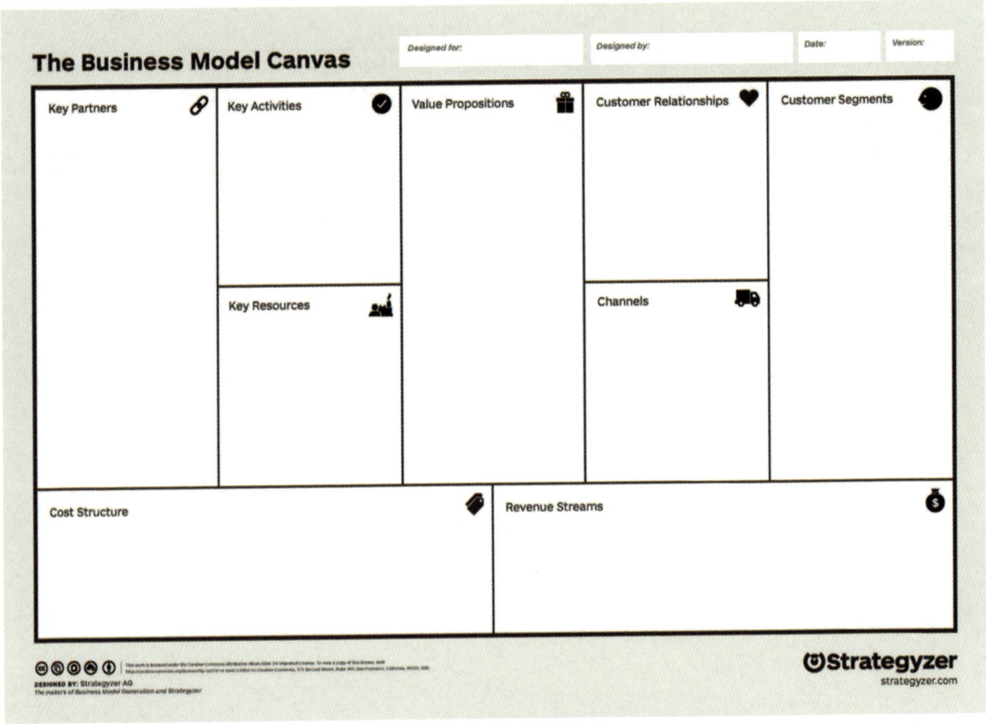

The Business Model Canvas

| Designed for: | Designed by: | Date: | Version: |

| Key Partners | Key Activities | Value Propositions | Customer Relationships | Customer Segments |
| | Key Resources | | Channels | |

| Cost Structure | Revenue Streams |

Strategyzer
strategyzer.com

图 11.10 商业模型画布。

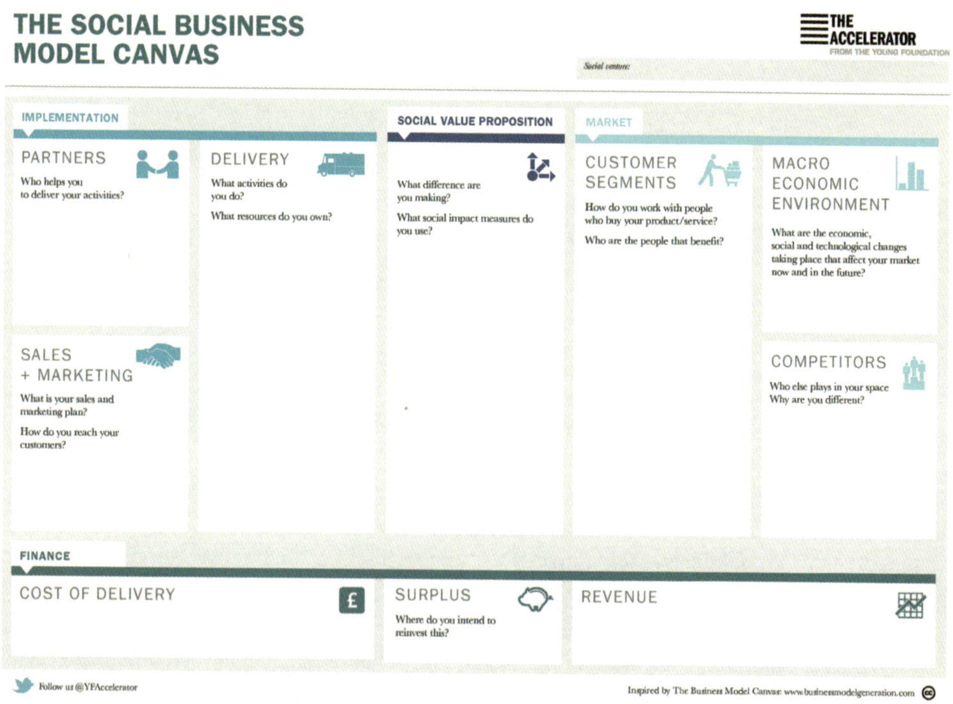

THE SOCIAL BUSINESS MODEL CANVAS

THE ACCELERATOR
FROM THE YOUNG FOUNDATION

Social centre:

IMPLEMENTATION

PARTNERS
Who helps you
to deliver your activities?

DELIVERY
What activities do
you do?

What resources do you own?

SALES + MARKETING
What is your sales and
marketing plan?

How do you reach your
customers?

SOCIAL VALUE PROPOSITION

What difference are
you making?

What social impact measures do
you use?

MARKET

CUSTOMER SEGMENTS
How do you work with people
who buy your product/service?

Who are the people that benefit?

MACRO ECONOMIC ENVIRONMENT
What are the economic,
social and technological changes
taking place that affect your market
now and in the future?

COMPETITORS
Who else plays in your space
Why are you different?

FINANCE

COST OF DELIVERY £

SURPLUS
Where do you intend to
reinvest this?

REVENUE

Follow us @YFAccelerator

Inspired by The Business Model Canvas www.businessmodelgeneration.com

图 11.11 社交商业模型画布，来自青年基金会的"加速器"项目。

反馈策略

可以将服务的评估理解为一种连续的共同创造的形式。用户可以告诉服务提供商相关问题和机会等信息，告知管理层和员工他们可以采取相应改进和适应措施的方式。如何找到适当的反馈机制对服务的开展情况进行衡量、评估是一个主要的挑战。

伦敦奥运会的案例研究为反馈机制提供了一个很好的例子，该机制利用混合数据监控服务交付，每天对服务痛点进行识别。服务设计团队通过问卷调查、登记投诉、社交媒体以及实时的观察监测数据，不仅收集了硬性的定量数据，而且还收集了轶事和趣闻。设计团队获得公共体验的混合数据，将其编制成每日报告，包括已经转化为现场优先级处理和行动的见解，作为推动持续改进的发动机（图 11.12）。

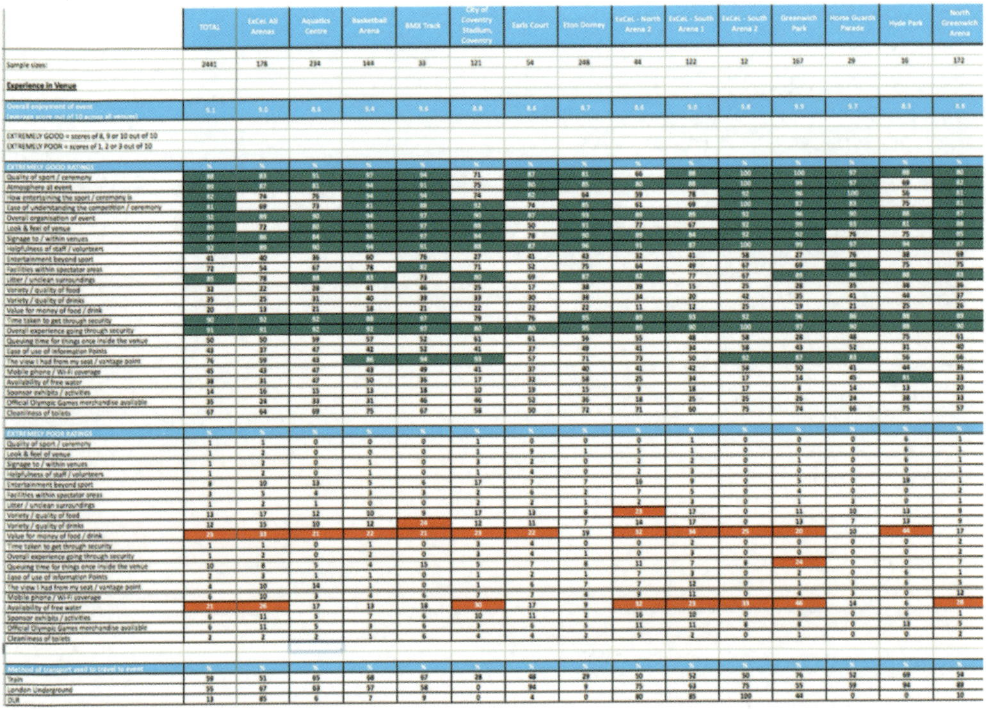

图 11.12　伦敦奥运会调查表示例，显示了场地中的各个热点。

调查问卷是在不同的场地向公众征集而来的，问题涉及了基础设施（无线网络 Wi-Fi 的覆盖范围、饮水机的可用性），通信（标牌功能）和体验方面（排队时间、场地外观和感觉）。设计团队将问卷结果汇编成电子表格，对数据进行汇总且突出极端情况，并显示不同场馆的收视率高点或低点。

设计团队在调查问卷中对公众提出的一个关键问题是："如果能用 3 个词或短语来描述您在奥林匹克公园感受到的氛围，您会用哪 3 个词或短语进行描述？"词汇云是汇总公众反馈数据的首选工具，能大致了解公众的体验结果（图11.13）。

社交媒体是筛选观众在伦敦奥运会期间体验的另一个重要渠道。在这种情况下，社交媒体被视为监控公众反馈的晴雨表。然而，该团队没有参与回复，部分原因是没有足够的精力。事实上，社交媒体越来越成为组织机构与其服务对象之间重要的沟通渠道。一些社交聆听工具可以帮助组织机构监控客户的反馈，了解他们的目标受众，并与竞争对手对标比较。尽管如此，许多客户通过社交媒体投诉仍得不到回应，可能是因为与公众直接对话是一项更大的投资，可能需要配备新员工，例如，社交媒体经理（图 11.14、图11.15）。

反馈策略的最后一个关键问题是用户的定量和定性数据如何引导决策结果的产生，并最终促成改进服务质量。这在很大程度上取决于谁在阅读这些结果，以及他们是否想要或有权力实施必要的变革。

就伦敦奥运会而言，每日报告是服务设计团队设立的"持续改进发动机"的关键工具，汇总了从不同来源收集而来的数据。一份充满了丰富数据的单页文件会传递给国际奥委会（IOC）和国际残奥委员会（IPC）以及不同场地的管理人员，他们将调查结果最终诠释为场馆内的直接行动。

Quant experiential

If you could describe the emotions you felt while you were at the Olympic Park using three words or short phrases, what would they be?

图 11.13 词汇云能够提供伦敦奥运会一天内公众体验的定性和定量数据。

Extended Spectator Research Summary

Summary – the lows

- Catering and queuing experiences need improvement at OLY, STA, WEA
- Mixed sentiments related to music (it's subjective)
- Empty seats – still an issue, but reducing
- Lack of GB gold generally leads to reduced venue scores

Contact Centre – Top complaint topics

Data source: Call Centre Period covered 11.01 08/08 – 11.00 09/08

SEC (4)	Staff behaviour (OPK, HGP, OLD, EXL)
CCW (4)	Potential food poisoning (OPK) Food shortage (MIL) Payment (EXL)
EVS (4)	Staff behaviour (GRP, AQC)
RIA (2)	Noise pollution (EXL) Seating malfunction (BBA)

18 total formal complaints received Thurs 9th

Social Media – Top negative topics

Data source: Twitter Period 18.01 8/08– 18.00 09/08

Catering and queuing at OPK, (also STA and WEA) *"Yer another Olympian water queue. Why oh why LOCOG & Seb is water so scarce in #olympic park? #citizencurators."*

Informed i can't buy chips on their own at the Fish & Chips stall because "McDonalds have bought the rights to selling chips on their own"

"It is a shame Lord Coe and #LOCOG never visited Twickenham on a match day to find out how stadium catering can work #thatequeues #olympics."

Mixed sentiments related to music *"don't know who the MC is at the riverbank arena, but im guessing he's a failed local radio DJ #noonoscidication."* "YMCA in the Olympic stadium #omg."

Empty seats update: The phrase was mentioned 250 times yesterday in Olympics conversation. Compares to 45,000 times at its peak on the 29th

Operational Insights from SPX

- More water fountains (GRP)
- More seating in spec zone & wayfinding to stadium (HGP)

Data source: Email. feedback Period 21.00 06/08– 21.00 07/08

- Continue to show key Olympic moments on the big screens (EXL)
- Not enough seating but people seem happy to sit on the floor (EAR)

Olympics day 13 Thurs 9th Aug 2012

Key venues rating below average

Data source: Email. Period covered 8.00 08/08 – 13.15 09/08

Key drivers for below average scores

ACQ (8.2)	The view I had from my seat – 23% Value for money of food and drink – 19% Variety / quality of drinks – 14%
BMX (8.3)	Value for money of food and drinks – 24% Availability of free water – 16%
ETD (8.3)	Value for money of food and drink – 22% Queuing time for things inside the venue – 14% Entertainment beyond sport – 13% Availability of free water – 13%

Lowest rated spectator issues by FCC

Data source: Email. Period covered 8.00 08/08 – 13.15 09/08

	% of spectators rating extremely poor
CCW	Value for money of food / drink – 32% (EAR), 31% (ES1, NGA) Availability of free water – 43% (GRP), 32% (ES2) Queuing times inside – 51% (GRP), 33% (HGP)
EVS	Availability of free water – 43% (GRP), 32% (ES2)
SPP	Entertainment beyond sport – 20% (ES2), View from my seat – 23% (AQU)

What, if anything, about the Games has not been so good?
(Top 3 spectator mentions across all venues and FAs)

Tickets - too expensive / hard to obtain – 62%
Empty seats at venue(s) – 45%
Food too expensive – 29%

Enjoyment and expectations

Day	-2	-2	0	1	2	3	4	5	6	7	8	9	10	11	12	13	14	15	16
Ave enjoyment	-	-	-	-	-	8.9	9.3	9.1	9.3	9.3	9.3	9.2	9.3	9.2	**9.3**				
Met or exceeded expectations	-	-	-	-	-	90	94	91	95	95	95	95	95	91	**95**				

Confidential LOCOG 2012

Extended Spectator Research Summary
The Venues

The highs

- <u>Sport is top globally</u>, Women's football, Dressage and particularly Hyde Park swimming, where they are in awe of how hardcore it is
- Spectators praise transport and the ease of getting to the games
- First impressions continue to be hugely positive, British Army and Volunteers are 'jolly', 'friendly' and 'welcoming'

Venues rating above average *Overall enjoyment (out of 10)*

Data source: Email. Period covered 8.00 08/08 – 13.15 09/08

Greenwich Park (9.6, 9.6 yesterday)
- Quality of sport
- Look and feel of venue
- Helpfulness of staff / volunteers

Olympic Stadium (9.5 9.5 yesterday)
- Atmosphere at event
- Look and feel of venue
- Helpfulness of staff / volunteers

Basketball Arena (9.4 9.1 yesterday)
- Atmosphere at event
- Overall organisation of the event
- Overall experience going through security

Venues rating below average

Data source: Email. Period covered 8.00 08/08 – 13.15 09/08

Aquatics Centre (8.2, 8.6 yesterday)
- The view I had from my seat
- Value for money of food and drink
- Variety / quality of drinks

BMX track (8.3 - first day of sport)
- Value for money of food and drinks
- Availability of free water

Eton Dorney (8.3, 8.3 yesterday)
- Value for money of food and drink
- Queuing time for things inside the venue
- Entertainment beyond sport
- Availability of free water

Olympics day 13 Thurs 9th Aug 2012

Social Media – positive topics (High volume)

Data source: Twitter 18.01 08/08– 18.00 09/08

<u>Sport is top conversation globally</u>, Women's football, Dressage, particularly Hyde Park swimming, where they are in awe of how hardcore it is *"Can't believe ppl r swimming in that slimy duck pond! #london2012"*

Journeys and getting to the games *"Very impressed with the Javelin service from St Pancras to Stratford/Olympic Park."*
"Shouldn't have worried or got up so early. Green Park to Stratford is a half empty tube! Can't wait to see the magnificent aquatics centre!"

First impressions continue to be hugely positive *"The British army never fail to bring a smile to my face as I go through security at the Olympic Park. They are such a jolly bunch."*
"We are Eton Dorney today– so well organised and all the volunteers are so friendly and welcoming."

Top rated Spectator Issues by FCC

Data source: Email. Period covered 8.00 07/08 – 13.15 08/08

SEC
Feeling safe and secure – 100% (EN2), 96% (STA)
Experience through security – 96% (STA), 95% (AWP)
Time through security – 96% (STA), 96% (AWP)

WF&S
Look & feel of venue – 99% (GRP), 96% (STA)
Signage to / within venue – 91% (GRP), 93% (EN2)
Look and feel on Park – 91% (HOC), 90% (STA)

TRA
Ease and efficiency of public transport around London 92% (EN2), 91% (HGP)
Getting home after attending your event - 100% (HGP), 95% (EN2)

Confidential LOCOG 2012

图 11.14、 图 11.15
扩展观众研究。2012年 8 月 9 日星期四，奥林匹克赛日第 13 天的摘要——每日报告显示高点和低点，有热门投诉的详细信息、推特上出现的热烈讨论的话题，以及场地评级等。

评估框架：投资回报率（ROI）、社会投资回报率（SROI）、货币化蓝图、服务评估框架（RATER）和变革理论

鉴于服务的复杂性，评估服务可能是一个让人无从着手解决的问题。我们衡量服务的方式是什么？我们如何确定服务影响的概念和范围？我们如何评估影响效果？

投资回报率（ROI）是组织机构使用的主要评估工具，主要侧重于财务影响。用于计算投资回报率的基本公式如下：

$$ROI = \frac{\text{回报（净利润或毛利润－支出）}}{\text{消耗的资源（投资）}}$$

投资回报率的评估方法集中在那些可以进行货币化衡量的方面，从而确定了其在财务方面的价值。然而，实际的回报和影响超出了货币可以衡量的范畴。客户关系等因素很难在这样的公式中被量化。投资回报率模型可以作为一种简单的评估工具，与大多数组织机构、行业和部门（私营部门、公共部门或非营利组织）的主流思维方式相呼应，这些组织机构大多习惯以经济的方式来读取价值。

因此，虽然投资回报率很有用，但设计师可能会发现自己与量化影响的一般思维方式是不一致的。毕竟，设计是一种预测新未来的实践，而不确定性是创作过程的内在组成部分，例如，可能需要一些时间来证明与行为改变相关的影响。

社会投资回报率（SROI）是一种评估影响效果的工具，可以扩展到对财务方面以外的影响的理解，包括服务对社会和环境的影响。社会投资回报率的指导原则是它考虑了所有利益相关者的观点，包括那些实际受到新服务影响的人。它有助于评估新倡议／服务如何在更广泛的意义上改变或变革我们的生活。这是至关重要的，因为确定目标和期望结果的人不一定是必须与这些目标产生相关体验的人。

服务设计撰稿人露西·金贝尔在 2014 年提出了一种衡量影响的方法。该方法根据每个服务环境和领域的具体情况评估框架服务的结果（及其预期影响）（图 11.16）。

领域	结果范例
客服运营	减少客户为解决问题付出的代价，增强客户的忠诚度，提高客户的满意度，通过电话沟通解决问题
医疗保健	延长寿命且保证生命质量，增加弱势群体获得普及服务的机会，减轻心理疾病患者的羞耻感，让超重成年人减重
犯罪	减少有药物滥用史的人再犯罪的可能性，降低民众对犯罪的恐慌度，减少青少年犯罪和反社会行为
社区和城市环境	让某个地方成为适合居住的好地方，让居民夜间外出更有安全感，提升回收利用率，增加居民对居住地的认同感，提升城市环境的能源效率
教育	增加家庭背景和需求复杂的儿童的受教育程度，提升入学率，减少被退学或辍学儿童的数量
社会关怀	有心理健康问题的人更多地参加社会活动，减少接受急症治疗的人数，提升被收养及社会抚养的儿童心理健康程度

图 11.16　根据不同服务环境的样本产生的结果。

波莱宁、拉乌列和里森（2013 年）通过观察私营部门、公共部门和非营利组织内的管理者和决策者，发现他们需要明确和切实的理由来对服务设计进行投资，从而成为衡量和评估服务设计的重要案例。他们需要确信投资是有可能获得回报的，并且在对服务设计项目进行投资之前，这些服务也正在为其组织机构和客户创造价值。服务设计师需要经理和决策者接受其提出的服务流程。

波莱宁等人提出了一个模型，与投资回报率的计算方法一样，仍侧重于财务方面，但是以服务设计为背景衡量的。货币化蓝图是基于前面章节中讨论过的服务蓝图建立的。该蓝图将服务的不同关键元素联系在一起，包括两个主要的服务设计问题：跨时间的服务接触点和渠道以及用户体验和后台操作。

设计师和管理人员利用货币化蓝图可以将业务建模作为设计过程的一部分进行整合，以放大用户行程中的特定时刻，并验证与特定渠道和服务接触点相关的成本和收入。这样做可以研究如何减少服务过程中的成本，且可以产生良好的回报，以及说明能够在哪里为用户创造价值。此外，还可以识别与特定服务接触点和渠道相关的成本和价值问题。该蓝图有助于检查和解构服务过程中每个单点的经济性，同时能够提供更宏观的视角，并使整个服务更有意义（图 11.17）。

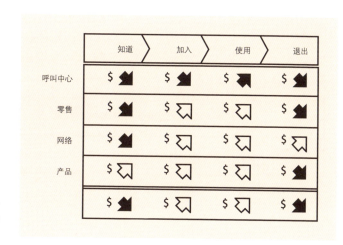

图 11.17 "商业案例"服务蓝图工具，它使用服务蓝图在不同渠道和服务接触点的整个服务过程中验证成本和收入。

11 项目实施和评估

服务评估框架（RATER）是服务质量（SERVQUAL）的简化版本，服务质量是由服务营销学者创建的服务评估框架。服务评估框架包括根据服务的不同维度衡量服务的规模。该框架背后的原则是，可以通过考虑用户期望与实际体验之间的差异来衡量服务体验的质量：当我们的期望值高于实际体验时，我们会认为服务质量很低；当实际体验超出我们的期望值时，我们会认为服务质量很高（图11.18）。

服务评估框架的5个要点反映了可以测量差异的5个不同维度。

变革理论模型最初是由评估理论家和实践者提出的，尤其受到非政府组织（NGO）、联合国、政府机构和慈善部门等社会驱动型组织的欢迎。变革理论非常适合理解复杂的系统：确定目标，优先事项和利益，了解它们之间的相互关系，帮助团队预估、测试，发现风险因素。

变革理论画布可以用作设计团队和各种项目利益相关者的协作工具，其起点是要确定主要问题，然后完成长期愿景。从确定主要问题开始，其他部分包括描述主要受众和接触他们的切入点，确定开始行动的位置和方式，确定实现目标所需的步骤。变革理论建议设计团队对每个步骤和行动背后的关键假设进行反思，以预测风险和机遇（图11.19）。

可信赖	组织或机构以准确可靠的方式提供服务
担保	工作人员彬彬有礼，让服务对象安心，双方沟通顺畅，能激发信任和信心
可触知	接触点、服务交付的环境、沟通要素，还有好员工
共情	工作人员以讨喜又体贴的方式与用户产生共鸣
回应度	工作人员和组织或者机构愿意回应用户的诉求，并迅速解决用户的问题

图 11.18 服务评估框架。

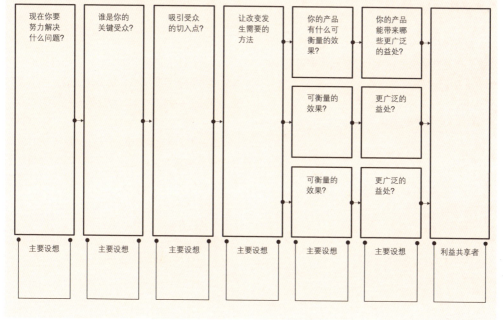

图 11.19 变革理论画布。

11.6
学习重点

活动

商业建模

开展团队合作，选择最近由学生进行设计的服务。确定其特定的社会、经济和地理环境，并使用商业模型画布制定商业计划。

回顾你和同学最近创建的现有服务蓝图。收集头脑风暴创意，共同创建和测试会议中提出的见解，为你的服务设计提案的商业模型奠定基础。

（1）讨论并决定特定的社会经济要素（例如，用户群、目标受众、服务提供商）和地理背景（例如，农村、城市、小规模或大规模）。

（2）以商业模型画布或社交商业模型画布的步骤作为框架，传达服务设计提案生成的各个数值。

（3）请记住，商业模型画布是一种快捷灵活的策略制定和评估方法，你可以使用此工具测试你的策略，为后续优化做好准备。

服务比较评估

选择 2 个或 3 个评估工具（例如，投资回报率、社会投资回报率、货币化蓝图、服务评估框架），对现有的服务进行比较评估。

（1）分析某种服务的不同提供方法会帮助你更好地了解服务所产生的价值和财务收入状况，让你从不同的角度对你的预想进行比较和测试。

（2）对每种方法的结果进行比较，特别要关注财务方面，并就它们对社会影响进行对比。

（3）使用从比较分析中获得的新见解，了解到的事物和策略，修改你的商业模型画布，让它更充实。

推荐阅读

• L. 金贝尔《服务创新手册》，2014 年由 BIS 出版社出版。

• A. 奥斯特瓦德和 Y. 皮尼厄《商业模型的产生》，2010 年由 WILEY 出版社出版。

• A. 波莱宁、L. 拉乌列和 B. 里森《服务设计：从洞悉到实施》，2013 年由罗森菲尔德传媒公司出版。

12
服务设计
核心能力

12.1
导言：
关键设计素养

在过去十余年中，服务设计在不同的行业和领域中迅速地发展。在大公司、政府、非营利组织和学术界工作的人越来越有兴趣去获得服务设计的能力，以改善他们的产品和工作方式。近年来，我们看到本科和研究生水平的服务设计课程以及有关服务设计的继续教育课程和高管教育课程都有所增加。对于来自不同专业，例如商业、管理、政策制定等专业的学生来说，服务设计可能是一种核心或互补的能力。

服务设计是一种跨学科的设计实践：它涉及复杂的系统，这些系统需要不同形式的媒介和人类交互领域的不同技能和能力。服务设计还需要能够批判性地对现有问题进行分析并制定出变革策略。有几个学科也融合在服务设计中，其中包括艺术学、经济学、人文科学和技术学科。在这些不同的学科交叉点，服务设计发现、借用和选取使用了许多框架、方法和工具。例如，在设计领域内，实物接触点和服务视图的设计涉及了多种功能，这些功能源自架构、内部、图形以及产品设计，而数字平台需要人们的交互设计、用户体验设计、界面设计以及计算机科学和其他基于技术的专业知识。

服务设计在人种志研究实践和框架的启发下，进行实地考察和沉浸式参与、观察，也采用了人类学的传统方法。服务设计使用的系统思维和组织变更管理，则是源自管理和商业专业领域。

当服务设计师想象新的体验和人类未来时，他们会利用源自剧场和戏剧的方法及实践方式。当服务设计师考虑行为促进系统、奖励和激励机制时，他们会使用源自心理学及行为改变的相关理论。

不应认为这里所列的内容已经详尽无遗，而应视为与服务设计相关的各种学科观点的抽样样本。同样重要的是注意服务设计实践背后的约束性机制从来不是静态存在的，而是一个不断变化的环境，可以用来应对手头上的问题。

多种服务设计学习途径使学习者从不同的起点进入这种设计练习中。通常，服务设计团队聚集了来自不同专业领域的人。在这些不同路径会合的地方，我们可以确定出一些核心功能，这些功能是服务设计实践的基础。虽然这些关键功能是将不同的学科和实践活动联系了起来，但它们却共同明确了设计的关键性素养。这些都是服务设计师须擅长使用的技能（图 12.1）。

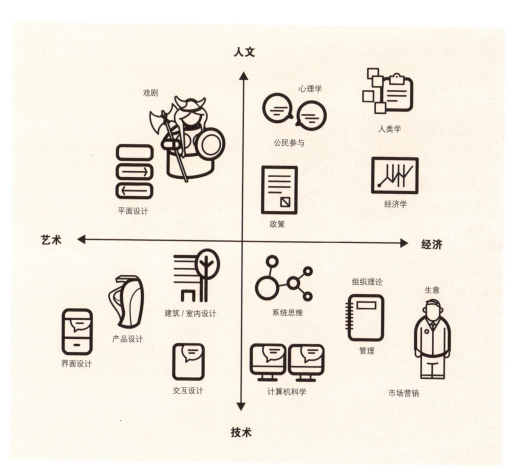

图 12.1 服务设计学科所用的各种工具。

12.2
核心能力 1：
积极乐观地倾听

图 12.2 在自己的生活环境中向他人学习。

积极乐观地倾听——了解他们的文化、社会和经济现实；了解别人的行为、需求、价值观和愿望——是服务设计的核心能力之一。这是显而易见的，一个优秀的设计师应该是这样的人：能从"另一个"，即接受其设计所服务的人的角度来看待这个世界。然而，理解人类的复杂性，能够从"他人"视角看待世界并非易事。要做到这一点，服务设计师必须学习如何以研究方法作为解决复杂性问题的手段。受人种志启发的用户研究方法包括设计师要将自己置身于别人的生活中，以便在他们的社会和文化背景下理解他们（见第 8 章）。设计研究人员花时间与人们在他们的"自然"栖息地进行对话，一起吃饭或只是观察他们的生活。要以有效和尊重的方式做到这一点，设计师必须从所谓的同理心的角度出发。感同身受的能力就是从他人的角度来理解和分享他人的经历、情感和条件的能力。它要求你不要让自己的假设和偏见构成你去理解他人的方式。你需要走出去并谦卑地倾听（图 12.2）。

倾听的技巧对于发展感同身受的能力是至关重要的。深度倾听是需要花费时间的。在服务设计过程中，重要的是留出时间倾听。根据茵迪·杨的《如何想用户之所想》（2015 年），你应该在发展同理心时寻找 3 个主要信息：

• 推理（内心思考）：通过某人的思维推导出是什么原因让她或他做出某种决定。

• 反应：一个人如何对某种刺激或状况做出反应。这是一个人行为的基础。

• 指导原则：指导一个人生活的信仰体系和哲学体系，也能指导一个人的行为。

茵迪·杨建议其受众培养一种善解人意的心态，包括通过出现在现场而不是假装做出反应来表达对别人的支持，避免显示自己的学识（这与你无关），恭敬地做事能够中和你的反应（消除个人判断和情绪反应）。

为服务设计工作做准备，你需要制定一个强有力的研究计划，并在开始实际研究之前制定完成所需的材料和协议（见第 8 章）。当然这并不是说应该避免自发性和开放性的行为。规划意味着通过你本人和你的研究参与者共同建立相互尊重的关系，来仔细考虑参与式研究的各种伦理挑战。设计师和参与者有不同的社会和文化背景是很常见的，这可能会产生许多意想不到的挑战和误解。所以要保持清醒，心怀尊重和谦虚，这是成为一名优秀的研究者的关键素养。在研究他人的生活时，应该考虑 3 个道德原则：

• 传达研究目标，避免错误地引导参与者走入歧途，进行研究前要获得参与者的明确许可。

• 将研究参与者视为合作者而非受试者。

• 保护人们的利益和隐私，确保参与者参与的活动不会对他们产生有害的后果，确保他们的信息被有效地保护，并获得他们的完全同意。

12.3
核心能力 2：
过程便利化和管理艺术

图 12.3 在共同设计研讨会期间促成"头脑风暴"讨论活动。有关促进共同设计研讨会的方法和技术的更多信息，请参阅第 9 章。

与设计师是唯一的创造天才的神话相比，服务设计师不应该单独进行创造活动。虽然创意绝对是服务设计过程的关键，但它在很大程度上依赖于他人的创造力、协作和管理经验。

各种协作会发生在整个服务设计过程中：从研究到创意的生成，一直到原型设计和实践过程。它通常涉及服务提供商的员工、用户和其他利益相关者。因此，这能够促进不同的利益相关者共同创造，一起不断前行。由于督促能力和管理能力可能会被视为软实力，因此人们通常没有充分地认识到它们对服务设计实践活动的重要性。

行为科学家在其集录的各项适用于商业领域的能力中，最先描述的是流程促进力和管理能力。直到最近，设计师才开始将它们融入设计实践中。随着参与式设计、以用户中心设计和共同设计的广泛传播和兴起，这些设计方式都已经成了设计师的核心工作方式。然而，他们大多仍然凭着经验去学习。换句话说，这些能力主要还是通过练习习得的，而不是通过培训提升的（图 12.3）。

例如，在对新服务进行设计时，设计师会将不同的人带到同一房间内进行共同设计，这些拥有不同能力人对问题的理解也不尽相同。共同设计研讨会主要是为了生成新的服务理念。但也许比通过会议产生新想法更重要的是，这些会议促进了集体讨论，也促进人们对组织机构面临的挑战达成共识，减少未来采纳、实施新想法时遇到的障碍。工作人员有机会通过参与这样的设计过程和变革过程被赋予更多的权力，并可能对他们未来的工作产生长期的影响。

一个优秀的激励者和善于管理的人应该保持中立，不要随意评论他人。她或他应该努力实现这样的一种存在，即自身的存在是为了避免影响到其他参与者的决策，其真正的价值是为了提供一种框架，能使团队参与者保持正向的思考。重要的是，设计师应该有能力使每个人都参与其中。在共同设计研讨会中，协作通常指的是和他人一起作为主要促进者采取行动，这个过程主要是以团队的形式进行的，而团队的领导者应该帮助促进个人参与到团队的活动中。

以下是设计团队领导者需要做的。

- **告知和领导**：以明确的方式对目标和流程与他人进行沟通，不仅是在会议开始时这样做，而且很可能是在会议开始之前就已经进行了，以确保沟通、顺畅、准确。

- **持续性充满活力**：通过确保每个人贡献的有效性，也通过破冰的方式保持参与的可持续性，同时保持时间，提供讨论框架和节奏，使每个人都能参与其中。

- **聚焦和综合**：控制创造性分歧和创造性融合的时刻（虽然会议的初始阶段可能是探索性的过程并存在分歧，但协调人必须能够指导参与者进行决策，并对大家的意见进行综合）。

- **准备**：请记住，会议是为了设计体验而举行的，但仅依靠会议记录或者便利贴是不会让设计自己完成改进的。框架、连续步骤以及视觉和实物材料（如卡片、乐高人偶、实物道具、图片、工作表或画布）对于参与者而言都是至关重要的。具象化和实物参与对创造有意义的认知与情感是必不可少的。

- **会话能力**：积极去倾听，理解而无须评判，在与别人交谈时保持目光接触并能够提出问题，同时能够理解参与者所说的内容，并整合各种意见。

12.4
核心能力 3：
构想和可视化

设计的本质是去构想一个更好的未来，或想象一些新的、比现在更好的东西。图像和故事是我们捕捉想象力并与他人分享的最佳工具。因此，故事和视觉叙事是帮助我们创造和讨论未来可能愿景的重要工具。

视觉、非语言表现和图形表示是促进设计进程的有力方式。事实上，"制作"故事的行为本身就是发明的催化剂。一旦通过视觉媒介捕获这些故事，它们就会变得更易于分享。视觉故事也可以在情感层面上与人联系起来。视觉表现有助于他人"看到"这些想象的未来，并预想到体验它们时的感受。

讲故事的方式也有助于我们把在研究阶段发现的见解传达给其他人，并和他们进行有效的沟通。这些都是通过分享不同的利益相关者所经历的状况来建立同理心的工具，这些利益相关者可能互相看不到，但却能够理解彼此面临的挑战。

在服务设计中，用故事讲述是比其他任何形式的设计实践都更为重要、必不可少的。服务基本上是随着时间的推移而展开的交互活动和体验。因此，视觉形式的故事讲述是表达服务理念的最基本的方式。故事能够表达人们的感受、情感和动机，同时还能捕捉到服务中使用的内容解决方案和材料解决方案（图 12.4）。

可视化的理由	外部展示的好处
清晰地表达深层次的见解	·简化推断理由的过程。 ·更方便再次展示（重构问题）。 ·通过多种展示方式更易于处理复杂的信息。 ·有创建任意复杂结构的可能性。
传达交流内心的想法	·外部展示能成为可分享的思想的实体。 ·外部展示对涉及构成的呈现比内部展示更自然。
保持共情	·外部展示能成为可分享的思想的实体。 ·外部展示可以持续提供参考意见。

图 12.4 可视化的成因和益处。

想象一下史前洞穴壁画、古希腊戏剧、亚洲古代皮影戏和木偶剧，以及任何文化中的舞蹈和表演，更不用说电影、图画小说、肥皂剧和情景喜剧了。人类讲故事的历史与人类本身的历史一样久远。在服务设计中，我们可以使用不同的可视化技术，包括象似性（从更抽象到更现实）和时间处理（共时性，其中故事作为固定图片或方案，或历时性，将故事或现象在故事板或蓝图中经过一段时间的变化呈现出来）（图 12.5）。

在设想和对有关新服务的故事进行可视化展示时，我们还制造了与服务接触点、服务场景设计相关的材料，并进行了美学决策。视觉故事是一种表示形式，有助于人们发现、感知根据整个提案进行的服务体验。在一个故事中，我们开始预测某些行为、序列、消息和构件是否有意义，以及如何对目标用户来说更有意义。这些用户会塑造出服务的材料实施示例。我们了解整个体验过程，知道如何与个人和组织机构产生共鸣，如何使服务序列更加无缝地对接运行。故事帮助我们慎重估量与服务方案息息相关的人的处境。

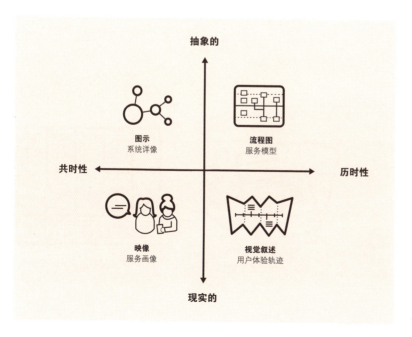

图 12.5 图表：服务设计中的可视化技术族谱。

12.5
核心能力 4：
原型和测试

原型设计是服务设计师用来帮助所有利益相关者在现实世界中对新想法的基本功能进行测试的工具，帮助他们了解哪些做法是有效的，哪些是无效的，然后决定如何进行推进下一步的工作。在第 10 章中，我们主要关注了原型体验及其支持构件，无论是数字化的、实物化的还是两者兼而有之的，使用如实物道具、低保真和高保真数字原型制作等内容，以及设置和模拟以便更好地捕获基于时间的交互活动。在这些示例中，原型设计涉及了某种制作，这将有助于我们展望未来，并对新的、未来的现实进行预测，即你正在设计的新服务已经存在了。

但是，我们知道，对体验进行原型设计并未涵盖与服务相关的所有方面，例如，后台操作、财务流程、业务模式和人力资源操作通常都不会被专注于用户体验的原型技术所涵盖，但它们可以对所需要的服务流程进行指示，旨在维持理想的服务体验。从这个意义上来说，我们可以看一下第 11 章介绍的方法——例如试点、模型和评估框架——作为原型设计的一部分。最终，原型设计有助于最大限度地降低风险并节省资源和时间。想象一下第一款智能手机推出时涉及的风险，不只是产品的原型开发，还包括涉及手机和数据载体公司的服务模式的创新，以及与手机一起推出的应用程序的生态模式创新。服务设计人员面临的挑战是以集成的方式对服务的所有不同的方面进行原型设计，并在其背后完成业务、财务和组织建模（图 12.6、图 12.7）。

图 12.6、图 12.7 对服务设计进行原型设计的范围：从数字或物理接触点的原型设计到体验和交互的原型设计（通过制定更好地获取基于时间的交互活动），还包括模型和组织方面。

纸上原型，快速建模

商业模型

12.6
核心能力 5：
组织化的变革

设计师对组织机构来说越来越具有战略意义。他们不仅被请来开发令人愉快和具有各种功能的产品、软件和服务，而且还能帮助组织机构重新构想其内部创新文化，提供战略指导并帮助他们做出关于未来的重要决策。随着人们对设计重要性的兴趣和认识的不断提高，大型企业内部出现了越来越多的设计团队，在风险投资公司、医院、初创企业和公共部门也出现了越来越多的设计团队。事实上，我们正在目睹专注于设计的创新团队数量的激增，他们用设计方法加强公众的参与度，并重新思索公共政策以便提供更好的服务。第 4 章介绍了丹麦头脑实验室、波士顿新城市力学等不同政府级别的创新团队。这对设计行业来说是个好消息，尤其对于那些使用和依赖这些服务的人来说更为重要。

在第 5 章中，我们讨论了服务设计如何影响组织机构的管理结构和劳动力动态。但是，如果服务设计师想要成为组织变革的代理人，他们应该具备哪些具体的能力呢？

管理和组织能力对于服务设计师来说是非常重要的。后台操作和后勤、资源分配和员工培训都是与管理领域相关的操作内容。这些也都是设计服务时需要考虑的重要方面。

在服务设计中，与管理层的对话主要是通过思考客户体验及其与价值创造的关系来实现的。例如，更好的用户体验可以带来更好的利润率，更强的竞争优势，更佳的市场信誉，更多的市场份额，以及更好的可供利用的资源等。

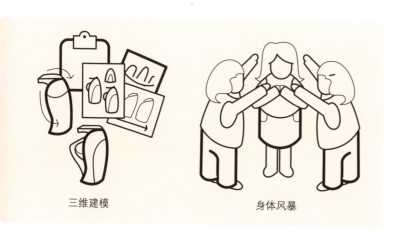

三维建模　　　　　　　　身体风暴

图 12.8 服务设计人员需要与组织机构互动以了解利益相关者，并能够对设计进行调整。

衡量和评估是设计师加强与高级管理层或决策者关系的关键能力，并能够向组织机构和利益相关者证明其设计干预的价值。虽然设计部门在组织机构中越来越强大，但其实验方法向组织机构展现了保护资源或获得管理层支持等方面存在的困难。有时，许多服务设计项目面临的挑战是在实施这些项目之前，需要制定业务案例，而且与管理人员合作制定计划以在实施后评估其结果也是很重要的方面。与其他的服务设计工具（如在实施新想法之前为建立信心而制定的蓝图和原型）一样，有效的评估计划有助于确定项目是否能够达到预期的结果，并能够提供明确的改进路线图。评估计划包括了与项目利益相关者协商，收集、解释数据以及基于评估结果的决策。相关的详细信息，请参见第 11 章（图 12.8）。

这种核心功能听起来让人无法抗拒，特别是对于那些来自设计领域而非管理领域的人来说。正如毛里齐奥·曼海斯 2017 年所说，服务设计师不必知道所有的事情。这不是让他们成为超人，而是培养具有深刻的认知能力，能够把很多的点连接起来的人。

总而言之，服务设计学者露西·金贝尔（2014年，本章最后有对她的采访记录）指出了服务设计师具有随时调整的关键能力。在设计服务接触点，或为创建新的业务模式，或为政府制定政策做出贡献时，设计师可以在高级管理层和一线员工之间以及员工与客户之间发挥重要的调解和解释沟通作用。卡梅隆·唐金威兹认为，通过规定员工在服务情况下所采用的运作方式，服务设计师也能够设计出未来的工作场景，并能够改变劳动条件（请阅读第 5 章的采访记录）。服务设计师不仅要确定服务用户的服务体验，还要确定服务从业者的工作条件，以及他们是否可能变得多余或失去基本的劳动权利。服务设计师有责任去辨别和平衡组织效率，以及可能会对那些通过前台或后台工作以维持和提供服务的人所产生的影响。在这些组织规模、产品线和任务之间进行引导，需要设计师为此完成可描述的功能，并注重强烈的责任感和道德诚信。

第 7 章介绍了意大利曼图亚一个公共交通公司的案例研究，展示了服务设计过程如何对组织机构的管理结构和公司文化产生深远的影响。事实上，服务设计过程的每一步都可以打开一扇意想不到的大门。例如，共同设计研讨会（如本章前面和第 9 章所述）是组织学习的机会。通过这些会议，我们可以看到组织机构的不同部分是如何被迫接受谈判，并开始从机构内部解决问题和挑战的。针对内部变革的谈判是一项艰苦的工作，这种参与式设计的过程能够以协作的方式为启动内部变革提供空间。

12.7

采访
露西·金贝尔

露西·金贝尔是伦敦艺术大学创新洞察中心主任。此前曾任英国政府内阁办公室政策实验室的艺术与人文研究委员会的研究员（2014—2015 年）。露西还是牛津大学赛义德商学院的副研究员。她是《服务创新手册》（BIS 出版社，2014 年）一书的作者。

您认为服务设计实践的可能/最常见的学习途径是什么？

我不认为只存在一种服务设计，我不认为事情只能是这样的，你不能只有单纯的"为服务而进行的设计"。你可以有类似医疗保健服务设计、紧急护理设计、照顾老年人的设计、公共部门设计、教育服务设计、娱乐业客户服务设计以及客人接待设计等各种设计。我认为设计的未来将以这些专业为基础。随着新的商业模式、技术和组织方式的产生，新的设计也将出现。因此，学习途径将在许多方面需要继续发展，以响应这些实践领域最终的发展方向，并在技术、商业、社会研究以及人文与艺术等领域与其他类型的专业知识和学习途径多次交叉。

您认为服务设计师的关键能力和技能是什么？

服务设计的主要挑战之一是原型设计。你如何对服务进行原型设计呢？不仅要对体验进行原型设计，而且还要对财务模型、运营模式、为用户进行服务所需的技术支持、客户服务代理或志愿者，以及对持续共存价值所需的基础设施和能力进行原型设计。你是如何对这些东西进行原型设计的呢？我认为我们还没有看到答案。其中一个原因是这是非常难实现的，而且这实际上是要深深地嵌入组织及其资源和能力网络中，但这些已经超出了公司的界限。当然，收集一些客户的见解是很重要的事情，但如今这很容易做到。在研讨会上产生想法是每个人都可以做到的。重要的是不仅要了解用户当前或未来的体验，还要了解服务创新对组织机构及其网络的影响。这种认知是做出方向性的关键决策所需要的。我认为这是一种尚不存在的能力，但设计可以为此发挥大作用。

如果服务设计师想要影响组织机构的变革，那么他们需要哪些基本的技能呢？

对我而言，讲故事的能力对于理解组织机构和塑造变革是至关重要的。故事内容可以通过不同的方式，不同的媒体、格式和注册表现出来，使人们可以参与、理解、思考、加入其中，共同地创造。这也是一个需要结合示意图进行的活动。这不只是为了识别和描绘出利益相关者。设计师需要描绘出在产品中汇集在一起的资源和能力生态系统以创造出价值。但是怎么才能做到这一点呢？如果你想改变生态系统，其中包括被广泛文化发展影响和塑造的社会实践，你该如何做呢？这不仅需要同情心和墙上带有各种提示的便利贴，系统化的思考、参与式的设计和人种志的研究方法都能从不同的角度对此产生作用。要记住的主要是系统没有简单的"内部"或"外部"区分。它始终是相关联的。你需要对各个参与者、各种文化进行了解，并要了解基础设施，以及人们在这些基础设施中得以存在并开展的各项活动，其中也包含了他们之间的各种关系，这些关系是动态的和不断变化的。设计师需要理解，有多种问责制和关系决定了参与者如何参与其中，以及系统中所发生的事情。这需要了解权力关系、身份、主体性等信息。故事内容和各种图表也提供了理解所有这些信息所需要的途径以及其中蕴含的各种见解。

服务设计过程中的制作工作（与思考相比）有多重要？

服务设计正在做的事情就是去建立关系。它是在某种社会、制度、组织、经济、文化背景下与不同的参与者之间建立新型关系的过程。制作物理或数字虚拟构件是非常重要的，因为与此类构件的接触有助于人们通过插入系统或实践某种具有潜在用途和体验的对象来理解、改变或激发对各种关系的见解，从而揭示出社会或组织机构实践与之相关的潜在变化。

您是如何理解分析能力和创造性综合能力之间的平衡性（例如，需要创造情感体验并将其转化为物质体验）？

设计服务时需要从文件媒体中获取确定信息为之后工作所用，保持认识和改变事物之间存在紧张对峙的关系。在理解当前情况，分析提案的含义以及提出提案的生成工作之间还存在其他紧张关系。组织机构（或合作伙伴网络）中不同的人员和职能部门合作创建了新服务并为这些紧张的局面带来了不同的专业知识和思维模式。服务设计不是移交给其他人实施的东西。负责实施的人员，例如，运营团队和负责将总体设计进行细节化实施的人员，需要参与到研究和设计中。参与式方法也会维护用户和其他利益相关者的利益。因此，制定一个集合、迭代、多方共同的行动计划是服务设计师的一项关键任务，在这个行动计划中结合了分析力和创造力、学习能力和实施能力，并能够给参与者带来各种不同的观点。

如何在服务设计项目中进行评估和对其影响进行验证？可以考虑采用哪些方法？

对设计师来说评估是个问题，但对管理者来说评估是个更大的问题。之所以评估对于设计师而言只是一个问题，是因为有些人必须去决定预算和投资等事情，而做出这些决定是设计师通常没有但却希望拥有的一种权力。评估影响与采取行动的前提有关。你想做什么？为什么这样做？这个问题对谁来说很重要？你想实现什么样的结果？与该问题相关的背景或世界会是什么样子的？你想象的事情会发生怎样的变化（你的"变革理论"）？你有哪些可用的资源？你怎么知道什么时候你成功了？在询问和回答这些问题时会涉及谁或应该涉及谁？

管理和社会科学能理解其中大部分内容，并且有许多方式、方法和技术来回答这些问题，管理学家和社会学家采用的解决方式通常比服务设计师能够获得的方式要好得多。那么，让我们把评估问题交还给管理者吧，然后说："我们如何才能知道服务是否能产生预期的结果呢？"但是，让我们与他们一起来实施这个过程吧，其中包括评估框架、设备和对服务很重要的与公众有关的组件的构建过程，确认不同的时间框架和责任，以理解和评估结果。

让我们放弃让设计师去了解他们自身影响的意图吧。让我们与通常拥有资源、惯例、权力和满怀对事物进行评估愿望的人们建立关系吧，并与他们一起找到影响评估的新方法——其中可能包括对框架进行问题化处理，以及对于共同创造价值的理解。

在服务设计职业发展方面，考虑到许多年轻设计师有兴趣去推动某种变革，无论是社会变革还是环境变革，您能否谈论一下自我主导的项目，甚至是目的驱动的服务设计创业？这是一种趋势吗？

从我在设计学院和设计咨询公司遇到的情况来看，这是一种趋势。但我认为令人兴奋的举措不是成为服务设计师，而是成为一个参与重新设计服务的人。选择一个对你而言很重要的主题，并找出对你来说其重要的原因。例如，医疗保健或社会福利。然后去健康慈善机构或医疗保健服务提供商那里工作。不要做设计师的工作，要通过工作去完成设计。从事客户服务工作，了解一线服务交付经验和运营方面的情况。成为服务经理，然后用你的设计技能和你对创意设计过程的理解，从团队内部角度去理解你对这个领域的认知和你的角色变化，以及变革的后果可能对你产生影响的地方。或者，了解了一个服务领域，找出需要改变的东西，建立一个社会化的企业。加入一个政党或活动团体并参与组织工作。如果你希望改变发生，请去有改变需求的地方，向受这些问题影响的人和问题专家学习，并在这些人与实现变革所需的资源和基础设施之间建立联系。

考虑到在哪里工作以及如何工作的问题，服务设计如何影响项目和人员去实现更好的目标，完成更大的范围和更棒的项目？

设计师非常善于在很早就发现事物，能够非常迅速地提出想法并实现未来的事物，以便对它们进行思考和评估。他们制作东西，不仅制作美丽的东西，还有凌乱的东西，以揭示和识别问题并能提出解决方案。这可以通过模拟、演示、研讨会、场景、视频、展览或图形分析等多种方式来完成。这些输出可以帮助人们理解和解决问题，这个过程对于那些想要对其做出某些改变的人来说是有形的。如果有一个项目已经存在了，你就会说："这里有一些关于这个问题的其他观点，这里有一些不同的解决问题的方法，这不是真正的问题，这才是真正的问题。"你也可以改变对问题本质的看法。这些都是众所周知的核心设计能力。这种变革应该由具有实验精神驱动的企业家去做。明天就应该着手去做。不要只是坐在这里在互联网上查找东西或阅读那些令人难以置信的有趣的东西。不要只是在工作室里进行皆大欢喜的对话，要离开办公室，去向他人学习，并且还要给他们一些东西以引发丰富的、有分量的对话。深化你和他们对你感兴趣的问题的理解，不要只对工作室内部感兴趣，要让整个领域成为你的工作室。

12.8
学习重点

活动

圆桌反思会议

• 你经历过的最有意义的与他人产生共鸣的经历是什么？

• 为自己和团队设计面试指南，用于在和不同的人就不同的内容进行的交流活动中。

• 重新参加你已经推动或参与的最近举行的服务创建会议。绘制对话期间使用的团队构成图。对不同的会议达成的促进措施进行比较。

• 选择一个你已经完成过的最近的服务设计项目。请描绘一下这个项目提出的方式或组织变革实施方面的内容。尤其是：

你在创作过程中观察和倾听不同的人，这样做有多重要？

你使用了哪些方法和工具获取不同项目利益相关者的支持？

衡量和评估如何在服务实施中发挥作用？

你的项目对员工及其劳动条件有什么影响？

推荐阅读

• 爱迪欧创新设计公司《设计研究伦理小册子》。爱迪欧集团 2015 年发表。

• M. 曼海斯《服务设计展：获取交叉信息》，2017 年 1 月 15 日在领英上发布，网址：https://www.linkedin.com/pulse/service-design-show-getting-message-across-mauricio-manhaes-ph-d-。

参考文献

01

Blomberg, J., and Darrah, C. (2014). "Toward an Anthropology of Services." Proceedings of the Fourth Service Design and Innovation Conference, 122–32.

Clatworthy, S. (2011). "Service Innovation Through Touchpoints: Development of an Innovation Toolkit for the First Stages of New Service Development." International Journal of Design, 5(2), 15–28.

Gummesson, E. (1995). "Relationship Marketing: Its Role in the Service Economy," in Understanding Services Management, W. J. Glynn and J. G. Barnes, Eds. John Wiley & Sons, 244–68.

Interaction Design Foundation. (n.d.). "Philosophy of Interaction: Introduction to Philosophy of Interaction and the Interactive User Experience." Retrieved from http://www.interaction-design.org/tv/.

Kimbell, L. (2011). "Designing for Services as One Way of Designing Services." International Journal of Design, 5(2), 41–52.

Kolko, J. (2011). Thoughts on Interaction Design. Elsevier.

Lusch, R. F., and Vargo, S. L. (2014). Service Dominant Logic: Premises, Perspectives, Possibilities. Cambridge University Press.

Mager, B. (2008). "Service Design Definition," in M. Erlhoff and T. Marshall, Eds. Design Dictionary. Perspectives on Design Terminology. Birkhäuser, 354–6.

Manzini, E., and Vezzoli C. (2002). Product-Service Systems and Sustainability: Opportunities for Sustainable Solutions. UNEP.

Meroni, A., and Sangiorgi, D. (2011). Design for Services. Gower.

Mont, O. (2001). Introducing and Developing a Product-Service System (PSS) Concept in Sweden, IIIEE Reports 6, NUTEK and IIIEE.

Normann, R. (2001). Service Management: Strategy and Leadership in Service Business, 3rd ed. Wiley.

Polaine, A., Løvlie, L., and Reason, B. (2013). Service Design. From Insight to Implementation. Rosenfeld Media.

Rifkin, J. (2001). The Age of Access: The New Culture of Hypercapitalism, Where All of Life Is a Paid-For Experience. Tarcher.

Sangiorgi, D., Prendiville, A., and Ricketts, A. (2014). Mapping and Developing Service Design Research in the UK. Service Design Research UK Network, 32–33.

Shostack, G. L. (1984). "Designing Services That Deliver." Harvard Business Review, 62(1), 133–9.

Vargo, S. L., and Lusch, R. F. (2004). "Evolving to a New Service Dominant Logic for Marketing." Journal of Marketing. 68, 1.

Vargo, S. L., and Lusch, R. F. (2016). "Institutions and Axioms: An Extension and Update of Service-Dominant Logic." Journal of the Academy of Marketing Science, 44(1) 5–23.

Wetter-Edman, K. (2010). "Comparing Design Thinking with Service-Dominant Logic." Research Design Journal, 2(2), 39–45.

Zeithaml, V. A., Parasuraman, A., and Berry, L. L. (1985). "Problems and Strategies in Services Marketing." Journal of Marketing, 29 (Spring), 33–46.

02

American Coalition of Services Industries (CSI). Available at https://servicescoalition.org/.

Anderson, J., and Rainie, L. (2014). "Digital Life in 2025." Pew Research Center. Retrieved from http://www.pewinternet.org/2014/03/11/digital-life-in-2025/.

Australian Government. Department of Foreign Affairs and Trade. (2005). "Unlocking China's Services Sector." Retrieved from http://www.dfat.gov.au/publications/eau_unlocking_china/.

Bodine, K. (2013A). Service Design Agency Overview, 2013. Forrester Research.

Bodine, K. (2013B). The State of Service Design, 2013. Forrester Research.

Botsman, R., and Rogers, R. (2010). What's Mine Is Yours: The Rise of Collaborative Consumption. HarperBusiness.

Bureau of Labor Statistics, U.S. Department of Labor. (2014). "Occupational Employment and Wages–May 2013." Retrieved from http://www.bls.gov/news.release/pdf/ocwage.pdf.

Central Intelligence Agency, The World Factbook. Available at https://www.cia.gov/library/publications/the-world-factbook/.

Dorsey, M. Vice President and Practice Leader from Forrester Research. Video at Forrester website. Available at http://www.forrester.com/Customer-

Experience.

Garret, J. J. (2014). "The Great Convergence." Retrieved from http://www.adaptivepath.com/ideas/the-great-convergence/.

Gravity Tank (2015, Fall). Change Agents. Four Trends Disrupting the Way We Spend, Save and Invest. Service Design Network Special Interest Group Trend Report.

Jégou, F., and Manzini, E. (2008). Collaborative Services: Social Innovation and Design for Sustainability. Edizioni Polidesign.

Julier, G. (2017). Economies of Design. Sage.

Manzini, E. (2015). Design, When Everybody Designs: An Introduction to Design for Social Innovation. MIT Press.

Mayo Clinic's Center for Innovation. Available at http://www.mayo.edu/center-for-innovation/.

Mayo Clinic OB Connected Care Model Blueprint. Available at http://www.mayo.edu/center-for-innovation/projects/b-nest.

Meroni, A., and Sangiorgi, D. (2011). Design for Services. Gower.

Murray, R. (2009). "Danger and Opportunity. Crisis and the New Social Economy." Social Innovator Series: Ways to Design, Develop and Grow Social Innovation. NESTA, The Young Foundation.

NAIC, North American Industry Classification System (part of the U.S. Census Bureau). Available at https://www.census.gov/econ/services.html.

Parker, S., and Heapy, J. (2006). The Journey to the Interface. How Public Service Design Can Connect Users to Reform. Demos.

Remis, N., and the Adaptive Path Team at Capital One (2016). A Guide to Service Blueprinting. Adaptive Path.

Shareable. Available at http://www.shareable.net/.

Tonkinwise, C. (2014). "Sharing You Can Believe In. The Awkward Potential within Sharing Economy Encounters." Retrieved from https://medium.com/@camerontw/sharing-you-can-believe-in-9b68718c4b33.

United Nations. United Nation's International Standard Industrial Classification of All Economic Activities, Rev.4. Retrieved from http://unstats.un.org/UNSD/cr/registry/regcst.asp?Cl=27&Lg=1.

U.S. Census Bureau. Available at https://www.census.gov/econ/services.html.

U.S. Census Bureau; U.S. Bureau of Economic Analysis. (2014) "U.S. International Trade in Goods and Services. December 2013," Retrieved from http://www.bea.gov/newsreleases/international/trade/2014/pdf/trad1213.pdf.

West, H., and Lehrer, R. (2013, December). "Project How to Build Financial Inclusion in Pakistan Amongst BISP Recipients." Report Draft 1.4.

03

Adler, E. (2014, July 21). "The 'Internet of Things' Will Be Bigger Than the Smartphone, Tablet, and PC Markets Combined." Business Insider. Retrieved from http://www.businessinsider.com/growth-in-the-internet-of-things-market-2-2014-2#ixzz38DDkJTnq.

Bodine, K. (2013, October 4). "How Does Service Design Relate to CX and UX?" Kerry Bodine's Blog/Forrester. Retrieved from http://blogs.forrester.com/kerry_bodine/13-10-04-how_does_service_design_relate_to_cx_and_ux.

Cain Miller, C., and Birmingham, C. (2014, May 2). "A Vision of the Future from Those Likely to Invent It." New York Times. Retrieved from http://www.nytimes.com/interactive/2014/05/02/upshot/FUTURE.html?_r=0.

Design Commission, Policy Connect (2014). "Designing the Digital Economy. Embedding Growth through Design, Innovation and Technology. A report by the Design Commission." http://www.policy-connect.org.uk/apdig/sites/site_apdig/files/report/463/fieldreportdownload/design-commissionreport-designingthedigitaleconomy.pdf.

Fjord (2014). Fjord Trends Report 2014. Available at http://trends.fjordnet.com/.

Forlizzi, J. (2010). "All Look Same? A Comparison of Experience Design and Service Design." Interactions. ACM, 60–62.

Garrett, J. J. (2014, March 3). "The Great Convergence." Adaptive Path. Retrieved from http://www.adaptivepath.com/ideas/the-great-convergence/.

Greengard, S. (2015). The Internet of Things. The MIT Press Essential Knowledge series, MIT Press.

Hinman, R. (2012). The Mobile Frontier. A Guide for Designing Mobile Experiences. Rosenfeld Media.

参考文献

The Internet of Things Council. Available at http://www.theinter netofthings.eu/.

Kolko, J. (2011). Thoughts on Interaction Design. Elsevier.

Kuniavski, M. (2010). Smart Things: Ubiquitous Computing User Experience Design. Morgan Kaufmann/Elsevier.

Morozov, E. (2014, July 19). "The Rise of Data and the Death of Politics." The Observer, The Guardian. Retrieved from http://www.theguardian.com/technology/2014/jul/20/rise-of-data-death-of-politics-evgeny-morozov-algorithmic-regulation.

Mulgan, G. (2014, June 25). "Imagining the Internet of Things—Beyond the Panopticon." NESTA. Retrieved from http://www.nesta.org.uk/blog/imagining-internet-things-beyond-panopticon#sthash.3bkHSkFF.ijWKWhZ8.dpuf.

NESTA (2014). "Design and the Internet of Things." Retrieved from http://www.nesta.org.uk/node/756#sthash.XzJDmhtE.dpuf.

Pew Research Center (2013). "Pew Research Internet Report." "Social Media Update 2013." Retrieved from http://www.pewinternet.org/2013/12/30/social-media-update-2013/.

Pew Research Center (2014A, January). "Pew Research Center's Internet & American Life Project." Retrieved from http://www.pewinternet.org/.

Pew Research Center (2014B). "Pew Research Global Attitudes Project." Retrieved from http://www.pewinternet.org/2014/04/17/us-views-of-technology-and-the-future/.

Pew Research Center (2014C, February 13). "Pew Research Global Attitudes Project." "Emerging Nations Embrace Internet, Mobile Technology, Cell Phones Nearly Ubiquitous in Many Countries, Survey Report." Retrieved from http://www.pewglobal.org/2014/02/13/developing-technology-use/.

Schlafman, S. (2014, April 4) "Uberification of the US Service Economy." Schlaf's Notes Tumblr. Retrieved from http://schlaf.me/post/81679927670.

Scholz, T. (2016) Platform Cooperativism. Challenging the Corporate Sharing Economy. Rosa Luxemburg Stiftung.

Sherwin, D., and Dunnam, J. (2014). "Off the Page, Into the Wild. Designing for the Internet of Things." Frog Design. How Design Conference 2014. Retrieved from http://www.slideshare.net/frogdesign/off-the-page-into-the-wild-designing-for-the-internet-of-things.

Speidel, F. (2014, July 7). "Wearables: A Solution Searching for Problems?" Healthcare IT Leaders. Retrieved from http://www.healthcareitleaders.com/blog/wearables-solution-searching-problems/.

Turkle, S. (2012). "Connected, but Alone?" TED 2012, [Video]. Retrieved from http://www.ted.com/talks/sherry_turkle_alone_together#t-753.

U.S. Department of Commerce, Economics and Statistics Administration (2014). http://www.esa.doc.gov/.

Wilson, M. (2014, June 25). "The Nest Thermostat Is Now Much More Than Just a Thermostat." FastCoDesign. Retrieved from http://www.fastcodesign.com/3032325/the-nest-thermostat-is-now-much-more-than-just-a-thermostat.

Wood, M. (2014, June 11). "The Not-So-Smart Home." [Video] by V. Perez, R. Fergusson, and J. Blalock, New York Times. Retrieved from http://www.nytimes.com/video/technology/personaltech/100000002930984/the-not-so-smart-home.html?module=Search&mabReward=relbias%3As%2C%7B%221%22%3A%22RI%3A5%22%7D.

York, J. C. (2011, Fall). "The Revolutionary Force of Facebook and Twitter. Social Media Now Hold a Vital Place in This Media Ecosystem, Filling Informational Voids Left by the Still Bridled State and Traditional Media." Nieman Reports. The Nieman Foundation for Journalism at Harvard.

04

Amy L. Ostrom, A. Parasuraman, David E. Bowen, Lia Patrício, Christopher A. Voss (2015) "Service Research Priorities in a Rapidly Changing Context". Journal of Service Research. 18(2), 127–59. DOI: https://doi.org/10.1177/1094670515576315.

Anderson, L., et al. (2012). "Transformative Service Research: An Agenda for the Future," Journal of Business Research 66, 1203–10.

Bason, C. (2010). Leading Public Sector Innovation. Co-Creating for a Better Society. University of Chicago Press.

Center for Services Leadership

332

(CSL), ASU W. P. Carey School of Business, and Arizona State University (2010). "Research Priorities for the Science of Service, CSL Business Report" .

Dragoman, L., Drury, K., Eickmann, A., Fodil, Y., Kühl, K., and Winter, B. (2013). Public & Collaborative: Designing Services for Housing. New York City Department of Housing Preservation and Development, Parsons DESIS Lab, Public Policy Lab.

Harris, S., and Mauldin, C. (2011, May). "Better Service for the People. Engaging Policy Makers in Improving Public-sector Service Delivery." Touchpoint Journal of Service Design, 3(1).

Jégou, F., and Manzini, E. (2008). Collaborative Services: Social Innovation and Design for Sustainability, Edizioni Polidesign.

Manzini, E. (2014). "Making Things Happen: Social Innovation and Design," in Design Issues, MIT Press, 57–66.

Meroni, A. (2007). Creative Communities. People Inventing Sustainable Ways of Living. Polidesign.

Mulgan, G. (2014, January). Design in Public and Social Innovation: What Works and What Could Work Better. NESTA.

Sangiorgi, D. (2011). "Transformative Services and Transformation Design." International Journal of Design, 5(2), 29–40.

Service Design Network (2016). Service Design Impact Report. Public Sector. Service Design Network.

Staszwoski, E., and Manzini, E. (Eds.) (2013). Public & Collaborative: Exploring the Intersection of Design, Social Innovation and Public Policy. DESIS Network.

UK Design Council, et al. (2013). Design for Public Good. SEE Platform. Sharing Experience Europe. Policy Innovation Design.

05

Belletire, S., St. Pierre, L., and White, P. (2014). The OKALA Practitioner Guide. ISDA.

Bitner, M. J. (1992, April). "Servicescapes: The Impact of Physical Surroundings on Customers and Employees." Journal of Marketing, 56(2), 57–71.

The Designer's Oath. Available at http://designersoath.com/.

Hochschild, A. R. (2003). The Managed Heart: Commercialization of Human Feeling, 2nd ed. University of California Press.

ICOGRADA, or ico-D, International Council of Design. Available at www.ico-d.org/.

Jaffe, S. (2013, February 4). "Grin and Abhor It: The Truth Behind 'Service with a Smile.'" In These Times. Retrieved from http://inthesetimes.com/working/entry/14535/grin_and_abhor_it_the_truth_behind_service_with_a_smile.

Johnston, A., and Sandberg, J. (2008). "Controlling Service Work." Journal of Consumer Culture, 8(3).

Junginger, S. (2015, January). "Organizational Design Legacies and Service Design." The Design Journal, 18(2), 209–226.

Meadows, D. (2008). Thinking in Systems: A Primer. Chelsea Green Publishing Company.

Penin, L., and Tonkinwise, C. (2009, October). "The Poli-tics and Theatre of Service Design," in Proceedings of the IASDS (International Association of Societies of Design Research) Conference. Seoul, Korea.

Polaine, A., Løvlie, L., and Reason, B. (2013). Service Design. From Insight to Implementation. Rosenfeld Media.

Shedroff, N. (2009). Design Is the Problem. Rosenfeld Media.

Tonkinwise, C. (2008). "Sustainability," in the M. Erlhoff and T. Marshall, Eds. Design Dictionary. Birkhäuser, 380–6.

Tonkinwise, C. (2016, October 22). "What Service Designing Entails. The Political Philosophy of Sculpting the Quality of People Interacting." Medium. https://medium.com/@camerontw/what-service-designing-entails-f718ac0ebcd6.

United States Department of Labor. (2009). "20 Leading Occupations of Employed Women. 2009 Annual Averages." Retrieved from http://www.dol.gov/wb/factsheets/20lead2009.htm.

Vezzoli, C. (2010). System Design for Sustainability. Maggioli Editore.

Vezzoli, C. A., and Manzini, E. (2008). Design for Environmental Sustainability. Springer.

06

Binder, T., De Michelis, G., Ehn, P., Jacucci, G., Linde, P., and Wagner, I. (2011). Design Things. MIT Press.

Bitner, M. J. (1992), "Servicescapes: The Impact of Physical Surroundings on Customers and Employees." Journal of Marketing, 56(2), 57–71.

Björgvinsson, E., Ehn, P., and

参考文献

Hillgren, P.-A. (2010). "Participatory Design and Democratizing Innovation." Paper presented at Participatory Design Conference, Sydney, Australia.

Blomkvist, J., and Homlid, S. (2010). "Service Prototyping According to Service Design Practitioners." ServDes Conference, Linköping, Sweden.

Brown, T. (2009). Change by Design: How Design Thinking Transforms Organizations and Inspires Innovation. HarperCollins.

Cross, N. (2001). "Designerly Ways of Knowing: Design Discipline Versus Design Science." Design Issues, 17(3), 49–55.

Diana, C., Pacenti, E., and Tassi, R. (2009). "Visualtiles—Communication Tools for (Service) Design." First Nordic Conference on Service Design and Service Innovation. Oslo, Norway.

Enninga, T., et al. (2013) Service Design, Insights from Nine Case Studies. HU University of Applied Sciences, Utrecht Research Centre Technology & Innovation.

Meroni, A., and Sangiorgi, D. (2011). Design for Services. Gower.

Miettinen, S., and Valtonen, A. (Eds.) (2013). Service Design with Theory. Discussions on Change, Value and Methods. Lapland University Press.

Norman, D. A. (1988, 2002, 2013) The Design of Everyday Things. Basic Books.

Sanders, E. B. -N., and Stappers, P. J. (2012). Convivial Toolbox. Generative Research for the Front End of Design. BIS Publishers.

Stickdorn, M., and Schneider, J.

(2010). This Is Service Design Thinking. Basics – Tools – Cases. BIS Publishers.

Valentine, L. (Ed.) (2013). Prototype. Design and Craft in the 21st Century. Bloomsbury.

07

AIGA (The Professional Association for design). Professional Development (Resource Guide). Available at http://www.aiga.org/professional-development/.

Brown, T. (2009). Change by Design: How Design Thinking Transforms Organizations and Inspires Innovation. HarperCollins.

Design Council UK. How to Commission a Designer: Step 4—Brief Your Designer. Available at http://www.designcouncil.org.uk/news-opinion/how-commission-designr-step-4–brief-your-designer.

Engine Group. Available at http://enginegroup.co.uk/services/.

Manhães, M. C., Varvakis, G., and Vanzin, T. (2010). "Designing Services as a Knowledge Creation Process Integrating the Double Diamond Process and the SECI Spiral." Touchpoint: The Journal of Service Design, 2(2), 28–31.

Nessler, D. (2016, May 19). "How to Apply a Design Thinking, HCD, UX or Any Creative Process from Scratch." Medium. Retrieved from https://medium.com/digital-experience-design/how-to-apply-a-design-thinking-hcd-ux-or-any-creative-process-from-scratch-b8786e-fbf812#.g4x2mi7m0.

The Project Brief Toolkit. Available at http://project-brief.casual.

pm/.

Sangiorgi, D., and Prendiville, A. (Eds.) (2017). Designing for Service: Key Issues and New Directions. Bloomsbury.

Sangiorgi, D., Prendiville, A., Jung, J., and Yu, E. (2015). Design for Service Innovation & Development (DeSID) Final Report. Retrieved from http://imagination.lancs.ac.uk/sites/default/files/outcome_downloads/desid_report_2015_web.pdf.

08

Adaptive Path (2013). Adaptive Path's Guide to Experience Mapping. Adaptive Path. Retrieved from http://mappingexperiences.com/.

AIGA. An Ethnography Primer. Available at http://www.aiga.org/Search.aspx?taxid=228.

Crouch, C., and Pearce, J. (2012). Doing Research in Design. Bloomsbury Academic.

Dubberly, H., Evenson, S., and Robinson, R. (2008, March–April). "The Analysis-Synthesis Bridge Model." ACM Interactions, Volume XV.2. On Modeling Forum. http://www.dubberly.com/wp-content/uploads/2016/02/ddo_interactions_bridgemodel.pdf.

Experience Fellow. Available at http://www.experiencefellow.com/.

Gimmy, G. (2006). Shadowing. Sennse.

IDEO (2015). The Field Guide to Human-Centered Design, 1st ed. Retrieved from http://www.designkit.org/resources/1.

Laurel, B. (2003). Design Research. Methods and Perspectives. MIT Press.

Martin, B., and Hannington, B. (2012). Universal Methods of

Design. Rockport Publishers.

Remis, N., and the Adaptive Path Team at Capital One (2016). A Guide to Service Blueprinting. Adaptive Path.

Segelstrom, F. (2013). "Understanding Visualisation Practices: A Distributed Cognition Perspective," in S. Miettinen and A. Valtonen, Eds. Service Design with Theory. Discussions on Change, Value and Methods. Lapland University Press, 197–208.

Service Design Tools. Available at http://www.servicedesigntools. org/.

Sitra. Ethnography Field Guide, V.1. Available at http://www. helsinkidesignlab.org/pages/ ethnography-fieldguide.

09

Dubberly, H., Evenson, S., and Robinson, R. (2008, March–April). "The Analysis-Synthesis Bridge Model." ACM Interactions Volume XV.2. On Modeling Forum. IDEO (2015). The Field Guide to Human-Centered Design, 1st ed. Retrieved from http://www.designkit.org/ resources/1.

MakeTools. Available at http:// MakeTools.com.

Manhães, M. C. (2016). "A Heuristic to Increase the Innovativeness Potential of Groups," In S. Miettinen, Ed., An Introduction to Industrial Service Design. Routledge, 105–9). Retrieved from https://www.routledge. com/An-Introduction-to-Industrial-Service-Design/Miettinen/p/book/9781315566863.

Martin, B., and Hannington, B. (2012). Universal Methods of Design. Rockport Publishers.

Montgomery, E. P. and Woebken,

C. (2016, June 22). Extrapolation Factory. Operator's Manual: Publication Version 1.0, includes 11 futures modeling tools. CreateSpace Independent Publishing Platform.

Sanders, E. B. -N., and Stappers, P. J. (2012) Convivial Toolbox. Generative Research for the Front End of Design. BIS Publishers.

Service Design Tools. Available at http://www.servicedesigntools. org/.

Yin, R. K. (2013). Case Study Research: Design and Methods. Applied Social Research Methods. Sage.

10

Koskinen, I., Zimmerman, J., Binder, T., Redstrom, J., and Wensveen, S. (2012). Design Research Through Practice: From the Lab, Field, and Showroom. Morgan Kaufmann/ Elsevier.

Kuure, E., and Miettinen, S. (2013). "Learning through Action: Introducing the Innovative Simulation and Learning Environment Service Innovation Corner (SINCO)".

Martin, B., and Hannington, B. (2012). Universal Methods of Design. Rockport Publishers.

Sanders, E. B. -N., and Stappers, P. J. (2012). Convivial Toolbox. Generative Research for the Front End of Design. BIS Publishers.

SINCO Service Innovation Corner. Available at http://sinco.fi/.

Valentine, L. (Ed.) (2013). Prototype. Design and Craft in the 21st Century. Bloomsbury.

Warfel, T. Z. (2009). Prototyping: A Practitioner's Guide. Rosenfeld Media.

11

The Accelerator from the Young Foundation. The Social Business Model Canvas.

Foglieni, F., and Holmlid, S. (2015). "Determining Value Dimensions for an All-Encompassing Service Evaluation." The 2015 Naples Forum on Service. Naples, Italy.

IDEO (2015). The Field Guide to Human-Centered Design, 1st ed. Retrieved from http://www. designkit.org/resources/1.

Kimbell, L. (2014). The Service Innovation Handbook. BIS Publishers.

NESTA/The Rockefeller Foundation. (2014). DIY Development Impact & You. Practical Tools To Trigger & Support Social Innovation. Also available at http://diytoolkit.org/.

Osterwalder, A., and Pigneur, Y. (2010). Business Model Generation. Wiley.

Polaine, A., Løvlie, L., and Reason, B. (2013). Service Design. From Insight to Implementation. Rosenfeld Media.

Strategyzer. Business Model Canvas. Available at http://www. businessmodelgeneration.com/ canvas.

Zeithaml, V. A., Parasuraman, A., and Berry, L. L. (1988). "SERVQUAL: A Multiple-Item Scale for Measuring Consumer Perceptions of Service Quality." Journal of Retailing 64, 12–49.

Zeithaml, V. A., Parasuraman, A., and Berry, L. L. (1990). Delivering Quality Service: Balancing Customer Perceptions and Expectations. Free Press.

12

Bens, I. (2012). Facilitating with Ease! Core Skills for Facilita-

参考文献

tors, Team Leaders and Members, Managers, Consultants, and Trainers. Jossey-Bass.

Cipolla, C., & Bartholo, R. (2014). Empathy or inclusion: A dialogical approach to socially responsible design. International Journal of Design, 8(2), 87-100.

Cross, N. (2007). Designerly Ways of Knowing. Birkhauser.

Diana, C., Pacenti, E., and Tassi, R. (2009) "Visualtiles—Communication Tools for (Service) Design." First Nordic Conference on Service Design and Service Innovation. Oslo, Norway.

IDEO (2015A). The Little Book of Design Research Ethics. IDEO.

IDEO (2015B). The Field Guide to Human-Centered Design, 1st ed. Retrieved from http://www.designkit.org/resources/1.

Kimbell, L. (2014). The Service Innovation Handbook: Action-Oriented Creative Thinking Toolkit for Service Organizations. BIS Publishers.

Maeda, J. (2016, March 14). "Design in Tech Report 2016." Kleiner Perkins Caufield & Byers. Retrieved from http://www.slideshare.net/kleinerperkins/design-in-tech-report-2016/8–Timeline_of_DesignInTech_MA_Activity.

Manhães, M. (2017, January 15). "The Service Design Show: Getting the Message Across." LinkedIn. Retrieved from https://www.linkedin.com/pulse/service-design-show-getting-message-across-mauricio-manhaes-ph-d-.

Polaine, A., Løvlie, L., and Reason, B. (2013). Service Design. From Insight to Implementation. Rosenfeld Media.

Segelstrom, F. (2013). "Understanding Visualisation Practices: A Distributed Cognition Perspective," in S. Miettinen and A. Valtonen, Eds. Service Design with Theory. Discussions on Change, Value and Methods. Lapland University Press, 197–208.

Simon, H. A. (1969). The Sciences of the Artificial. MIT Press.

Young, I. (2015). Practical Empathy for Collaboration and Creativity in Your Work. Rosenfeld Media.

数据/来源

01

Chapter opener: Photo by Ulrich Baumgarten via Getty Images
图1.1: Nisian Hughes / Getty Images
图1.2: Photo by Justin Sullivan/ Getty Images
图1.3: Afton Almaraz / Getty Images
图1.4: Roy Mehta / Getty Images
图1.5: Blend Images - JGI/Tom Grill / Getty Images
图1.6: Thomas Barwick / Getty Images
图1.7: Chris Hondros / Staff / Getty Images
图1.8: David Pollack / Getty Images
图1.9: Photo by Linda Davidson / The Washington Post via Getty Images
图1.10: Granger Wootz / Getty Images
图1.11: Dean Mitchell / Getty Images
图1.12: Oktay Ortakcioglu / Getty Images
图1.14: Christian Smirnow
图1.15: Vargo and Lusch, 2016
图1.20 ~ 图1.22: Zipcar
图1.23: Photographer: Andrew Harrer/Bloomberg via Getty Images
图1.25: SAUL LOEB/AFP/Getty Images
图1.26: Ole Spata / EyeEm / Getty Images

02

Chapter opener: Airbnb
图2.1: The World Factbook, Central Intelligence Agency. Retrieved March 28, 2014
图2.3: Forrester Research, "The State of Service Design," 2013 (p. 8); base: 102 agencies (top five responses accepted)
图2.4: British Library. © 2017. The British Library Board / Scala, Florence
图2.5: Courtesy of Citi Community Development
图2.6 ~ 图2.9: Photos used with permission from CGAP [Consultative Group to Assist the Poor]
图2.10: Photo by Melanie Stetson Freeman/The Christian Science Monitor via Getty Images
图2.11 ~ 图2.16: Mayo Clinic
图2.17 ~ 图2.20: Airbnb

03

Chapter opener: Photo by Zhang Peng/LightRocket via Getty Images
图3.1: Pew Research, 2013, 2014A, 2014B; Original illustration: Amy Findeiss
图3.2: Pew Research, 2013, 2014A, 2014B; Original illustration: Amy Findeiss
图3.3: TONY KARUMBA/AFP/ Getty Images
图3.4: Original illustration: Amy Findeiss
图3.5: Original illustration: Amy Findeiss
图3.6: Lyft
图3.14 ~ 图3.16: Jawbone
图3.17 ~ 图3.19: Nest
图3.20: Photo by Peter Macdiarmid/Getty Images
图3.21: Original illustration: Amy Findeiss

04

Chapter opener: Author
图4.1: Author
图4.2、图4.3: Jeremiah Robinson, City of Boston
图4.4 ~ 图4.6: HPD PPL
图4.7、图4.8: Images provided by MindLab
图4.11: Design for Europe and NESTA/La 27e Region
图4.12: Photo by Chris Hondros/ Getty Images
图4.13、图4.14: Nottingham Circle

05

Chapter opener: Photo by VCG/ VCG via Getty Images
图5.1: Photo by NurPhoto/NurPhoto via Getty Images
图5.2: Photo by Myung J. Chun/ Los Angeles Times via Getty Images
图5.3: Photo by David M. Benett/ Getty Images for Virgin Atlantic
图5.4、图5.5: Siri Betts-Sonstegard
图5.6: Susan Spraragen
图5.7: Parsons School of Design, Transdisciplinary Design Program, 2015; Picture credit: Cameron Hanson
图5.9: Steve Belletire, Louise St. Pierre, Philip White

06

Chapter opener: Service Design Network.Photo by Sophie Hou
图6.1: Cibic Workshop; Photographer: Matteo Cibic
图6.2: Courtesy IDEO
图6.3: Adapted from Stickdorn and Schneider, 2010
图6.4、图6.5: Courtesy of Designit
图6.6: Courtesy of Studio Thick
图6.7: Service Design Jam Berlin

07

图7.17: Design Council UK
图7.18: Adapted from Nessler, 2016
图7.19: IDEO
图7.20、图7.21: Original Illustrations: Visualization of Lean and Agile Processes overview based on the following sources: http://www.screenmedia.co.uk/blog/2014/08/what-is-agile-development-a-brief-introduction/and http://

www.clevertech.biz/services/
using-lean-agile-methodolo-
gy-to-create-success.html
图7.23: Adapted from Engine
Group, http://enginegroup.
co.uk/services/

08
图8.12: AIGA, An Ethnography
Primer
图8.13: Christian Smirnow
图8.14 ~ 图8.16: Christian
Smirnow
图8.17: Christian Smirnow, Steph-
anie Lukito
图8.18: Sitra Ethnography Field
Guide
图8.19: Cassie Ang, Judy Lee,
Misha Volf, Parsons School of
Design
图8.20: Courtesy of Experi-
enceFellow by More than
Metrics, Austria
图8.21: Service Design Studio
at the New York City Mayor's
Office for Economic Oppor-
tunity
图8.24: Thesis project by Dongin
Shin. MFA Transdisciplinary
Design, Parsons School of
Design, 2015
图8.26: Parsons Transdisciplinary
Design program, project on
designing new services for
immigrants in a public library.
Credits: Noah Litvin, Melika

Alipour Leili

09
图9.13 ~ 图9.18: Designing for
Financial Empowerment, by
Parsons DESIS Lab in partner-
ship with the city of New York
(NYC Center for Economic
Opportunity, NYC Consumer
Affairs/Office for Financial
Empowerment), the Food Bank,
and funded by Citi Community
and Mayor's Fund to Advance
New York City
图9.19: Illustration by Amy
Findeiss
图9.20: Illustration by Amy
Findeiss
图9.25 ~ 图9.28: Parsons Trans-
disciplinary Design MFA, Alix
Gerber, Valentina Branada
图9.29: Illustration by Amy
Findeiss
图9.35: Parsons School of Design,
Transdisciplinary Design Pro-
gram, 2015

10
Chapter opener: Hellon
图10.1 ~ 图10.17: Hellon
图10.18: Sanders, E. B. -N., and
Stappers, P. J., 2012; illustra-
tion by Amy Findeiss
图10.19: Haijing Zhang
图10.22 ~ 图10.24: Simo Rontti
图10.25: Tom Hagelberg

11
Chapter opener and fig. 11.1:
Photo by Jamie Squire/Getty
Images
图11.7: Courtesy Alex Nisbett
图11.8: Courtesy Alex Nisbett
图11.9: Parsons DESIS Lab
图11.10: Osterwalder and
Pigneur; tool distributed by
Strategyzer, https://strategyzer.
com/
图11.11: http://youngfoundation.
org/social-innovation-invest-
ment/introducing-the-so-
cial-business-model-canvas-2/
图11.12: Courtesy Alex Nisbett
图11.13: Courtesy Alex Nisbett
图11.14、图11.15: Courtesy Alex
Nisbett
图11.16: Kimbell, 2014
图11.17: Polaine et al., 2013;
illustration Amy Findeiss
图11.18: illustration Amy Findeiss
图11.19: Nesta/The Rockefeller
Foundation, DIY Development
Impact & You, Practical Tools
to Trigger & Support Social
Innovation, www.diytoolkit.org;
illustration Amy Findeiss

12
Chapter opener: Cameron
Hanson
图12.4: Segelström, 2013
图12.5: Diana, Pacenti, and Tassi,
2009; and Segelström, 2013